全国中等卫生职业教育规划教材
供护理、助产及其他医学相关专业使用

儿科护理

（修订版）

主　编　黄力毅　李砚池
副主编　杨广毅　熊小夏
编　者　（以姓氏笔画为序）
　　　　王　玥　包头医学院职业技术学院
　　　　王灿灿　安徽省淮南卫生学校
　　　　毛惠芬　首都医科大学附属卫生学校
　　　　邬丽华　郑州市卫生学校
　　　　李砚池　首都医科大学附属卫生学校
　　　　杨广毅　新疆伊宁卫生学校
　　　　张　蕾　北京海淀卫生学校
　　　　胡新燕　桐乡市卫生学校
　　　　高秋珍　许昌学院医学院
　　　　黄力毅　安徽省淮南卫生学校
　　　　熊小夏　南昌市卫生学校

科学出版社
北　京

内 容 简 介

本书补充了近几年专业领域中的新发展、新标准、新技术。除仍然反映本学科的基本内容和学科特色外，更能体现出"以应用为目的，以必需、够用为度，强调基本技能培养"的职业教育理念。全书共分14章，保持"实用好用"的基本风格体例，补充"结缔组织疾病患儿的护理"。为提高学生的理解和实践操作能力，本书还附有数字教辅和网络资料，其中含有重要的知识点标注、复习思考题和模拟试卷，以及教学用PPT等素材，以利于教学实践活动的开展和学生消化巩固所学知识。

本书供全国中等卫生职业院校护理、助产及其他医学相关专业使用。

图书在版编目（CIP）数据

儿科护理／黄力毅，李砚池主编．—修订本．—北京：科学出版社，2016
全国中等卫生职业教育规划教材
ISBN 978-7-03-048677-6

Ⅰ．儿… Ⅱ．①黄…②李… Ⅲ．儿科学–护理学–中等专业学校–教材 Ⅳ．R473.72

中国版本图书馆 CIP 数据核字（2016）第 127398 号

责任编辑：郝文娜　杨小玲／责任校对：王　瑞
责任印制：李　彤／封面设计：黄华斌

版权所有，违者必究。未经本社许可，数字图书馆不得使用

科学出版社 出版
北京东黄城根北街16号
邮政编码：100717
http://www.sciencep.com

北京凌奇印刷有限责任公司 印刷
科学出版社发行　各地新华书店经销

*

2016年6月第 一 版　开本：787×1092　1/16
2022年1月第三次印刷　印张：14 1/2　插页：4
字数：337 000
定价：35.00元
（如有印装质量问题，我社负责调换）

全国中等卫生职业教育规划教材
编审委员会
（修订版）

主任委员	于晓谟　毕重国　张　展
副主任委员	封银曼　林　峰　王莉杰　代加平　邓　琪
	秦秀海　张继新　张　蕴　姚　磊
委　　员	（以姓氏笔画为序）
	丁来玲　王　萌　王　静　王　燕　王月秋
	王建春　王春先　王晓宏　王海燕　田廷科
	生加云　刘东升　刘冬梅　刘岩峰　安毅莉
	孙晓丹　李云芝　杨明荣　杨建芬　吴　苇
	汪　冰　宋建荣　张石在　张生玉　张伟建
	张荆辉　张彩霞　陈德荣　周洪波　周溢彪
	赵　宏　柳海滨　饶洪洋　宫国仁　姚　慧
	耿　杰　高云山　高怀军　黄力毅　符秀华
	董燕斐　韩新荣　曾建平　靳　平　潘　洁
编辑办公室	杨小玲　郝文娜　徐卓立　康丽涛　杨卫华
	车宜平

全国中等卫生职业教育规划教材
教 材 目 录
（修订版）

1	解剖学基础	于晓谟	袁耀华	主编
2	生理学基础	柳海滨	林艳华	主编
3	病理学基础	周溢彪	刘起颖	主编
4	生物化学概论		高怀军	主编
5	病原生物与免疫学基础	饶洪洋	张晓红	主编
6	药物学基础	符秀华	付红焱	主编
7	医用化学基础	张彩霞	张 勇	主编
8	就业与创业指导	丁来玲	万东海	主编
9	职业生涯规划		宋建荣	主编
10	卫生法律法规		李云芝	主编
11	信息技术应用基础	张伟建	程正兴	主编
12	护理伦理学		王晓宏	主编
13	青少年心理健康		高云山	主编
14	营养与膳食指导	靳 平	冯 峰	主编
15	护理礼仪与人际沟通	王 燕	丁宏伟	主编
16	护理学基础	王 静	冉国英	主编
17	健康评估	张 展	袁亚红	主编
18	内科护理	董燕斐	张晓萍	主编
19	外科护理	王 萌	张继新	主编
20	妇产科护理	王春先	刘胜霞	主编
21	儿科护理	黄力毅	李砚池	主编
22	康复护理	封银曼	高 丽	主编
23	五官科护理		陈德荣	主编
24	老年护理		生加云	主编
25	中医护理	韩新荣	朱文慧	主编
26	社区护理		吴 苇	主编
27	心理与精神护理		杨明荣	主编
28	急救护理技术		杨建芬	主编
29	护理专业技术实训		曾建平	主编
30	产科护理	潘 洁	李民华	主编
31	妇科护理	王月秋	吴晓琴	主编
32	母婴保健	王海燕	王莉杰	主编
33	遗传与优生学基础	田廷科	赵文忠	主编

全国中等卫生职业教育规划教材
修订说明

《全国中等卫生职业教育规划教材(护理、助产专业)》在编委会的组织下,在全国各个卫生职业院校的支持下,从2009年发行至今,已经走过了8个不平凡的春秋。在8年的教学实践中,教材作为传播知识的有效载体,遵照其实用性、针对性和先进性的创新编写宗旨,落实了《国务院关于大力发展职业教育的决定》精神,贯彻了《护士条例》,受到了卫生职业院校及学生的赞誉和厚爱,实现了编写精品教材的目的。

这次修订再版是在前两版的基础上进行的。编委会全面审视前两版教材后,讨论制定了一系列相关的修订方针。

1. 修订的指导思想　实践卫生职业教育改革与创新,突出职业教育特点,紧贴护理、助产专业,有利于执业资格获取和就业市场。在教学方法上,提倡自主和网络互动学习,引导和鼓励学生亲身经历和体验。

2. 修订的基本思路　首先,调整知识体系与教学内容,使基础课更侧重于对专业课知识点的支持、利于知识扩展和学生继续学习的需要,专业课则紧贴护理、助产专业的岗位需求、职业考试的导向;其次,纠正前两版教材在教学实践中发现的问题;最后,调整教学内容的呈现方式,根据年龄特点、接受知识的能力和学习兴趣,注意纸质、电子、网络的结合,文字、图像、动画和视频的结合。

3. 修订的基本原则　继续保持前两版教材内容的稳定性和知识结构的连续性,同时对部分内容进行修订和补充,避免教材之间出现重复及知识的棚架现象。修订重点放在四个方面:①根据近几年新颁布的卫生法规和卫生事业发展规划及人民健康标准,补充学科的新知识、新理论等内容;②根据卫生技术应用型人才今后的发展方向,人才市场需求标准,结合执业考试大纲要求增补针对性、实用性内容;③根据近几年的使用中读者的建议,修正、完善学科内容,保持其先进性;④根据学生的年龄和认知能力及态度,进一步创新编写形式和内容呈现方式,以更有效地服务于教学。

现在,经过全体编者的努力,新版教材正式出版了。教材共涉及33门课程,可供护理、助产及其他相关医学类专业的教学和执业考试选用,从2016年秋季开始向全国卫生职业院校供应。修订的教材面目一新,具有以下创新特色。

1. 编写形式创新　　在保留"重点提示，适时点拨"的同时，增加了对重要知识点/考点的强化和提醒。对内容中所有重要的知识点/考点均做了统一提取，标列在相关数字化辅助教材中以引起学生重视，帮助学生拓展、加固所学的课程知识。原有的"讨论与思考"栏目也根据历年护士执业考试知识点的出现频度和教学要求做了重新设计，写出了许多思考性强的问题，以促进学生理论联系实际和提高独立思考的能力。

2. 内容呈现方式创新　　为方便学生自学和网络交互学习，也为今后方便开展慕课、微课等学习，除了纸质教材外，本版教材创新性提供了手机版APP数字化辅助教材和网络教学资源。其中网络教学资源是通过网站形式提供教学大纲和学时分配以及讲课所需的PPT课件（包含图表、影像等），手机版数字化教辅则通过扫描二维码下载APP，帮助学生复习各章节的知识点/考点，并收集了大量针对性强的各类练习题（每章不低于10题，每考点1~5题，选择题占60%以上，专业考试科目中的案例题不低于30%，并有一定数量的综合题），还有根据历年护士执业考试调研后组成的模拟试卷等，极大地提高了教材内涵，丰富了学习实践活动。

我们希望通过本次修订使新版教材更上一层楼，不仅继承发扬该套教材的针对性、实用性和先进性，而且确保其能够真正成为医学教材中的精品，为卫生职教的教学改革和人才培养做出应有的贡献。

本套教材第1版和第2版由军队的医学专业出版社出版。为了配合当前实际情况，使教材不间断地向各地方院校供应，根据编委会的要求，修订版由科学出版社出版，以便为各相关地方院校做好持续的出版服务。

感谢本系列教材修订中全国各卫生职业院校的大力支持和付出，希望各院校在使用过程中继续总结经验，使教材不断得到完善和提高，打造真正的精品，更好地服务于学生。

编委会
2016年6月

修订版前言

儿科护理学是护理专业的主干课程,是护士执业资格考试的重点科目之一。

为了让中职院校学生在规定的在校时间内,能够有效地掌握儿科护理学的基本知识、基本理论、基本技能,达到所在岗位职业能力的基本要求,并能顺利地通过国家执业护士资格考试,我们在前两版《儿科护理》的基础上,根据"卫生职业教育教学大纲"的标准和要求,结合国家执业护士资格考试大纲,进行了精心的再版修订和编排。

本教材的编写过程中,我们以实现三年制中等职业教育的培养目标为宗旨,认真参照了国内护理专业各层次的教材与各类资料,总结了以往教学改革的相关成果和所积累的经验,围绕全面提高学生素质,强化培养学生的实践能力,从坚持思想性、科学性、启发性、先进性、适用性相结合的原则入手,对教学内容进行了适当的剪裁和精选,补充了近几年专业领域中的新发展、新标准、新技术,除仍然反映本学科的基本内容和学科特色外,更能体现出"以应用为目的,以必需、够用为度,强调基本技能培养"的职业教育理念,让教材与时俱进,既表现出科学性、先进性,又体现出实用性、适用性。此外,修订还对教材中错、漏字及不妥语句进行了认真修改。

新教材共分14章,除了保持上一版教材"实用好用"的基本风格体例外,对原书的第3~4章做了较大调整,分为"健康小儿的一般护理"和"住院患儿的护理"进行叙述,疾病护理中将第14章与第15章合并成"感染性疾病患儿的护理",补充了"结缔组织疾病患儿的护理"。为了提高学生对本教材的理解和实践操作能力,该书还附有数字教辅和网络资料,其中含有重要的知识点标注、复习思考题和模拟试卷,以及教学用PPT等素材,以利于教学实践活动的开展和学生消化巩固所学知识。

本书在编写过程中,得到了出版社、各位编者所在单位的大力支持,在此表示诚挚的谢意。由于时间仓促且限于编者水平,对本教材中尚存在的疏误之处,敬请各兄弟学校的同仁批评指正。

编 者

2016年6月

目 录

第1章 绪论 ……………………… (1)
  第一节 儿科护理学的任务和范围
    ……………………………………… (2)
    一、儿科护理学的任务 ……………… (2)
    二、儿科护理学的范围 ……………… (2)
  第二节 儿科护理学的特点 ………… (2)
    一、机体特点 ………………………… (2)
    二、患病特点 ………………………… (3)
    三、护理特点 ………………………… (3)
  第三节 小儿年龄分期及各期特点
    ……………………………………… (4)

第2章 小儿生长发育 …………… (6)
  第一节 小儿生长发育规律及影响
     因素 ……………………………… (7)
    一、小儿生长发育规律 ……………… (7)
    二、影响生长发育的因素 …………… (7)
  第二节 体格发育常用指标及其意义
    ……………………………………… (8)
    一、体格生长常用指标 ……………… (8)
    二、出生至青春期前体格生长规律
    ……………………………………… (8)
  第三节 感觉运动功能和语言发育
    ……………………………………… (12)
    一、感知觉功能的发育 ……………… (12)
    二、运动功能的发育 ………………… (12)
    三、语言的发育 ……………………… (14)

第3章 健康小儿的一般护理 …… (15)
  第一节 不同年龄阶段小儿的护理
    ……………………………………… (15)
    一、胎儿期的护理 …………………… (15)
    二、新生儿期的护理 ………………… (15)
    三、婴儿期的护理 …………………… (16)
    四、幼儿期的护理 …………………… (16)
    五、学龄前期的护理 ………………… (17)
    六、学龄期的护理 …………………… (17)
    七、青春期的护理 …………………… (17)
  第二节 小儿体格锻炼与游戏 …… (17)
    一、体格锻炼 ………………………… (17)
    二、游戏 ……………………………… (19)
  第三节 计划免疫 …………………… (20)
    一、获得免疫的方式 ………………… (21)
    二、疫苗的种类 ……………………… (21)
    三、计划免疫程序 …………………… (21)
    四、预防接种的注意事项 …………… (23)

第4章 住院患儿的护理 ………… (25)
  第一节 儿科护理常规 …………… (25)
    一、住院护理常规 …………………… (25)
    二、住院患儿的心理护理 …………… (26)
    三、与患儿沟通的技巧 ……………… (27)
  第二节 患儿用药护理 …………… (29)
    一、药物的选择 ……………………… (29)
    二、药物剂量的计算 ………………… (30)
    三、小儿给药方法 …………………… (30)
  第三节 常用儿科护理技术 ……… (31)
    一、小儿体重测量法 ………………… (31)
    二、小儿身高(长)测量法 …………… (32)
    三、母乳喂养法 ……………………… (33)
    四、婴儿沐浴法 ……………………… (34)
    五、脐部护理法 ……………………… (35)
    六、更换尿布法 ……………………… (36)
    七、臀红护理法 ……………………… (37)
    八、约束法 …………………………… (38)

九、光照疗法 ……………………… (39)
十、保暖箱使用法 ………………… (40)
十一、辐射保暖床的使用 ………… (42)

第5章 营养与营养紊乱患儿的护理
……………………………………… (44)

第一节 能量与营养素的需要 …… (44)
一、小儿能量的需要 ……………… (44)
二、营养素的需要 ………………… (45)

第二节 小儿喂养与膳食安排 …… (45)
一、婴儿喂养 ……………………… (45)
二、幼儿膳食 ……………………… (48)

第三节 蛋白质-能量营养不良患儿的护理 …………………… (48)
一、护理评估 ……………………… (48)
二、治疗原则 ……………………… (50)
三、护理问题 ……………………… (50)
四、护理措施 ……………………… (51)

第四节 单纯性肥胖患儿的护理
……………………………………… (52)
一、护理评估 ……………………… (52)
二、治疗原则 ……………………… (53)
三、护理问题 ……………………… (53)
四、护理措施 ……………………… (53)

第五节 维生素D缺乏性佝偻病患儿的护理 …………………… (54)
一、护理评估 ……………………… (54)
二、治疗原则 ……………………… (57)
三、护理问题 ……………………… (57)
四、护理措施 ……………………… (57)

第六节 维生素D缺乏性手足搐搦症患儿的护理 ………………… (58)
一、护理评估 ……………………… (59)
二、治疗原则 ……………………… (59)
三、护理问题 ……………………… (60)
四、护理措施 ……………………… (60)

第6章 新生儿与新生儿疾病患儿的护理 ……………………………… (62)

第一节 新生儿分类 ……………… (63)
一、根据胎龄分类 ………………… (63)
二、根据出生体重分类 …………… (63)
三、根据出生体重和胎龄关系分类
……………………………………… (63)
四、高危儿 ………………………… (64)

第二节 正常足月儿和早产儿特点及护理 …………………………… (64)
一、正常足月儿特点及护理 ……… (64)
二、早产儿的特点及护理 ………… (67)

第三节 新生儿缺氧缺血性脑病患儿的护理 …………………… (69)
一、护理评估 ……………………… (70)
二、治疗原则 ……………………… (71)
三、护理问题 ……………………… (71)
四、护理措施 ……………………… (71)

第四节 新生儿颅内出血患儿的护理
……………………………………… (72)
一、护理评估 ……………………… (72)
二、治疗原则 ……………………… (73)
三、护理问题 ……………………… (73)
四、护理措施 ……………………… (73)

第五节 新生儿寒冷损伤综合征患儿的护理 …………………… (74)
一、护理评估 ……………………… (74)
二、治疗原则 ……………………… (75)
三、护理问题 ……………………… (76)
四、护理措施 ……………………… (76)

第六节 新生儿败血症患儿的护理
……………………………………… (76)
一、护理评估 ……………………… (77)
二、治疗原则 ……………………… (77)
三、护理问题 ……………………… (77)
四、护理措施 ……………………… (78)

第七节 新生儿黄疸患儿的护理
……………………………………… (78)
一、新生儿胆红素代谢特点 ……… (78)

二、新生儿黄疸分类及特点 …… (79)
三、新生儿病理性黄疸的常见病因
    及疾病特点 ………………… (79)
四、治疗原则 …………………… (80)
五、护理问题 …………………… (80)
六、护理措施 …………………… (80)

第八节 新生儿破伤风患儿的护理
    …………………………………… (81)
一、护理评估 …………………… (82)
二、治疗原则 …………………… (82)
三、护理问题 …………………… (82)
四、护理措施 …………………… (82)

第九节 新生儿呼吸窘迫综合征患儿的
    护理 ………………………… (83)
一、护理评估 …………………… (83)
二、治疗原则 …………………… (84)
三、护理问题 …………………… (84)
四、护理措施 …………………… (85)

第7章 消化系统疾病患儿的护理
    …………………………………… (86)

第一节 小儿消化系统解剖生理特点
    …………………………………… (87)
一、口腔 ………………………… (87)
二、食管 ………………………… (87)
三、胃 …………………………… (87)
四、肠及肠道菌群 ……………… (87)
五、肝 …………………………… (87)
六、消化酶 ……………………… (87)
七、婴儿粪便 …………………… (88)

第二节 口炎患儿的护理 ………… (88)
一、护理评估 …………………… (88)
二、治疗原则 …………………… (89)
三、护理问题 …………………… (90)
四、护理措施 …………………… (90)

第三节 腹泻病患儿的护理 ……… (91)
一、护理评估 …………………… (91)
二、治疗原则 …………………… (93)

三、护理问题 …………………… (94)
四、护理措施 …………………… (94)

第四节 小儿体液平衡特点和液体
    疗法 ………………………… (95)
一、小儿体液平衡的特点 ……… (95)
二、脱水 ………………………… (96)
三、液体疗法常用的溶液及其配制
    …………………………………… (98)
四、液体疗法 …………………… (99)
五、小儿液体疗法的护理 ……… (100)

第8章 呼吸系统疾病患儿的护理
    …………………………………… (103)

第一节 小儿呼吸系统解剖生理特点
    …………………………………… (104)
一、解剖特点 …………………… (104)
二、生理特点 …………………… (105)
三、免疫特点 …………………… (105)

第二节 急性上呼吸道感染患儿的
    护理 ………………………… (106)
一、护理评估 …………………… (106)
二、治疗原则 …………………… (107)
三、护理问题 …………………… (107)
四、护理措施 …………………… (107)

第三节 急性支气管炎患儿的护理
    …………………………………… (108)
一、护理评估 …………………… (109)
二、治疗原则 …………………… (109)
三、护理问题 …………………… (109)
四、护理措施 …………………… (110)

第四节 肺炎患儿的护理 ………… (110)
一、分类 ………………………… (110)
二、护理评估 …………………… (111)
三、治疗原则 …………………… (114)
四、护理问题 …………………… (114)
五、护理措施 …………………… (114)

第五节 急性呼吸衰竭患儿的护理
    …………………………………… (117)

一、护理评估 …………… (117)
　　二、治疗原则 …………… (118)
　　三、护理问题 …………… (118)
　　四、护理措施 …………… (119)

第9章　循环系统疾病患儿的护理
　　………………………… (121)
　第一节　小儿循环系统解剖生理特点
　　………………………… (122)
　　一、解剖、生理特点 …… (122)
　　二、胎儿血液循环与出生后的改变
　　………………………… (122)
　第二节　先天性心脏病患儿的护理
　　………………………… (123)
　　一、先天性心脏病的分类 …… (124)
　　二、常见先天性心脏病患儿的
　　　　护理 ………………… (125)
　第三节　充血性心力衰竭患儿的
　　　　护理 ………………… (129)
　　一、护理评估 …………… (130)
　　二、治疗原则 …………… (131)
　　三、护理问题/诊断 ……… (131)
　　四、护理措施 …………… (131)

第10章　泌尿系统疾病患儿的护理
　　………………………… (133)
　第一节　小儿泌尿系统解剖生理
　　　　特点 ………………… (134)
　　一、解剖特点 …………… (134)
　　二、生理特点 …………… (134)
　第二节　急性肾小球肾炎患儿的
　　　　护理 ………………… (135)
　　一、护理评估 …………… (135)
　　二、治疗原则 …………… (137)
　　三、护理问题 …………… (137)
　　四、护理措施 …………… (137)
　第三节　原发性肾病综合征患儿的
　　　　护理 ………………… (138)
　　一、护理评估 …………… (138)

　　二、治疗原则 …………… (139)
　　三、护理问题 …………… (140)
　　四、护理措施 …………… (140)
　第四节　泌尿道感染患儿的护理
　　………………………… (141)
　　一、护理评估 …………… (141)
　　二、治疗原则 …………… (142)
　　三、护理问题 …………… (143)
　　四、护理措施 …………… (143)

第11章　造血系统疾病患儿的护理
　　………………………… (144)
　第一节　小儿造血及血液特点 … (145)
　　一、小儿造血特点 ……… (145)
　　二、小儿血液特点 ……… (145)
　　三、小儿贫血分类及分度 …… (146)
　第二节　营养性缺铁性贫血患儿的
　　　　护理 ………………… (147)
　　一、护理评估 …………… (147)
　　二、治疗原则 …………… (149)
　　三、护理问题 …………… (149)
　　四、护理措施 …………… (149)
　第三节　营养性巨幼红细胞性贫血
　　　　患儿的护理 ………… (151)
　　一、护理评估 …………… (151)
　　二、治疗原则 …………… (152)
　　三、护理问题 …………… (152)
　　四、护理措施 …………… (152)

第12章　神经系统疾病患儿的护理
　　………………………… (154)
　第一节　小儿神经系统解剖生理特点
　　………………………… (155)
　　一、脑 …………………… (155)
　　二、脊髓 ………………… (155)
　　三、脑脊液 ……………… (155)
　　四、神经反射 …………… (155)
　第二节　小儿惊厥的护理 ……… (156)
　　一、护理评估 …………… (156)

二、治疗原则 …………………… (157)
　　三、护理问题 …………………… (158)
　　四、护理措施 …………………… (158)
第三节　急性颅内压增高患儿的
　　　　护理 …………………………… (158)
　　一、护理评估 …………………… (158)
　　二、治疗原则 …………………… (159)
　　三、护理问题 …………………… (160)
　　四、护理措施 …………………… (160)
第四节　化脓性脑膜炎患儿的护理
　　　　…………………………………… (161)
　　一、护理评估 …………………… (161)
　　二、治疗原则 …………………… (163)
　　三、护理问题 …………………… (163)
　　四、护理措施 …………………… (163)
第五节　病毒性脑膜炎、脑炎患儿的
　　　　护理 ……………………… (164)
　　一、护理评估 …………………… (164)
　　二、治疗原则 …………………… (165)
　　三、护理问题 …………………… (165)
　　四、护理措施 …………………… (165)

第13章　结缔组织疾病患儿的护理
　　　　…………………………………… (167)
第一节　风湿热患儿的护理 …… (168)
　　一、护理评估 …………………… (168)
　　二、治疗原则 …………………… (170)
　　三、护理问题 …………………… (171)
　　四、护理措施 …………………… (171)
第二节　过敏性紫癜患儿的护理
　　　　…………………………………… (172)
　　一、护理评估 …………………… (172)
　　二、治疗原则 …………………… (174)
　　三、护理问题 …………………… (174)
　　四、护理措施 …………………… (174)
第三节　川崎病患儿的护理 …… (175)
　　一、护理评估 …………………… (175)
　　二、治疗原则 …………………… (177)

　　三、护理问题 …………………… (177)
　　四、护理措施 …………………… (177)

第14章　感染性疾病患儿的护理
　　　　…………………………………… (179)
第一节　感染性疾病患儿的一般
　　　　护理 ……………………… (180)
　　一、传染病的特点 ……………… (180)
　　二、传染病患儿的一般护理 …… (180)
第二节　麻疹患儿的护理 ……… (181)
　　一、护理评估 …………………… (181)
　　二、治疗原则 …………………… (183)
　　三、护理诊断/问题 …………… (183)
　　四、护理措施 …………………… (183)
第三节　水痘患儿的护理 ……… (184)
　　一、护理评估 …………………… (184)
　　二、治疗原则 …………………… (186)
　　三、护理诊断/问题 …………… (186)
　　四、护理措施 …………………… (186)
第四节　猩红热患儿的护理 …… (186)
　　一、护理评估 …………………… (187)
　　二、治疗原则 …………………… (188)
　　三、护理诊断/问题 …………… (188)
　　四、护理措施 …………………… (188)
第五节　流行性腮腺炎患儿的护理
　　　　…………………………………… (189)
　　一、护理评估 …………………… (189)
　　二、治疗原则 …………………… (190)
　　三、护理诊断/问题 …………… (191)
　　四、护理措施 …………………… (191)
第六节　百日咳患儿的护理 …… (191)
　　一、护理评估 …………………… (192)
　　二、治疗原则 …………………… (193)
　　三、护理诊断/问题 …………… (193)
　　四、护理措施 …………………… (193)
第七节　脊髓灰质炎患儿的护理
　　　　…………………………………… (194)
　　一、护理评估 …………………… (194)

二、治疗原则 …………………（196）
三、护理诊断/问题 …………（196）
四、护理措施 …………………（196）
第八节 中毒性细菌性痢疾患儿的
护理 …………………（197）
一、护理评估 …………………（197）
二、治疗原则 …………………（198）
三、护理诊断/问题 …………（199）
四、护理措施 …………………（199）
第九节 手足口病患儿的护理 …（200）
一、护理评估 …………………（200）
二、治疗原则 …………………（201）
三、护理诊断/问题 …………（201）

四、护理措施 …………………（201）
第十节 结核病患儿的护理 ……（202）
一、总论 ………………………（202）
二、原发型肺结核患儿的护理
………………………………（205）
三、急性粟粒性肺结核患儿的护理
………………………………（208）
四、结核性脑膜炎患儿的护理
………………………………（210）

《儿科护理》数字化辅助教学资料 …（213）
参考文献 ……………………………（215）
彩图

第 1 章

绪　论

学习要点
1. 儿科护理学的年龄范围及工作模式
2. 小儿机体特点和患病特点
3. 小儿年龄分期及各期特点

儿科护理学是一门研究小儿的生长发育规律、儿童保健、疾病防治和护理，以促进小儿身心健康的学科。本章将就儿科护理学的任务和范围、儿科护理的特点、小儿年龄分期及各期特点 3 个方面予以介绍。绪论思维导图提供了本章的结构框架和重点内容（图 1-1）。

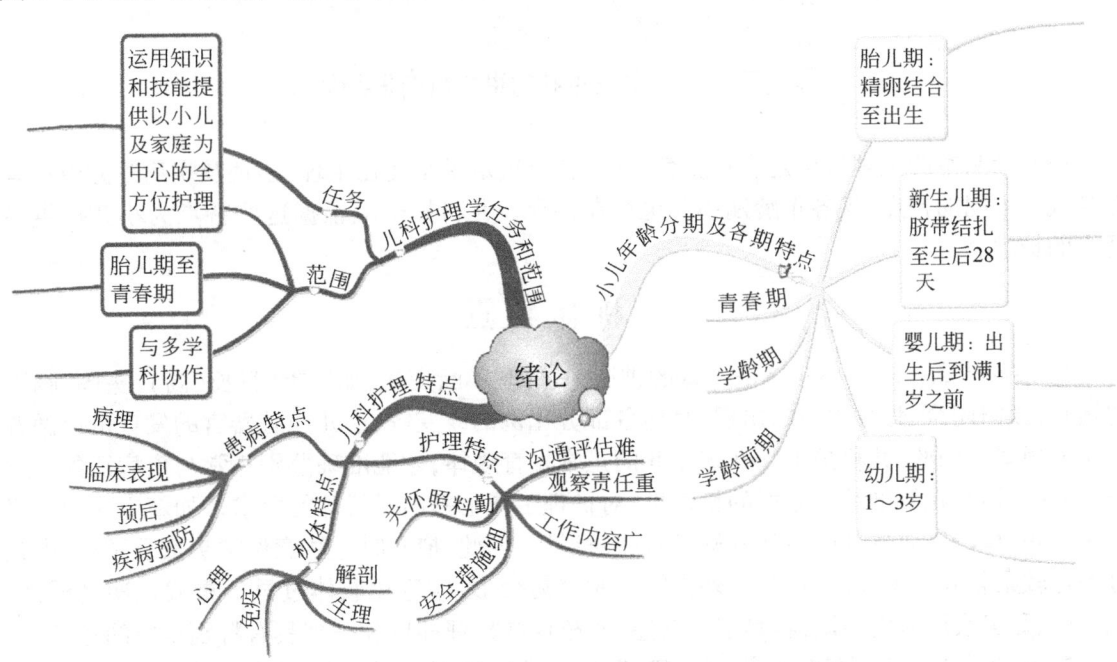

图 1-1　绪论思维导图

第一节　儿科护理学的任务和范围

一、儿科护理学的任务

儿科护理的任务是根据小儿的生长发育、儿童保健、疾病防治的规律，运用护理专业理论和技术，提供"以小儿及其家庭为中心"的全方位整体护理，增强儿童体质，降低小儿发病率和病死率，保障和促进小儿身心健康。

二、儿科护理学的范围

1. 年龄范围　儿科护理服务的对象是自胎儿到青春期的小儿。
2. 工作模式　随着医学模式的转变，儿科护理学的范畴已由单纯的疾病护理转变为"以小儿及其家庭为中心"的全方位护理；从单纯由医疗机构承担发展为全社会都参与和承担的小儿保健和护理体系。
3. 服务内容　由单纯为患病儿童提供护理扩展为对所有小儿及其家庭提供生长发育、营养和喂养、儿童保健、疾病防治与护理；并与社会学、心理学、教育学等多门学科密切协作，以达到保障和促进小儿身心健康，保障儿童健康成长的目的。

> **重点提示**
>
> 儿科护理服务的对象是自胎儿到青春期的小儿。

第二节　儿科护理学的特点

小儿最基本的生理特点是生长发育，这一特点决定了小儿在生理、心理及疾病等方面均有着与成人不同的特点，且各年龄期小儿也存在差异。儿科护士应根据这些特点为小儿提供最适当的护理。

一、机体特点

1. 解剖特点　随着小儿体格发育的进展，其外观不断变化，如体重、身长(高)、头围、胸围的增长，颅囟闭合、骨化中心的出现，身体各部分比例的改变等；小儿内脏器官的发育也遵循着一定的规律。因此，儿科护士须熟知小儿的正常发育规律，才能准确鉴别正常与疾病征象。此外，小儿各器官在解剖结构方面的特殊性，对护理工作也提出了特殊的要求。如新生儿和小婴儿头颅相对较重，而颈部肌肉和颈椎发育相对滞后，因此，抱起时应注意保护头部及颈部；小儿骨骼比较柔软并富于弹性，长期受外力影响时容易变形，应避免肢体过早负重或长期受压；婴儿皮肤、黏膜表层薄而柔嫩，容易损伤和感染，故皮肤护理和口腔护理具有特别重要的意义。
2. 生理特点　不同年龄小儿的生理、生化正常值各不相同，熟悉这些特点对护理评估有重要意义。年龄越小，营养需要量相对越大，而小儿消化系统功能尚未成熟，故易出现腹泻、呕吐、营养缺乏等健康问题。又如婴儿水代谢旺盛，而肾功能尚未成熟，故比成人更容易发生水和电解质紊乱,补液时也应注意补液量、张力和速度。

3. 免疫特点　小儿皮肤、黏膜柔嫩,淋巴系统未成熟,体液免疫及细胞免疫也都不如成人健全,抵御感染的能力差。新生儿可从母体获得免疫球蛋白G(IgG),故对麻疹、腺病毒感染等传染病有暂时的免疫力,6个月后,来自母体的IgG逐渐消失,传染病的发病率逐渐增高;其自身合成的IgG一般要到6~7岁时才能达到成人水平。母体免疫球蛋白M(IgM)不能通过胎盘进入胎儿体内,故新生儿易患革兰阴性细菌感染;婴幼儿期免疫球蛋白A(IgA)缺乏,局部分泌型免疫球蛋白A(SIgA)也不足,易患呼吸道及胃肠道感染。因此,要注意消毒隔离以预防感染。

4. 心理特点　小儿的大脑结构和功能不够成熟,心理应对能力较差。小儿心智未成熟,依赖性较强,合作性较差。心理发育从不成熟到成熟,从不定型到定型,其可塑性最大,也最容易受到来自家庭、学校和社会各方面的影响,因此,在护理工作中,应根据不同年龄阶段小儿的心理发展特征,采用相适应的护理措施,而且应注意与小儿家长及教师共同协作,注重社会参与,以促进小儿身心健康成长。

> **重点提示**
>
> 1. 新生儿可从母体获得IgG,故对麻疹、腺病毒感染等传染病有暂时的免疫力,6个月以后,来自母体的IgG逐渐消失,传染病的发病率逐渐增高。
> 2. 母体IgM不能通过胎盘进入胎儿体内,故新生儿易患革兰阴性细菌感染;婴幼儿期IgA缺乏,局部分泌型IgA(SIgA)也不足,易患呼吸道及胃肠道感染。

二、患病特点

1. 病理特点　相同的致病因素在不同年龄的机体可引起不同的病理改变和疾病过程,如肺炎链球菌所致的肺部感染,婴儿常发生支气管肺炎,而年长儿与成人则发生大叶性肺炎。又如维生素D缺乏时婴儿易患佝偻病,而成人则表现为骨软化症。

2. 临床表现特点　新生儿和体弱儿在发生严重感染时,常出现体温不升、拒乳、周围血白细胞不增高甚至降低等反应低下的表现。高热时易发生惊厥。

3. 预后特点　小儿患病时来势凶猛,若患儿年幼、体弱或治疗不及时,则病情恶化快,病死率较高;但如诊治及时,措施恰当,好转恢复也较快。由于小儿各脏器组织修复及再生能力较强,后遗症较成人为少,预后较好。

4. 疾病预防　大多数小儿疾病是可以预防的。开展计划免疫和加强传染病管理,已使许多传染病的发病率和病死率明显下降。重视儿童保健,做好胎儿、围生期和新生儿保健,增强小儿体质,也使营养不良、肺炎、腹泻等常见病的发病率和病死率下降。通过疾病筛查,早期发现先天性、遗传性疾病以及视觉、听觉和智能异常,并加以矫治,可防止发展为严重伤残。

三、护理特点

1. 沟通评估难　护理评估时小儿不会或不愿意配合,造成健康史和临床数据收集困难,儿科护士在进行健康评估时不必拘于从上到下的套路,可以先测呼吸和心率,再查看口腔和咽部。采集标本和做其他辅助检查时多数小儿不会配合,除了劝解动员之外,为了保证患儿安全,便于检查、治疗和护理,可选用适当的方法约束患儿,或按照医嘱应用镇静药。

2. 观察责任重　小儿患病后病情发展快、变化大,又不能及时、准确地表达自己的病痛,需要儿科护士具备敏锐的观察能力和高度的责任心,及早发现各种变化和征象。

3. 工作内容广　除了治疗护理工作外,进行合理喂养和日常护理方面的指导,亦是儿科护理工作的一项重要内容。

4. 操作难度高　有些操作治疗在护士进行各种处置之前,应在患者能理解的基础上,耐心地讲清目的、方法,以取得其合作,切勿采用强制、恐吓、说谎等不恰当的方法。

5. 安全措施细　应根据患儿年龄、个性、疾病等特点预测可能发生的安全问题,并采取必要的预防措施,如设床栏,防止坠床;管理好电源,防止触电;用热水袋时避免烫伤;注意药物的管理,防止误饮、误食等。

6. 关怀照料勤　住院后患儿处在陌生的环境、活动受到限制,再加上各种检查、治疗带来的痛苦造成的不良刺激,使之产生不安与恐惧心理。儿科护士有责任帮助患儿,将机体和心理的痛苦减小到最小程度;护士应主动关怀、多接触患儿,与之建立良好关系。

第三节　小儿年龄分期及各期特点

小儿处于生长发育的动态变化过程中,随着身体形态与功能逐渐完善的同时,心理和社会行为方面也得到一定的发展。根据小儿生长发育不同阶段的特点及心理发育的特征,人为地将小儿年龄划分为7个时期(表1-1)。

表1-1　小儿年龄分期及各期特点

年龄分期	年龄阶段划分	各期特点
1. 胎儿期	从卵子和精子结合至胎儿出生	胎儿生长发育迅速,母亲的营养、情绪、疾病对胎儿生长发育有重要影响
2. 新生儿期	自出生后脐带结扎至生后28d	胎儿脱离母体,开始独立生存,环境发生巨大变化,生理功能进行调节以适应外界环境。因其适应能力尚不完善,病死率较高
3. 婴儿期	出生后到满1岁之前	生长发育迅速,是小儿生后的第1个生长高峰期。对营养的需求量相对较多,易发生营养不良和消化功能紊乱。6个月后易患传染病
4. 幼儿期	1岁后至满3岁之前	体格生长减慢,智力发育加快。开始独立行走、活动范围广,好奇心强,对危险事物识别能力差,易发生意外事故。食物由乳类过渡到普食。学会控制大小便
5. 学龄前期	3岁后至6~7岁	体格和智力持续发展。开始出现自身免疫性疾病,如肾炎、结缔组织病
6. 学龄期	从6~7岁至青春期	智力发育更加成熟,是学文化、长知识的重要时期
7. 青春期	女:11~12岁开始至17~18岁结束 男:13~14岁开始至18~20岁结束	从第二性征出现到生殖功能基本发育成熟,身高停止增长的时期。此期体格发育明显加速,呈现第2个生长高峰

讨论与思考

1. 举例说明小儿在解剖结构方面的特殊性,对护理工作提出了哪些特殊的要求?
2. 简述小儿的患病特点。
3. 我国重点从哪几个方面开展小儿疾病预防工作的?
4. 简述小儿年龄阶段的划分及各期的特点。

(黄力毅)

第 2 章

小儿生长发育

学习要点
1. 小儿时期生长发育规律及其影响因素
2. 小儿体格及有关系统发育常用指标的正常标准及测量
3. 动作、语言发育的一般规律及基本过程

生长发育是小儿不同于成人的基本特点。生长是指小儿身体各器官、系统的增长和形态改变,是机体量的变化;发育是指细胞、组织、器官的分化及功能的逐渐成熟,是机体的变化。思维导图有助于学生把握本章的知识结构(图 2-1)。

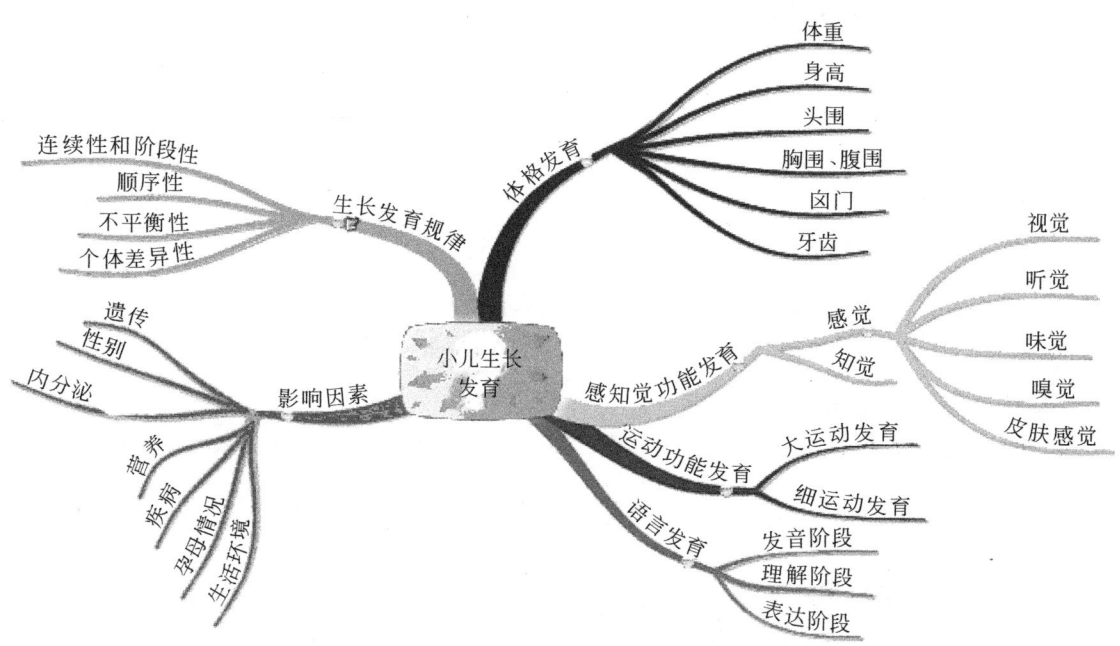

图 2-1　小儿生长发育思维导图

第一节 小儿生长发育规律及影响因素

一、小儿生长发育规律

小儿的机体处在不断发育过程中,不但其组织器官形态时刻变化,而且其功能也在不断变化之中,这些变化都遵循一定的规律,掌握这些规律有助于对小儿生长发育状况进行正确的评价和指导。

(一)生长发育的连续性和阶段性

生长发育是一个连续不断的过程,但不同年龄阶段的生长发育速度不同,呈阶段性,如体重和身长的增长在生后第1年,尤其是前3个月最快,为出生后的第1个生长高峰;第2年以后逐渐减慢,到青春期生长速度再次加快,出现第2个生长高峰。

(二)生长发育的顺序性

小儿在生长发育过程中一般遵循由上到下、由近到远、由粗到细、由低级到高级、由简单到复杂的顺序规律。

1. 由上到下　婴儿先会抬头,后抬胸,然后会坐、立、行。
2. 由近到远　婴儿先会抬肩、伸臂,再会双手握物。
3. 由粗到细　婴儿先会全掌抓取物体,后能手指捏取物体。
4. 由低级到高级　小儿先会看、听、感知事物,再发展到记忆、思维、分析和判断等。
5. 由简单到复杂　儿童先会画直线,后会画圆、图形。

(三)各系统器官发育的不平衡性

小儿机体各系统器官发育速度快慢不同,即使在同一年龄阶段的发育也不同步,如神经系统发育较早,生殖系统发育较晚,淋巴系统发育先快后回缓,其他系统如心、肝、肌肉等的发育基本与体格生长平行(图2-2)。

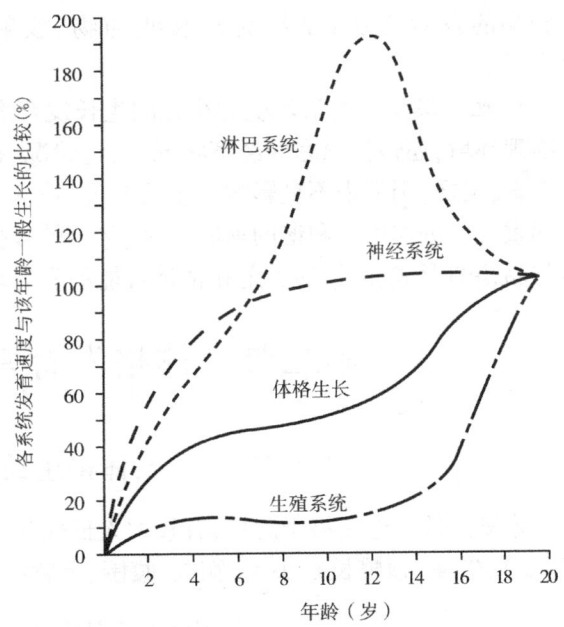

图 2-2　小儿出生后主要系统生长发育规律

(四)生长发育的个体差异性

小儿生长发育虽按上述一般规律发展,但由于受机体内、外因素(如遗传、营养、教养、环境等因素)的影响,存在较大的个体差异。因此,生长发育正常指标不是绝对的,而是有一定的范围,评价时要充分考虑各种因素对个体的影响,才能做出较正确的判断。

二、影响生长发育的因素

1. 遗传　父母双方遗传因素决定着小儿生长发育的特征及趋向等,如皮肤、头发的颜色、脸形特征、身材高矮、性成熟的迟早以及对疾病的易感性等都与遗传因素有关。而遗传性疾病无论代谢性缺陷或染色体畸变等更可严重影响小儿生长发育。

2. **性别** 性别因素可造成生长发育的差异。一般女孩平均身高、体重较同龄男孩小；女孩的语言、运动发育略早于男孩；女孩的青春期开始比男孩约提前2年。因此，评估小儿生长发育水平时应分别按男孩、女孩标准进行。

3. **内分泌** 内分泌腺分泌的各种激素对生长发育起重要的调节作用。缺乏生长激素导致身材矮小；甲状腺素缺乏时不仅造成矮小，还使脑发育障碍；性激素可促使骨骺融合，影响长骨生长，故青春期开始较早，可使最终身高相对矮小等。

4. **营养** 充足和合理的营养是小儿生长发育的物质基础，是保证小儿健康生长极为重要的因素，年龄越小受营养的影响越大。严重营养不良，可影响体重、身高及智能的发育，造成机体免疫、内分泌、神经调节等功能低下。但小儿摄入过多能量导致的肥胖也会对其生长发育造成影响，过度肥胖常会被同伴嘲笑而影响心理健康发展。

5. **疾病** 疾病对生长发育的影响十分明显。急性疾病常使体重下降；慢性疾病可同时影响体重和身高的发育；先天性疾病如先天性心脏病等可明显影响体格和精神神经的发育等。若疾病持续时间长，尤其是在小儿生长发育关键时期，可对患儿身心健康造成永久性的影响。

6. **孕母情况** 母亲在妊娠期间的生活环境、营养、情绪、健康状况等因素均可影响胎儿的发育。如妊娠早期病毒感染易导致胎儿畸形；妊娠期严重营养不良可引起早产及胎儿体格和脑的发育迟缓；孕母受到某些药物、放射线辐射、精神创伤等影响会导致胎儿发育异常。

7. **生活环境** 生活环境对小儿的生长发育影响已越来越受到人们重视，生活环境不仅包括物理环境，还包括家庭的经济状况、文化状况、社会环境等。良好的居住环境能促进小儿生长发育，反之，则带来不良影响。生活制度、护理、教养、锻炼的合理安排对小儿体格、智力的成长起重要促进作用。和谐的家庭气氛、父母的爱抚以及优良的学校教育和社会教育，对小儿性格与品德的形成、情绪的稳定和精神智能的发育均有深远影响。

第二节 体格发育常用指标及其意义

一、体格生长常用指标

体格生长应选用易于测量、有较大人群代表性的指标来表示。一般常用的指标有体重、身高(长)、坐高(顶臀长)、头围、胸围、腹围、上臂围等。

二、出生至青春期前体格生长规律

1. **体重** 体重是身体各器官、组织和体液的总重量。体重是判断体格发育、营养状况的重要指标，如肥胖症、营养不良；也是临床计算给药量、补液量和热量给予的主要依据。

小儿体重的增长不是匀速的。正常足月儿出生时的平均体重为3kg，生后3个月体重约为出生时的2倍(6kg)，12个月约为出生时的3倍(9kg)，呈现第1个生长高峰。2岁时体重约为出生时的4倍(12kg)。2岁后到青春期前体重增长速度减慢，平均每年增长约2kg。进入青春期后呈现第2个生长高峰。

临床上计算用药量和补液量时应以小儿的实际体重为依据,当无条件测量体重时,为便于操作,可按以下公式来估算体重。

1~6个月:体重(kg)=出生体重(kg)+月龄×0.7(kg)。

7~12个月:体重(kg)=6(kg)+月龄×0.25(kg)。

2岁至青春期前:体重(kg)=年龄×2+8(kg)。

小儿进入青春期后不能再按以上公式推算,临床上评价一般采用均值上下波动10%为正常范围。若体重过重超过均值20%为肥胖,若过轻低于均值15%为营养不良。

体重卧式测量见图2-3。

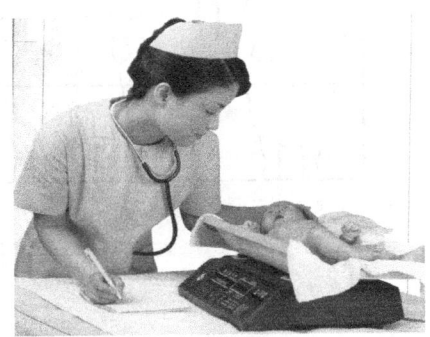

图2-3 体重卧式测量

2. 身高(长) 身高是指从头顶到足底的全身长度,是头部、脊柱与下肢长度的总和。身高是反映骨骼发育的重要指标。3岁以下婴幼儿采用仰卧位测量,称为身长;3岁以后用立位测量,称为身高。

身高(长)的增长规律与体重相似,年龄越小增长越快,也出现婴儿期和青春期两个增长高峰。正常新生儿出生时平均身长为50cm,生后第1年身长增长最快,平均增长约25cm。6个月时约为65cm,1周岁时约75cm,第2年增长速度减慢,到2周岁时身长约85cm。2岁后稳步增长,平均每年增长5~7.5cm。2~12岁小儿身高可按下列公式粗略推算:身高(cm)=年龄(岁)×7+75(cm)。

小儿进入青春期后,其生长速度加快,不能用此公式计算。女孩青春期比男孩早2年,故10~13岁女孩身高常较同龄男孩高,但男孩到达青春期后身高加速增长,最终高于女孩。

由于头部、脊柱、下肢三部分的发育速度并不一致,生后第1年头部生长最快,脊柱次之,学龄期下肢生长加快。因此临床上需要分别测量上部量和下部量。上部量指从头顶至耻骨联合上缘的长度,与脊柱的增长有关;下部量指从耻骨联合上缘至足底的长度,反映下肢长骨的发育;再计算出二者之间的比例关系。新生儿上部量与下部量比例为60%:40%,身长的中点在脐上;2岁时中点在脐下;6岁时中点移至脐与耻骨联合上缘之间;12岁时上、下部量相等,中点在耻骨联合上缘(图2-4)。

身高(长)的增长受遗传、体质、营养、运动和疾病等因素的影响,短期的疾病与营养波动不会影响身高的增长。身长超长多见于内分泌病,先天骨骼发育异常;身长低于均值30%以上为矮小,见于佝偻病、营养不良、软骨发育不全、呆小病、侏儒症等。

身长的测量见图2-5;身高的测量见图2-6。

3. 头围 头围是指自眉弓上缘经枕后结节绕头1周的长度,它反映脑及颅骨的发育程度。正常新生儿头围为33~34cm,6个月时为44cm,生后前3个月增长6cm,4~12个月再增长6cm,故1岁时头围约46cm;2岁时约48cm;5岁时平均50cm;15岁时头围接近成人,为54~58cm。在儿童保健工作中监测头围,以2岁以下监测最重要。头围过小多见于头小畸形、脑发育不良,头围过大多见于脑积水等。

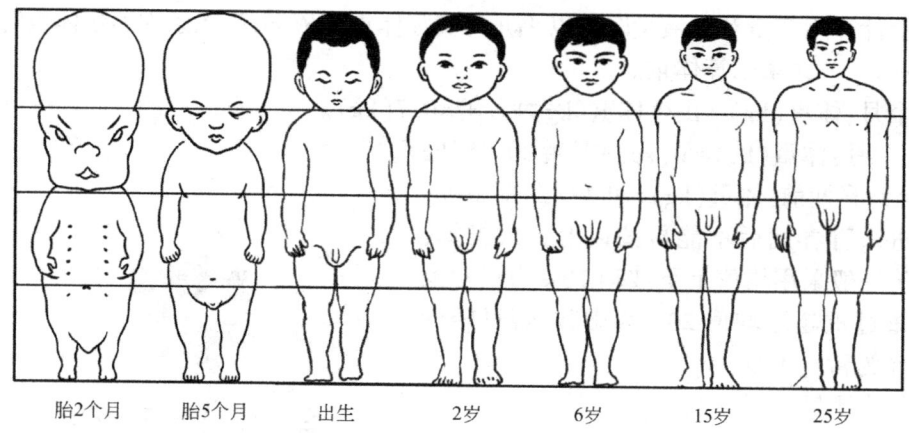

胎2个月　　胎5个月　　出生　　2岁　　6岁　　15岁　　25岁

图2-4 小儿不同年龄时期身体各部比例

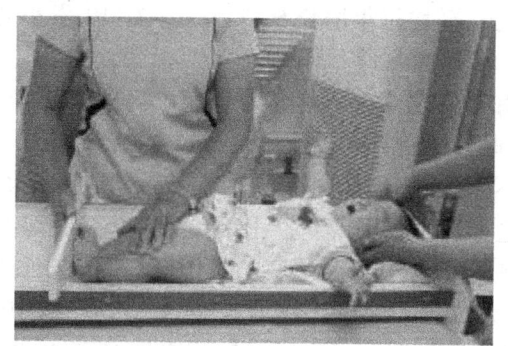

图2-5 测量身长[具体见第4章第三节小儿身高（长）测量法]

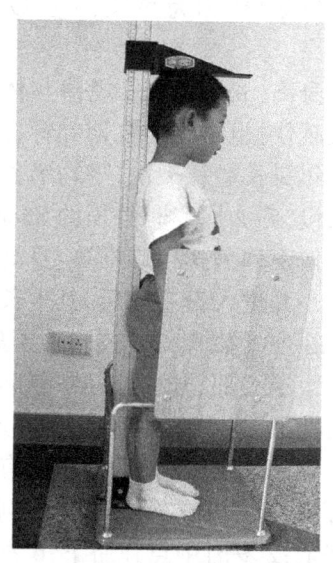

图2-6 测量身高[具体见第4章第三节小儿身高（长）测量法]

> **重点提示**
>
> 1. 关于测量身高（长），要记住出生、6个月、1周岁、2周岁的身高数值，灵活运用身高计算公式。
> 2. 头围正常值与胸围大致相等的年龄是1岁。

4. 胸围　胸围是平乳头下缘绕胸1周的长度。胸围反映胸廓、皮下脂肪、胸背肌肉、肺的发育程度。小儿出生时胸围平均为32cm，比头围小1~2cm；1岁时胸围与头围大致相等；以后则胸围逐渐超过头围，1岁至青春期前胸围超过头围，其差数（cm）约等于小儿岁数减1。

5. 腹围　腹围是指平脐（小婴儿以剑突与脐的中点为准）水平绕腹1周的长度。出生到

2岁前腹围与胸围约相等,2岁后腹围较胸围小。

头围、胸围和腹围的测量见图2-7。

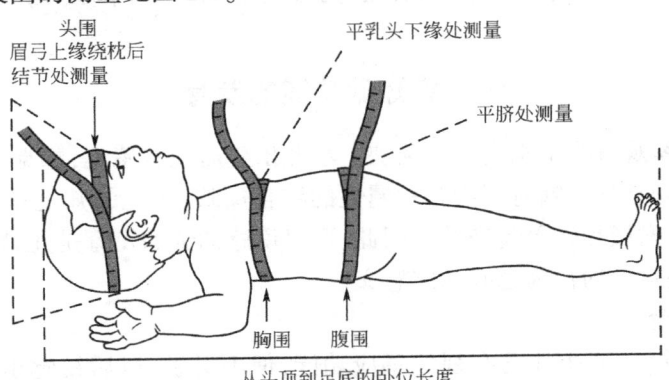

图2-7 头围、胸围、腹围测量

6. 囟门 颅骨随脑的发育而长大,可根据头围、囟门大小和骨缝闭合情况来衡量颅骨的发育。新生儿出生时颅骨未闭合形成颅缝和囟门,颅骨缝最迟于3~4个月时闭合。前囟是顶骨与额骨边缘交界处形成的菱形间隙,对边中点连线的距离在出生时为1.5~2.0cm,6个月左右逐渐骨化而变小,在1~1.5岁时闭合。后囟是顶骨与枕骨边缘交界处形成的三角形间隙,出生时部分婴儿已闭合或很小,最迟生后6~8周闭合。

前囟的检查对儿科某些疾病诊断有一定意义:前囟早闭或过小多见于小头畸形;前囟迟闭或过大多见于佝偻病、脑积水、先天性甲状腺功能减退症等;前囟饱满常提示颅内压增高,多见于脑积水、脑炎、脑膜炎、脑肿瘤等;前囟凹陷多见于脱水或重度营养不良。

7. 牙齿 牙齿的发育与骨骼发育有一定的关系。人一生有乳牙(20颗)和恒牙(32颗)两副牙齿,小儿乳牙一般于生后6个月左右(4~10个月)开始萌出,于2~2.5岁出齐,若12个月尚未出牙为乳牙萌出延迟。2岁以内小儿的牙齿数目等于月龄减4~6。乳牙萌出顺序见图2-8。6岁左右开始出第1颗恒牙即第一磨牙,出在第二磨牙后方,6~12岁乳牙开始按萌出顺序逐个脱落被恒牙取代,12岁左右出第二恒磨牙,17~18岁以后出第三恒磨牙(又称智齿),但也有人终生不出此牙。恒牙一般在20~30岁时出齐。出牙时间推迟或出牙顺序混乱,常见于佝偻病、甲状腺功能减退症、严重的营养不良等。

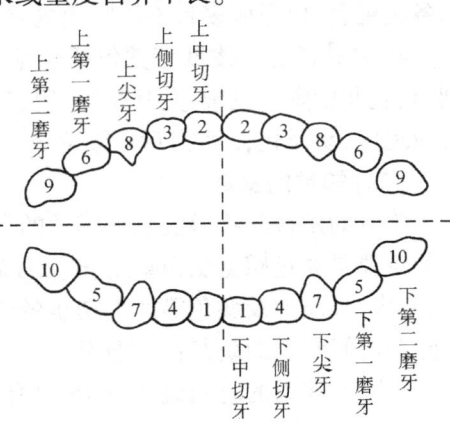

图2-8 乳牙萌出顺序

> **重点提示**
>
> 1. 前囟正常值、闭合时间及前囟检查的临床意义。
> 2. 乳牙萌出时间、出齐时间、个数、2岁内计算公式。

第三节　感觉运动功能和语言发育

一、感知觉功能的发育

感觉是人脑对客观事物个别属性的反映。小儿出生后便有感觉，感觉是小儿探索世界、认识自我的第一步。知觉是人脑对事物各种属性的综合反映，小儿的知觉是在其感觉经验不断丰富的基础上形成、发展和完善起来的。因此，可以说感知觉的发育是儿童心理活动发展的基础，而且对小儿控制自己的行为也有一定意义。

(一)感觉的发育

1. 视觉(视知觉)　新生儿已有视觉感应功能，但不灵敏，以后视觉迅速发展。1个月时可凝视光源；2个月可协调注视物体；3~4个月头眼协调较好，可追寻活动的物体或人转动180°；4~5个月开始认识母亲；5~6个月可以注视远距离的物体，如街上的汽车、行人等；18个月时已能区别各种形状；1.5~2岁两眼调节好，视力为0.5；5岁可以区别各种颜色，视力为0.6~0.7；6岁时视力才达到1.0。

2. 听觉(听感觉)　新生儿出生时中耳内有羊水，听力差，生后3~7d听觉较好；3~4个月时可有定向反应即头转向声源，听到悦耳声音会微笑；6个月可区别父母的声音；1岁时能听懂自己的名字；3岁后可精确区别不同声音；4岁时听觉发育完善。听觉的发育对小儿语言的发展有重要意义。

3. 味觉　出生时味觉发育已经很完善，能辨别不同的味道，对不同味道刺激可表现出不同的表情。4~5个月的婴儿对事物的微小改变已很敏感，为味觉发育关键期，此时应适当添加各类辅食，以适应多种不同味道的食物。

4. 皮肤感觉　皮肤感觉包括触觉、痛觉、温度觉及深感觉等。触觉是引起某些反射的基础，新生儿触觉很灵敏，尤其是眼、唇、口周、手掌及足底等部位最为敏感。新生儿已有痛觉，但反应迟钝，易泛化，2个月后逐渐完善。新生儿温度觉很灵敏，尤其是对冷敏感。

(二)知觉的发育

知觉的发育与听、视、触等感觉的发育密切相关，是多种感觉统合的结果。小儿在6个月以前主要是通过感觉认识事物，6个月后随着手眼协调动作及动作能力的发育，逐步对物体的形状、大小、质地及颜色等产生初步的综合性知觉。1岁小儿知觉随着语言的发展，已有空间知觉和时间知觉的萌芽；3岁能辨上下；4岁能辨前后；5岁能辨左右。4~5岁时有早上、晚上、白天、明天、昨天的时间概念，5~6岁有早晚、明天、后天的时间概念。

二、运动功能的发育

运动功能的发育可分为大运动和细运动两大类。

(一)大运动发育

1. 抬头　2个月时能俯卧位抬头45°，4个月时抬头稳并能自由转动。
2. 坐　婴儿6个月时能双手向前撑住独坐，8个月时能坐稳并能左右转身。
3. 爬　婴儿8~9个月时可用上肢向前爬，但上、下肢的协调性不够好；12个月左右爬时可手、膝并用；18个月时可爬上台阶。学习爬有助于胸部及智力的发育。

4. 站、走、跳 5~6个月扶立时双下肢可负重,并上、下跳动;9个月时可自己扶物站立;11个月时可独立片刻;15个月可走稳;18个月能跑及倒退行走;2岁时能并足跳;3岁时双足交替下楼梯。

(二)细运动发育

3~4个月时握持反射消失;6~7个月时能用单手抓物,出现换手及捏、敲等探索性动作;10个月时可用拇、示指取物,喜撕纸;12~15个月时学会用匙、乱涂画;18个月时能叠2~3块方积木;2岁时可叠6~7块方积木,会一页一页翻书。小儿运动、语言及社会行为发育过程见表2-1。

表2-1 1~3岁小儿运动、语言及社会行为发展过程

年龄	运动	语言	社会行为	动作发育图
新生儿	无规律、不协调,紧握拳	能哭叫	音乐和铃声使全身活动减少或哭闹渐止,有握持反射	
2个月	直立和俯卧位时能抬头	发出和谐的喉音	能微笑,有面部表情,眼随物动	
3个月	仰卧位变成侧卧位,用手摸东西	发咿呀音	头可随看到的物体或听到的声音转动180°,看自己的手	
4个月	扶着髋部时能坐,在俯卧位时能用两手支持抬起胸部,手能握持玩具	笑出声	抓面前物体,自己玩手,见食物表示喜悦,较有意识地哭和笑	
5个月	扶腋下能站直,两手能各握持1个玩具	能喃喃地发出单音节	能伸手取物,辨别人声,望镜中人笑	
6个月	能独坐一会,用手摇玩具	能发单音	认生,自拉衣服,自握足玩耍	
7个月	会翻身,自己独坐很久,将玩具从一手换另一手	能发"爸爸"等复音,但无意识	能听懂自己的名字,自握饼干吃	
8个月	会爬,坐起来、躺下去,能扶栏杆站起来	能重复大人所发简单音节	能观察大人的行动,开始认识物体,两手会传递玩具、拍手	
9个月	尝试独自站立,能从抽屉中取出玩具	能懂几个较复杂的词句,如"再见"	看见熟人会伸手要人抱,或与人合作游戏	
10~11个月	能独站片刻,扶椅或推车能走几步,拇、示指能对指拿东西	有意识叫"爸爸""妈妈"	能模仿成人的动作,招手"再见",抱奶瓶自食	

续表

年龄	运动	语言	社会行为	动作发育图
12个月	独走,弯腰拾东西,会将圆圈套在木棍上	能叫出物品名字,指出自己的手、眼	对人和事物有喜憎之分,穿衣能合作,用杯喝水	
15个月	走得好,能蹲着玩,能叠1块方木	能说出几个词和自己的名字	能表示同意和不同意	
18个月	能爬台阶,有目标地扔皮球	能认识和指出身体各部分	会表示大小便,懂命令,会自己进食	
2岁	能双脚跳,手的动作更准确,能用勺子吃饭	会说2~3个字构成的词	能完成简单的动作,能表达喜、怒、怕、懂	
3岁	能跑,会骑三轮车,会洗手、脸,脱、穿简单衣服	能说短歌谣,数几个数	能认识画上的东西,认识男女,自称"我",表现有自尊心和同情心,怕羞	

三、语言的发育

语言是个体根据所掌握的语言知识表达思维和观念,并进行交流的过程,与智能关系密切。小儿语言的发展除受语言中枢控制外,还需要正常的听觉和发音器官。同时,周围人群经常与小儿的语言交流也是促进语言发育的重要条件。一般语言发展的重要时期是在出生后9个月至4岁,此时应有目的地对小儿进行语言训练,提供适于语言发展的环境。

语言发展经过发音阶段(初/出生至1岁)、语言理解阶段(1~1.5岁)和语言表达阶段(1.5~3岁)3个阶段。

重点提示

1. 大运动发育的过程可归纳为"二抬四翻六会坐,七滚八爬周会走"(数字代表月龄)。
2. 细运动发育的过程可归纳为"一握三抓六会敲,九用两指周会勺"(数字代表月龄)。
3. 语言发育的过程可归纳为"一哭二笑四发声,五呷六呀七爸妈,一岁懂话会叫人,二岁交谈四岁唱歌,七岁讲故事学文章"(数字代表月龄)。

讨论与思考

1. 何谓生长发育?小儿生长发育的规律及受哪些因素影响?
2. 婴儿出生时就灵敏的感觉有哪些?
3. 运用相关计算公式,计算5个月、2岁及5岁小儿的体重、身高、乳牙数。
4. 一健康男婴,营养发育良好,能坐,见陌生人即哭,头围41cm,前囟2cm×2cm,身长65cm,两个中切牙正在萌生,该小儿最可能的年龄是多少?

(张 蕾)

第3章

健康小儿的一般护理

> **学习要点**
> 1. 各年龄期小儿的护理要点
> 2. 各年龄期小儿体格锻炼与游戏的方法
> 3. 小儿计划免疫程序
> 4. 小儿计划免疫接种的注意事项、不良反应及处理

第一节 不同年龄阶段小儿的护理

一、胎儿期的护理

胎儿发育与孕母的健康、营养状况、疾病、生活环境和情绪等密切相关,故胎儿期应着重预防先天畸形、保证孕母营养、保证孕妇生活规律、预防产伤和产褥感染。

二、新生儿期的护理

新生儿脱离母体后需要经历一段时间的调整,才能适应新环境。新生儿期,特别是生后1周内的新生儿发病率和病死率最高,占新生儿死亡总人数的70%,故新生儿保健重点应在生后1周内,预防并及时处理新生儿缺氧、窒息、低体温、低血糖、低血钙和颅内出血等疾病。对早产儿、低出生体重儿、宫内感染、产时异常等高危儿应予以特殊监护。

(一)新生儿访视

新生儿期共家庭访视4次,做到疾病的早发现、早诊断、早治疗。

1. **出院后1~2d的初次访视** 了解新生儿的出生情况,生后母乳分泌、喂养以及睡眠情况;观察其面色、哭声、吸吮力及大小便情况;测量体重、身长、体温、呼吸、心率;检查皮肤、黏膜,注意有无黄染;检查脐部,注意有无感染和出血;检查有无先天畸形和障碍;对家长进行新生儿喂养、保暖、预防感染的指导。

2. **生后5~7d的周访视** 了解吃奶、哭声及大小便情况,检查黄疸的程度和脐带是否脱落,脐部是否有感染。

3. 生后10~14d的半个月访视　检查体重增长和黄疸消退情况,指导补充维生素D。

4. 生后27~28d的满月访视　了解新生儿喂养和护理情况,测体重并做全面体检。

(二) 日常护理

新生儿新陈代谢旺盛、皮肤娇嫩,应每日沐浴,并选用中性婴儿浴液或浴皂;新生儿脐带未脱落前,要保持清洁干燥(方法见第4章第三节脐部护理法)。衣物应选用棉质、柔软的面料,款式宜宽松、简洁、无领、易穿脱;便后及时用温水清洗臀部,更换尿布。

三、婴儿期的护理

婴儿期生长发育迅速,消化吸收及免疫功能尚未成熟,易患消化功能紊乱、营养不良、肺炎等。此期小儿发病率和病死率仍较高。因此,婴儿期要注重合理喂养,加强日常生活护理和早期教养,定期进行健康检查和身高(长)测量,完成基础计划免疫,预防疾病和意外。

(一) 日常护理

1. 清洁卫生　每日清洗面部、颈部、腋窝、腹股沟和臀部。条件允许的可每日沐浴。及时更换尿布,保持臀部清洁,预防尿布性皮炎。

2. 穿着　应简单、宽松、少接缝,便于穿脱和活动。衣服宜系带,不使用纽扣。裤子应易于穿脱,以便训练排便。

3. 睡眠　应注意培养良好的睡眠习惯,睡前避免过度兴奋。

4. 训练大小便　3个月可以开始训练定时排尿,能坐稳后练习坐便盆。注意坐盆时注意力要集中,时间3~5min。待大便减至每日1~2次时,可训练定时排便。

(二) 合理喂养

4个月以内的婴儿提倡全母乳喂养,4个月以上要及时添加辅食,逐渐增加辅食品种,为断乳做好准备,并预防营养性疾病。7~8个月学用杯子喝水,9~10个月逐渐训练自己进食。

(三) 预防疾病和意外

加强体格锻炼,增加户外活动。定期实施生长发育监测,定期为婴儿做健康检查和身高(长)测量。按照计划免疫程序完成预防接种的基础免疫,预防传染病。注意预防窒息、跌伤、烫伤、异物吸入、溺水等意外事故发生。

四、幼儿期的护理

幼儿期神经心理发育及自我意识发展迅速,自主性和独立性不断发展,行走和语言能力增强,与外界环境接触机会增多。故对幼儿除注意营养、预防传染病及寄生虫病外,还应重视幼儿牙齿保护、预防意外伤害和早期教育。

(一) 日常护理

衣着应轻便、宽松、易于活动、保暖、穿脱简便;可以有成人陪伴,或带玩具上床,使幼儿有安全感,睡前不要做剧烈活动,避免大脑兴奋而入睡困难;应在家长的指导下学习刷牙,少吃糖果,做到餐后漱口,预防龋齿,定期进行口腔检查。

(二) 合理喂养

由于此期小儿生长速度较婴儿期减缓,幼儿的食欲明显下降,甚至出现生理性厌食、偏食。因此应创造安静的进食环境,提供营养均衡且色、香、味俱全的膳食。注意培养小儿专心进食、不挑食、不偏食、不吃零食的良好饮食习惯。

(三) 预防疾病和意外

继续完成预防接种;加强体格锻炼,空气浴、水浴、日光浴;每年进行生长发育监测和健康体检3~4次;注意预防跌伤、烫伤、电击伤等意外事故发生。

(四) 早期教养

应注意培养小儿的独立生活能力,养成良好的饮食、排便、睡眠、活动、卫生等生活习惯。此期小儿好奇心、模仿力很强,应早期进行智力开发。

五、学龄前期的护理

学龄前期儿童活动范围扩大,儿童智力发展快,自理能力和机体抵抗能力逐渐增强,是性格形成的关键时期。此期应继续生长发育监测;加强早期教育,培养独立生活的能力和良好的道德品质;在游戏中加强体格锻炼,增强体质;进行学前教育,学会与同伴交往、关心集体、遵守纪律;加强安全教育,预防安全事故和意外的发生。

六、学龄期的护理

学龄期儿童机体抵抗力和求知能力增强,理解、分析、综合能力逐步完善,认知能力和心理、社会适应能力发展迅速,学校和社会环境对其影响较大。此期应加强体格锻炼和卫生指导,培养坐、立、行走姿势,读书、写字姿势。注重培养良好的品格,促进德、智、体、美、劳全面发展。提供适宜的学习环境,养成良好的学习习惯,合理安排学习、生活和休息。学习交通法规和意外伤害防范知识和自我保护知识。

七、青春期的护理

此期是决定一生体格、体质、心理和智力发育和发展的关键时期。青少年求知欲强,认知、心理、社会和行为发展日趋成熟,但由于神经内分泌调节不够稳定,面对诸多的社会压力,会出现一些特殊的健康问题。故此期要供给充足的营养,加强体格锻炼,形成健康的生活方式;加强青春期生理、心理卫生和性教育;培养良好的品德,以保证青少年身心健康。

> **重点提示**
>
> 1. 新生儿期共家庭访视4次,时间分别为出院后1~2d、生后5~7d、生后10~14d、生后27~28d。
> 2. 小儿最容易受到意外伤害的时期是幼儿期。

第二节 小儿体格锻炼与游戏

一、体格锻炼

体格锻炼是促进儿童健康成长、增强体质的重要措施,可以磨炼儿童的意志,促进德育、智育、体育等全面发展。体格锻炼应从小开始,由简单到复杂,循序渐进。根据儿童年龄、体质和环境等特点,选择合适的锻炼方式,锻炼前应做好准备工作,锻炼过程中注意观察小儿的反应,避免出现过度劳累和发生意外情况。

（一）户外活动

一年四季均可进行，能增强儿童体温调节功能和对外界气温变化的适应能力，促进儿童生长发育及预防佝偻病。婴儿出生后应尽早开始进行户外活动，呼吸新鲜空气。户外活动时间开始时每日 1~2 次，每次 10~15min，逐渐延长到每次 1~2h。年长儿除恶劣气候外，应尽量多在户外玩耍。户外活动时应注意气温变化，随时增减衣服。

（二）三浴锻炼

1. 空气浴　空气浴能促进儿童机体新陈代谢，增强呼吸系统功能和心脏的活动。健康儿童从出生时即可进行。空气浴宜从夏季开始，随着季节变换，气温的降低，使机体逐步适应。可先在室内进行，预先做好通风换气准备，使室内空气新鲜，室温不应低于 20℃，逐渐减少衣服至只穿短裤，习惯后可移至户外。以在饭后 1~1.5h 进行较好，每日 1~2 次，每次 2~3min，逐渐延长至 2~3h（夏季），冬季每次以 20~25min 为宜，室温每 4~5d 下调 1℃。一般 3 岁以下及体弱儿气温不宜低于 15℃，3~7 岁不低于 12~14℃，学龄儿可降至 10~12℃。空气浴可结合游戏或体育活动进行，小儿脱衣后先用干毛巾将全身皮肤擦至微红以做准备，在空气浴过程中要注意观察小儿的反应，若小儿有寒冷的表现，如出现皮肤苍白、口唇发绀等，应立即穿衣保暖。

2. 日光浴　日光中的紫外线能将皮肤中的 7-脱氢胆固醇转化为维生素 D，可防治佝偻病；其中的红外线能透过表皮达到深部组织，使血管扩张，血流加快，改善血液循环；日光中的可见光线，能通过视觉和皮肤对人产生振奋情绪的作用，能使人心情舒畅。日光浴宜在气温 22℃ 以上且无大风时进行，适于 1 岁以上的小儿。以早餐后 1~1.5h 最佳，夏季在上午 8~9 时为宜；春、秋季节可在上午 10~12 时进行。儿童应选择躺在空气流通又无强风的树荫或凉棚下进行，头戴白帽，眼戴遮阳镜。依次晒背部、身体两侧和胸腹部。开始时每侧晒半分钟，以后逐渐增加时间，每次日光浴时间不宜超过 30min。一般日光浴前应先进行一段时间的空气浴，日光浴时应注意避免日光直射，如小儿出现头晕、头痛、恶心、虚弱感、兴奋等情况，应限制日光照射量或停止进行。

3. 水浴　通过水的温度刺激和水对肌肤的摩擦，可刺激机体皮肤血管收缩或舒张，提高机体的调节能力和应激能力，还能促进机体的新陈代谢、血液循环及体温调节。水浴方法主要有以下几种，家长可根据小儿年龄和体质的状况进行选择。

（1）温水浴：温水浴不仅可保持皮肤清洁，还能促进新陈代谢，增加食欲，利于睡眠，并有益于生长发育和抵抗疾病。新生儿在脐带脱落后就可以开始进行温水浴，水温一般控制在 37~37.5℃。夏秋季每日 2 次，冬春季每日 1 次，每次时间为 7~12min。每次浴毕可用较冷的水（33~35℃）冲淋，随即擦干，用温暖毛巾包裹，穿好衣服。冬季要做好温水浴前的准备工作，注意室温、水温，减少体表热量散发。

（2）擦浴：适用于 7~8 个月以上的婴儿。先可进行 1~2 周的干擦期，以便为湿擦做准备，干擦时选用质地柔软的毛巾分区擦拭，顺序依次为上肢、后背、腹部、下肢，每次擦拭时间为 1~1.5min。湿擦开始水温为 32~33℃，待婴儿适应后，每隔 2~3d 下调 1℃，婴儿可逐渐降至 26℃，幼儿可降至 24℃，擦浴时室温应保持在 16~18℃。湿擦应选择软硬度适中且吸水性好的毛巾，浸入水中后拧半干，然后在婴儿四肢上做向心性擦浴，擦毕再用干毛巾擦磨至全身皮肤微红。擦浴时其他不擦部位要用大毛巾包裹好，以免受凉，擦完后让婴儿静卧 10~15min。

(3) 淋浴：效果比擦浴好，适用于3岁以上的儿童。淋浴时间一般在早餐前或午睡后，每日1次，每次冲淋身体20~40s，室温保持在18~20℃。开始时水温35~36℃，每隔2~3d下调水温1℃左右，待儿童适应后，年幼儿可将水温降至26~28℃，年长儿可降至22~24℃。淋浴时，将儿童立于有少量温水的盆中，喷头不高于儿童头顶40cm，依次冲淋上肢、胸背到下肢，注意不可冲淋头部。浴后用干毛巾擦至全身皮肤微红。

(4) 游泳：可从小训练，游泳时应有成人在旁看护。浴场应选择水质清洁、附近无污染源的地方或游泳池。气温不应低于24~26℃，水温不宜低于22℃。开始时间每次1~2min，逐渐延长。游泳过程中要注意观察小儿反应，若有寒冷感或寒战等不良反应要立即出水。游泳不宜在空腹时与饱食后进行，下水前应适当做热身运动，出水后尽快擦干全身，注意保暖。

(三) 体操

1. **婴儿被动操** 适用于2~6个月的婴儿，婴儿完全在成人帮助下进行四肢伸、屈运动。可改善婴儿血液循环，促进大运动的发育。每日1~2次，逐渐过渡到主动操。

2. **婴儿主动操** 适用于6~12个月的婴儿，在成人适当的扶持下，婴儿有部分主动动作。可训练婴儿双手取物、爬、坐、仰卧起身、扶站、扶走等动作，能扩大婴儿视野，促进智力发育。

3. **幼儿体操** 如竹竿操等，适用于12~18个月尚不会走路或独走不稳的幼儿，在成人的扶持下，主要锻炼走、前进、后退、平衡、扶物过障碍物等动作。幼儿模仿操适用于18个月至3岁的幼儿，可配合儿歌或音乐进行有节奏的运动。

4. **儿童体操** 适用于3~6岁的儿童，如广播体操、健美操等，可以增加大肌群、肩胛带、背及腹肌的运动，以及四肢动作的协调性。应每日按时进行，持之以恒。

(四) 其他体育锻炼

1. **婴儿抚触** 婴儿抚触是通过皮肤触觉，对婴儿进行头部、胸腹部、四肢、背部及臀部等处皮肤的接触和抚摩，以促进婴儿身心发展的一种方法。抚触有益于增强循环、呼吸、消化等系统的功能，并使婴儿肢体肌肉得到放松与活动，能增强关节灵活度和肌肉力量；婴儿抚触能表达父母对婴儿的爱，是父母与婴儿之间最好的交流方式，能使婴儿获得充分的安全感，减少出生后因环境刺激而引起的哭闹和不安。抚触可从新生儿期开始，一般在婴儿洗澡后进行。抚触时可用少量婴儿润肤霜使皮肤润滑，每日2次，早、晚进行，每次5~10min以上，房间温度要适宜。

2. **田径及其他运动** 年长儿可利用器械进行锻炼，如木马、滑梯，还可进行各种田径运动、球类运动、舞蹈、跳绳等。

二、游　　戏

游戏是儿童必不可少的活动，是其生活的一个重要组成部分，是儿童与他人沟通的一种重要方式。儿童通过游戏可以认识周围世界，并懂得如何处理环境中的人、事、物，以促进身心发展。

(一) 各年龄阶段游戏的发展特点

1. **婴儿期** 婴儿早期的游戏需要大人的陪伴和参与，以后逐渐变为单独性的游戏。主要是通过抓握、抱持、爬行和走等方式进行。婴儿自己的身体往往是他们游戏的主要对象和内容，对玩手脚、翻身、爬行和学步等身体动作表现出极大的乐趣，喉部发出的各种声音也会使他们非常兴奋，他们喜欢用眼、口、手来探索周围事物，对一些颜色鲜艳、能发声、能移动的玩具感兴趣。

2. **幼儿期** 属于运用玩具阶段,游戏的形式转变为平行性游戏,即幼儿愿意在其他小朋友身旁玩类似的玩具,他们可能偶尔会交换或争夺玩具,但没有联合与合作活动。2岁的儿童开始模仿成人的活动。玩水、沙土、橡皮泥,在纸上随意涂画、随音乐手舞足蹈、唱简单的歌谣、翻看故事书或看动画片等是幼儿喜欢的游戏。此期家长应安排适当的户外活动以满足其需求。

选择玩具时要注意:①适应孩子的年龄及其生长发育的特殊需要;②注意玩具的安全性;③玩具应易洗,耐用,易抓握,大小和重量适宜,边缘平滑等。

3. **学龄前期** 游戏方式转变为联合性的游戏,他们共同参与一个活动,开始交换意见并相互影响,每个小儿均可以依照自己的意愿去表现。但此期的游戏缺乏组织性和目标性,游戏的模仿性强,如玩"过家家"等。剪贴、搭积木和做模型的复杂性和技巧性明显增加。

4. **学龄期** 此期多为合作性的游戏,如运动和戏剧性的游戏,而对玩具的兴趣降低。其特点是有组织,每个人有明确的角色,以达到某个目标;出现游戏的中心人物,游戏规则严格,彼此遵守,合作性和竞争性高度发展。如6~8岁儿童喜欢扮演他们所了解的各种职业的人员角色。学龄儿童开始收集他们认为不平常的东西,如石子和各种卡片、图片等,且喜欢读有趣而简单的故事书。活动内容有跳绳、溜冰、骑车、游泳、踢足球等,还有看电视、玩游戏机、弹奏乐器和绘画等。

5. **青春期** 青少年的兴趣因性别的不同而产生极大差异。女孩子对社交性活动发生兴趣,如喜欢参加聚会,也喜欢看电影、电视节目及爱情小说、爱听音乐,并常常与朋友讨论自己的感受。男孩子则通常对运动中的竞争和求胜感兴趣,还喜欢机械、电子和电器装置。青少年对父母的依赖性减少,更愿意独处或与朋友在一起,表现出对小团体的忠诚精神,主要从朋友处获得自我认同感。青少年常常充满幻想,将自己想象为小说、影片中的某个人物。

(二) 游戏的作用

游戏有利于促进小儿的身心发育,其作用包括:①有利于感知能力和运动能力的发展;②有利于智力的发展;③有利于心理、社会适应能力的发展;④有利于创造性的开发;⑤有利于道德价值观的形成等;⑥治疗性价值。在医院环境中,小儿通过游戏可表达他们对陌生环境的恐惧,对离开父母及同伴的焦虑,对治疗及护理等疼痛经历的感受。护理人员在与小儿游戏中可以观察、评估其生长发育水平,以及对住院的情绪反应等;同时,运用玩具、绘画、图书、音乐及戏剧性的游戏活动,可建立良好的护患关系和沟通渠道,以配合开展健康教育。

> **重点提示**
>
> 1. 小儿户外活动时间由开始每日1~2次,每次10~15min,逐渐延长到1~2h。
> 2. 小儿日光浴以早餐后1~1.5h最佳,夏季在上午8~9时为宜;春、秋季节可在上午10~12时进行。

第三节 计划免疫

计划免疫是根据儿童的免疫特点和传染病发生的情况制定的免疫程序,通过有计划地使用生物制品进行预防接种,以提高人群的免疫水平,达到控制和消灭传染病的目的。我国对儿童实施预防接种证制度。

一、获得免疫的方式

(一)主动免疫

指给易感者接种特异性抗原,刺激其机体产生特异性免疫抗体,获得主动免疫力的方法。其特点是:抗体持续时间较长,一般为1~5年;在完成基础免疫后,还要适时安排加强免疫,巩固免疫效果。

(二)被动免疫

给予接触过传染病的易感者相应的抗体,使之立即获得免疫力,称为被动免疫。其特点是抗体在体内停留时间短暂,只作为暂时预防和治疗手段。

二、疫苗的种类

(一)主动免疫制剂

1. 菌苗　用细菌体制成,又分为灭活菌苗和活菌苗。
2. 疫苗　用病毒或立克次体接种于动物、鸡胚培养后,经处理后形成。又分为灭活疫苗,如乙脑疫苗;减毒活疫苗,如麻疹疫苗。
3. 类毒素　用细菌的外毒素加入甲醛,使其失去毒性,但仍具有免疫性的制剂,如破伤风和白喉类毒素。

(二)被动免疫制剂

常用免疫球蛋白。

三、计划免疫程序

卫生部于2008年2月18日发布的《扩大国家免疫规划实施方案》规定,将甲肝疫苗、流脑疫苗、乙脑疫苗、麻腮风疫苗等纳入国家免疫规划。具体接种程序见表3-1。

表3-1　国家免疫规划疫苗常规免疫程序

疫苗	接种年(月)龄	接种剂次	接种部位	接种途径	接种剂量/剂次	备注
乙肝疫苗	0、1、6月龄	3	上臂三角肌	肌内注射	酵母苗 5μg/0.5ml、CHO苗 10μg/1ml、20μg/1ml[(1)]	出生后24h内接种第1剂次,第1、2剂次间隔≥28d
卡介苗	出生时	1	上臂三角肌中部略下处	皮内注射	0.1ml	
脊灰疫苗	2、3、4月龄,4周岁	4		口服	1粒	第1、2剂次,第2、3剂次间隔均≥28d
百白破疫苗	3、4、5月龄,18~24月龄	4	上臂外侧三角肌	肌内注射	0.5ml	第1、2剂次,第2、3剂次间隔均≥28d

续表

疫苗	接种年(月)龄	接种剂次	接种部位	接种途径	接种剂量/剂次	备注
白破疫苗[2]	6周岁	1	上臂三角肌	肌内注射	0.5ml	
麻风疫苗[2]（麻疹疫苗）	8月龄	1	上臂外侧三角肌下缘附着处	皮下注射	0.5ml	
麻腮风疫苗（麻腮疫苗、麻疹疫苗）	18~24月龄	1	上臂外侧三角肌下缘附着处	皮下注射	0.5ml	
乙脑减毒活疫苗	8月龄，2周岁	2	上臂外侧三角肌下缘附着处	皮下注射	0.5ml	
A群流脑疫苗	6~18月龄	2	上臂外侧三角肌附着处	皮下注射	30μg/0.5ml	第1、2剂次间隔3个月
A+C流脑疫苗	3周岁，6周岁	2	上臂外侧三角肌附着处	皮下注射	100μg/0.5ml	2剂次间隔≥3年；第1剂次与A群流脑疫苗第2剂次间隔≥12个月
甲肝减毒活疫苗[2]	18月龄	1	上臂外侧三角肌附着处	皮下注射	1ml	
出血热疫苗（双价）	16~60周岁	3	上臂外侧三角肌	肌内注射	1ml	接种第1剂次后14d接种第2剂次，第3剂次在第1剂次接种后6个月接种
炭疽疫苗[2]	炭疽疫情发生时，病例或病畜间接接触者及疫点周围高危人群	1	上臂外侧三角肌附着处	皮上划痕	0.05ml(2滴)	病例或病畜的直接接触者不能接种
钩体疫苗[2]	流行地区可能接触疫水的7~60岁高危人群	2	上臂外侧三角肌附着处	皮下注射	成人第1剂0.5ml，第2剂1.0ml，7~13岁剂量减半，必要时7岁以下儿童依据年龄、体重酌量注射，不超过成人剂量1/4	接种第1剂次后7~10d接种第2剂次
乙脑灭活疫苗	8月龄(2剂次)，2周岁，6周岁	4	上臂外侧三角肌下缘附着处	皮下注射	0.5ml	第1、2剂次间隔7~10d
甲肝灭活疫苗[2]	18月龄，24~30月龄	2	上臂三角肌附着处	肌内注射	0.5ml	2剂次间隔≥6个月

(1)CHO疫苗用于新生儿母婴阻断的剂量为20μg/ml。
(2)未收入《药典》的疫苗，其接种部位、途径和剂量参见疫苗使用说明书
摘自：卫生部《扩大国家免疫规划实施方案》

1. **乙肝疫苗** 接种3剂次，出生24h内、1月龄、6月龄各接种1剂次。

2. 卡介苗 接种 1 剂次,出生时接种。

3. 脊灰疫苗 接种 4 剂次,儿童 2 月龄、3 月龄、4 月龄和 4 周岁各接种 1 剂次。

4. 百白破疫苗 接种 4 剂次,儿童 3 月龄、4 月龄、5 月龄和 18~24 月龄各接种 1 剂次。

5. 白破疫苗 接种 1 剂次,儿童 6 周岁时接种。

6. 麻腮风疫苗 8 月龄接种 1 剂次麻风疫苗,麻风疫苗不足部分可继续使用麻疹疫苗。18~24 月龄接种 1 剂次麻腮风疫苗,不足部分可用另 3 种含麻疹成分的疫苗(麻风、麻腮、麻疹疫苗)作为过渡。

7. 流脑疫苗 接种 4 剂次,儿童 6~18 月龄接种 2 剂次 A 群流脑疫苗,3 周岁、6 周岁各接种 1 剂次 A+C 群流脑疫苗。

8. 乙脑疫苗 乙脑减毒活疫苗接种 2 剂次,儿童 8 月龄和 2 周岁各接种 1 剂次。乙脑灭活疫苗接种 4 剂次,儿童 8 月龄接种 2 剂次,2 周岁和 6 周岁各接种 1 剂次。

9. 甲肝疫苗 甲肝减毒活疫苗接种 1 剂次,儿童 18 月龄接种。甲肝灭活疫苗接种 2 剂次,儿童 18 月龄和 24~30 月龄各接种 1 剂次。

四、预防接种的注意事项

(一)接种准备工作

接种人员首先要了解疫苗说明书的全部内容,还要询问小儿有无过敏史,同时做好消毒用具和抢救药品的准备工作。

(二)禁忌证

患有自身免疫性疾病和先天性免疫缺陷的患儿;接受免疫抑制药治疗期间(如放疗、化疗,使用糖皮质激素、抗代谢药物和细胞毒药物);患有急性传染病及其恢复期的小儿;有慢性消耗性疾病,或患有心脏病、肝、肾疾病及其他严重疾病者;特殊禁忌证严格按使用说明执行,如对鸡蛋过敏者不能接种用鸡胚组织制作的流感疫苗。

(三)规范操作

接种前先严格检查生物制品的名称、批号、生产日期、外观、物理性状等,接种时严格掌握疫苗的接种剂量。

(四)不良反应及其处理

1. 一般反应

(1)局部反应:接种 1~2d 局部出现红、肿、热、痛现象,一般不需要特殊处理。较重的局部反应可热敷,每日数次,每次 10~15min。卡介苗出现的局部反应严禁热敷。

(2)全身反应:如接种后 5~6h 体温升高,体温 37.5℃ 为弱反应,37.5~38.5℃ 为中度反应,一般不需特殊处理。体温 38.6℃ 以上为强反应,应对症处理。少数伴有恶心、呕吐、腹痛、腹泻和全身不适等反应,应密切观察,必要时到医院就诊。

2. 异常反应

(1)过敏性休克:于注射后数分钟至 2h 内出现烦躁、面色苍白、口唇发绀、四肢湿凉、呼吸困难、脉搏细数、恶心、呕吐、血压下降、惊厥甚至昏迷,如不及时抢救,可在短期内危及生命。此时应置患儿于平卧位,头稍低,给予氧气吸入,注意保暖,并立即皮下或静脉注射 1:1000 肾上腺素 0.5~1ml。

(2)晕针:注射时或注射后几分钟内,出现头晕、心慌、面色苍白、出冷汗、手足冰冷、心率快,甚至神志不清等症状,往往是由于恐惧而引起反射性周围血管扩张所致的一过性脑缺血,应立即置患儿于平卧位,头稍低,喝糖水,保持安静,一般短时间即可恢复正常。

(3)过敏性皮疹:少数小儿接种后可出现过敏性皮疹,以荨麻疹多见,经服用抗组胺药物后皮疹可减轻或消失。

(4)全身感染:按照医嘱给予治疗。

重点提示

1. 主动免疫是指给易感者接种特异性抗原,刺激其机体产生特异性免疫抗体,获得主动免疫力的方法;被动免疫是指给予接触过传染病的易感者相应的抗体,使之立即获得免疫力的方法。

2. 计划免疫程序中各种疫苗所预防的疾病及接种的时间。

3. 小儿预防接种的禁忌证:患有自身免疫性疾病和先天性免疫缺陷的患儿;接受免疫抑制药治疗期间(如放疗、化疗、使用糖皮质激素、抗代谢药物和细胞毒药物);患有急性传染病及其恢复期的小儿;有慢性消耗性疾病,或患有心脏病,肝、肾疾病及其他严重疾病者。

4. 预防接种若发生过敏性休克,应置患儿于平卧位,头稍低,给予氧气吸入,注意保暖,并立即皮下或静脉注射1:1000肾上腺素0.5~1ml。

讨论与思考

1. 国际卫生组织为什么大力提倡母乳喂养?
2. 主动免疫制剂有哪几种?
3. 请你分别总结3个月、5个月、6个月、8个月的小儿应该完成哪些疫苗的预防接种。
4. 请你为7个月的小儿制定1周膳食计划,包括辅助食品添加的相关内容。

(杨广毅)

第 4 章

住院患儿的护理

> **学习要点**
> 1. 儿科住院护理常规
> 2. 住院患儿的心理护理
> 3. 与患儿沟通的技巧
> 4. 患儿用药特点及用药量的计算方法
> 5. 小儿给药方法
> 6. 儿科常用护理技术操作步骤及注意事项

第一节 儿科护理常规

一、住院护理常规

1. **热情迎接新入院患儿,合理安排病室** 将感染性与非感染性患儿分室护理;将同病种急性期与恢复期患儿尽可能分室护理。
2. **入院介绍** 向患儿及家属介绍病区环境、作息时间、探视制度、主管医生、主管护士及护士长等。
3. **清洁护理** 若病情允许,应在24h内完成患儿的卫生处置工作,如洗头、沐浴、剪指(趾)甲、更换衣服等。
4. **测量体重** 入院时测体重1次,住院后每周测体重1次;新生儿每周测体重2次。
5. **测量生命体征** 新入院患儿3d内每日测体温3次;体温正常者3d后改为每日测2次;危重、发热、低体温者每4h测1次;高热患儿每1~2h测1次,退热处理后0.5~1h复测体温。根据患儿的病情酌情测脉搏、呼吸和血压。
6. **做好相关检验** 入院24h内完成血常规、尿常规、粪常规检查。
7. **给药护理** 按医嘱准确给药,严格查对制度,勤观察、巡视,发现问题及时处理。
8. **饮食** 按医嘱给予;乳儿尽量母乳喂养,疾病诊疗期间不间断母乳喂养。
9. **休息与睡眠** 除病情严重外,不需过分限制活动;为患儿创设利于休息与睡眠的环境。

10. 病室消毒　一般每周消毒1次;新生儿病室、重症监护病室每日消毒1次;治疗室每日消毒2次;患儿出院或死亡后,床单位应进行终末消毒。

11. 安全措施　病房窗外装有护栏、药柜上锁;不准携带刀、剪入院;患儿外出必须由成人带领,交接班时应清点病区患儿人数;防坠床、烫伤等安全事故发生。

12. 做好出院患儿健康指导　对急、重症患儿,护士应先治疗、抢救,待病情稳定后,再完成其他入院常规工作。

二、住院患儿的心理护理

儿童住院时,由于年龄、病种、病情、住院时间的长短及个人的特点不同,因而对住院有不同的心理反应,护士应了解儿童对疾病的认识,根据住院期间主要的压力来源及不同的心理反应进行心理护理,以减轻疾病的痛苦,消除焦虑,使患儿尽快恢复身心健康。

(一)儿童对疾病的认识

1. 运筹前期(2~7岁)　孩子认为疾病是外来的,是与自己无关的现象,常将疾病和疼痛等感觉与惩罚联系起来,对疾病的发展与预后缺乏认识。

2. 具体运筹前期(7~11岁)　认为疾病是外来的,但对疾病的病因有一定了解,认为道德行为与病因有关,并能注意疾病的程度。他们认为疾病是存在于体内,但无法用术语描述。开始恐惧伤残和死亡,并与惩罚相联系。

3. 形式运筹前期(11岁至成人)　儿童认为疾病与器官功能不良有关,并且每个人的疾病不同。他们认识到心理及态度可影响健康,对疾病的发生及治疗有一定的见解及自我控制能力。

(二)住院儿童主要的压力来源

包括:疾病本身带来的痛苦和创伤、治疗限制日常活动及对各种治疗的恐惧、身体形象改变所造成的情绪影响、对疾病的认识有限而产生情绪反应、与亲人分离、接触陌生环境和陌生人、中断学习。

(三)主要的心理护理措施

1. 创造和谐的人际环境　护士态度要和蔼、亲切。初次接触孩子时向其父母及保育人员询问孩子的心理及有关情况。了解孩子的生活习惯、喜欢的玩具、表达日常需要的语言和方式等,根据孩子年龄及理解能力,用简单易懂的语言或方式,向孩子介绍医院情况和生活制度,介绍有关医护人员及同病室的伙伴,使其对新环境有所了解,减少焦虑和恐惧心理。对孩子应多鼓励,不责骂、不恐吓、不欺骗、不讽刺,凡答应孩子的事一定要做到。

2. 减轻身体伤害和疼痛　护士应关心爱护孩子,做各项护理工作前,应用儿童可以理解的语言或方式解释操作过程;操作中要耐心、细心,技术要熟练、准确,对孩子的疼痛反应要及时评估,并给予有效处理;对孩子的合作应给予鼓励与表扬。

3. 减轻控制感的丧失　努力取得孩子的合作,减少对肢体的束缚,增加自由活动的时间和空间。支持、鼓励孩子独立完成自己能完成的活动。

4. 尽量固定护士　护士要尽量固定,连续护理,以满足孩子情感及其他方面的需要。

5. 家长参与,减少分离　允许家长陪伴,让家长尽可能多地陪伴孩子,使分离性焦虑程度减轻。家长要对孩子进行心理疏导,告诉孩子看病或住院的原因及探视的时间及次数。争取家长的主动参与和良好的配合,有效地减轻孩子的不良心理反应,使其早日康复。

三、与患儿沟通的技巧

沟通是人与人之间通过各种方式的信息交流,在心理上和行为上发生相互影响的过程。一般通过语言、非语言沟通等方式进行,具有交流信息、传递情感和调节行为的功能。沟通是儿科护理中的重要技能,是实施小儿护理的必要条件,通过沟通不仅能完成有效的护理评估,而且可以建立良好的护患关系,从而解决患儿的健康问题。小儿处在生长发育阶段,语言、心理发展尚不成熟,在沟通方面与成人有很多不同,因此与患儿的沟通应采用一些特殊的技巧。

(一)小儿沟通特点

1. **缺乏表达情感的语言能力** 由于发育水平不同,不同年龄阶段的小儿表达个人需要的方式也有差别。1岁以内的婴儿多以不同音调的哭声表示自己的身心需要;1~2岁因吐字不清楚、用词不准确、重复字较多,其语言表达使对方难以理解。3岁以上的小儿,语言表达能力逐渐增强,可通过语言并借助肢体动作,形容、叙述某些事情,但因缺乏逻辑思维能力,条理性较差,表达往往不够准确。

2. **缺乏认识、分析问题的能力** 小儿随着年龄的增长,对事物的认识逐渐从直觉活动思维和具体形象思维过渡到抽象逻辑思维。至学龄期逐步学会正确地掌握概念,对问题进行合乎逻辑的推理和做出恰当的判断,但仍有很大成分的具体形象性。因此,与成人相比,小儿时期对问题的理解、认识、分析、判断的能力较差,易影响沟通的进展与效果。

3. **模仿能力强** 随着小儿神经系统逐渐发育,至学龄前期小儿的思维能力得到进一步发展,他们喜欢模仿成人的言行举止,设法了解和认识周围环境。学龄儿童已经具备了一定的判断能力,能有意识地模仿优秀老师和同伴。因此成人在与小儿沟通时有目的地加以引导,就可能获得事半功倍的效果。

(二)与小儿沟通的方法与技巧

1. **语言沟通** 语言沟通分为书面语言沟通和口头语言沟通两种。一般与患儿的语言沟通为面对面的口头沟通,是最常用的沟通形式,其优点是能较迅速、清楚地将信息传递给对方。在交流中护士将有关医院环境、护理、治疗等情况向患儿及其家长进行详细解释,患儿也可以及时向护士倾诉自己的生理、情感需求。但由于患儿的语言能力有限,可能会不同程度地影响沟通效果,因此,有效的沟通必须采用双方能懂的话语,并灵活采用相应的技巧。

(1)主动介绍:护士初次接触患儿及其家长时,应主动自我介绍,并亲切地询问患儿熟悉的生活与事情,如患儿的乳名、年龄、幼儿园或学校的名称、爱好等,这样可拉近与患儿及家长的距离。同时,应鼓励患儿自己做介绍或提出疑问,避免只与家长交流,将所有问题由家长全部代替表达,形成替代沟通的局面,挫伤患儿主动合作的积极性。

(2)方式恰当:尽量不用"是不是""要不要"等封闭式提问的话语,因此类问题的固定答案可单纯回答"是"或"否",难以表达患儿的真实主观感受;宜采用患儿能理解的方式而不用否定方式。如患儿对"拿笔画画"的建议能愉快地接受,而对"不能咬笔"的劝告语言则可能持抗衡的态度;使用患儿熟悉的语句、肯定的谈话方式,不仅有助于患儿理解,也能促进主动配合。如体格检查胸部需解开衣服,应避免说"我来查体,你要不要解开衣扣",可向患儿解释"现在让我来听听你的胸部,需要你解开衣扣,要我帮忙吗"。

(3)真情理解:小儿情绪变化快,对环境刺激敏感,有时表现为喜怒无常,当小儿受伤或受挫时,应容许小儿哭泣或表达愤怒。但尊重和理解小儿的感情并不意味着允许他们的破坏性行为,应给予正确的引导,将其攻击性行为转化为建设性游戏,或通过积极的语言沟通解决问题,帮助小儿学会控制情绪。对患儿某些幼稚的想象,护士应采取诚恳态度表示理解与接受,从而赢得患儿的信任,切不可取笑、讥讽患儿。由于患儿语言表达能力较差,有时出现吐字不清、语句不连贯、叙述不明等情况,护士应耐心倾听,不要随意打断患儿说话,可适时帮助患儿修正话语,以获得准确的资料。

(4)语音合适:护士应掌握谈话时语音的技巧,注意说话的声调、音量、速度、语气、顿挫,以促进沟通的顺利进行。如在谈话中适时的停顿,给患儿及其家长理顺思路的时间;语速、语气的变化等能引起患儿及家长的注意与反应。

2. 非语言沟通 非语言沟通又称身体语言,是伴随着语言沟通而存在的一些非语言的表达方式和情况,是指通过表情、姿势、体态、目光等进行的沟通。在组成沟通的成分中,非语言性沟通占60%~70%。通常情况下,非语言沟通方式比语言性沟通方式对小儿更有效。并且当语言信息与非语言信息出现不一致时,小儿会比较相信后者。

(1)关心爱护的情感流露:在非语言沟通中,无论采用何种方式,均应发自内心地对患儿表现出关爱之情,这是建立良好护患关系的重要基础。它有助于消除患儿的紧张情绪,增加主动交流的积极性。护士在沟通时要保持良好的情绪,除特殊情况外,一般不戴口罩,以便让患儿能看见护士的微笑,拉近双方情感上的距离。对婴幼儿来说,抚摸是有利于情感交流的方式,护士通过怀抱、抚摸向患儿传递"爱"的信息,患儿也会从中感受到护士的关爱,得到情感、情绪上的满足。

(2)平等尊重的体态动作:儿科护士的服务对象虽然年龄小、经历少、认知能力较差,但仍应平等相待,尊重患儿。在交流时与患儿保持较近的距离,采取蹲姿以达到与患儿眼睛在同一水平线,耐心地倾听,尽可能地满足患儿的要求,可使患儿获得满足感和安全感,维护了自尊。

3. 游戏 适当的游戏可发展小儿的想象力、创造力,促进小儿的运动,增进相互了解,拉近护士与患儿之间的距离。当游戏起到消除恐惧和忧虑的作用时,称为治疗性游戏。小儿通过游戏能表达对家庭、朋友及医护人员的感受,发泄对某些事情的恐惧、焦虑和愤怒。护士在与患儿做治疗性游戏的同时可评估患儿对疾病的认知水平,对患儿进行护理干预,鼓励、教育患儿,帮助其消除不良情绪。

(1)了解游戏:护士应了解游戏的内容、规则,以加快与患儿熟悉的过程。如在游戏开始时制订程序、规则,游戏结束后对结果进行讲评等,护士都应参与其中,使患儿在不知不觉中消除陌生、拘束感,将护士作为朋友对待。

(2)合理安排:护士应选择适于患儿的年龄、心理发育阶段及病情程度等的游戏与玩具。如学龄前患儿好奇心很强,可安排做具有探索性的游戏,如纸牌、魔术等,以引起患儿的探索兴趣,加快沟通过程。

4. 绘画 儿童通过绘画可表达愿望,宣泄感情。图画有各种含义,多与小儿熟悉的、体验到的事情有关。护士通过绘画与患儿进行交流,可了解和发现患儿存在的问题。绘画可分为自发性绘画和目标性绘画两种。前者是患儿随意按照自己的兴趣、想象进行绘画;后者是患儿根据既定的内容、范围要求进行绘画,如绘人、风景等。

分析绘画技巧有:①整体画面,如画面多处涂擦、重叠,可能反映患儿矛盾、焦虑的心理;②个体形象的大小,画面中较大的形象反映在患儿心目中比较重要的、权威的人或事情;③个体出现的次序,反映人或事在患儿心目中重要性排列的次序,先出现的较之后出现的在患儿心目中更重要;④患儿在图画中的位置,患儿在画包括自己在内的家庭或集体的图画中,自己及其他成员所在的位置,表示患儿认为自己所处的地位。

绘画能反映小儿复杂的心理状态,在分析图画时,护士应结合患儿的背景资料、具体情况等全面、综合地进行细致分析。

5. 与患儿父母的沟通　通常情况下,护士在与患儿沟通中,需父母协助完成。小儿患病后,父母常有内疚、紧张、焦虑等心理,这些情绪同样可引起患儿的不安。护士应以热情、理解、关心的态度,与患儿父母传递信息,使沟通自然、顺畅,给家长提供放松紧张、焦虑情绪的机会,同时也可增加患儿对护士的信任感。

与患儿父母的沟通最好以一般的谈话开始,如"孩子现在怎么样?",可使父母在轻松的气氛下表达自己所关心的主题;同时,要鼓励父母主动交谈,采用较好的说法如"什么"、"怎样""你的意思是……"等,这样有利于父母叙述患儿的情况。避免在谈话开始时使用封闭性的问题,使家长做出单一的反应而限制了交谈,如"是不是""有没有"等。此外,还可适时应用倾听、适当的沉默等沟通手段。

> **重点提示**
>
> 1. 新入院患儿3d内每日测体温3次;体温正常者3d后改为每日测2次;危重、发热、低体温者每4h测1次;高热患儿每1~2h测1次,退热处理后0.5~1h复测体温。
> 2. 一般病室每周消毒1次;新生儿病室、重症监护病室每日消毒1次;治疗室每日消毒2次。

第二节　患儿用药护理

一、药物的选择

根据小儿年龄、病种、病情合理选择药物。联合用药时注意药物的配伍禁忌和不良反应。

1. 抗感染药物　严格掌握适应证,有针对性使用。注意药物的不良反应。

2. 肾上腺皮质激素的应用　严格掌握使用适应证,在诊断未明确时避免滥用,以免掩盖病情。不可随意减量或停药,防止出现反跳现象。较长期使用,可影响蛋白质、脂肪、糖代谢,抑制骨骼生长,降低机体免疫力。水痘患儿禁止使用,以免使病情加重。

3. 镇静止惊药　患儿高热、烦躁不安、频繁呕吐等情况可使用镇静药,以利疾病恢复。常用药物有苯巴比妥、地西泮、水合氯醛等;吗啡有呼吸抑制作用,婴幼儿禁用。

4. 解热药　小儿退热首先选用物理降温法。常用解热药为对乙酰氨基酚和布洛芬,剂量不可过大,可反复使用。用药后注意观察体温及出汗情况,并及时补充液体。

5. 祛痰、镇咳、平喘药　小儿呼吸道较窄,发生炎症时黏膜肿胀,分泌物较多。因此呼吸道感染时慎用镇咳药,多采用祛痰药或雾化吸入法稀释分泌物,使痰易于排出。哮喘患儿常用氨茶碱止喘,因其有兴奋作用,使用应谨慎。

6. 止泻药与泻药　小儿腹泻时应先调整饮食,补充液体,一般不主张首选止泻药,因为使用止泻药后虽然腹泻可以得到缓解,但可以加重肠道毒素吸收甚至发生全身中毒现象。小儿便秘一般不用泻药,应先调整饮食,必要时采取松软大便的通便法。

7. 新生儿、早产儿用药　应谨慎用药,孩子越小,肝、肾功能发育越不成熟,容易出现药物不良反应,如磺胺药、维生素 K_3 等可引起高胆红素血症。

8. 乳母用药　有些药可经母乳作用于婴儿,故哺乳母亲用药时要考虑到对小儿的影响。

9. 液体疗法　小儿水盐代谢旺盛,腹泻时易发生水和电解质失衡,液体疗法非常重要。

二、药物剂量的计算

小儿用药剂量较成人更应计算准确,可按下列4种方法计算。

1. 按体重计算　是最常用最基本的计算方法,多数药物已给出每千克体重、每日或每次需要量,按体重计算总量方便易行,在临床广泛应用。

每日(次)剂量=患儿体重(kg)×每日(次)每千克体重所需药量。

患儿体重应按实际测得值为准。若计算结果超出成人剂量,则以成人量为限。

2. 按体表面积计算　由于许多生理过程(如心排血量、基础代谢)与体表面积关系密切,此法计算药物剂量较其他方法更为准确,但计算过程相对复杂。

小儿体表面积可按下列公式计算。

<30kg 的小儿体表面积(m^2)=体重(kg)×0.035+0.1;

\>30kg 的小儿体表面积(m^2)=[体重(kg)-30]×0.02+1.05;

每日(次)剂量=患儿体表面积(m^2)×每日(次)每平方米体表面积所需药量。

3. 按年龄计算　此法简单易行,用于剂量幅度大、不需十分精确的药物,如营养类药物。

4. 按成人剂量折算　仅用于未提供小儿剂量的药物,所得剂量偏小,一般不常用。

小儿剂量=成人剂量×小儿体重(kg)/50。

三、小儿给药方法

根据患儿年龄、疾病种类、病情轻重,以保证用药效果为原则,决定适当的剂型及给药途径。

1. 口服法　是最常用的给药方法,方便、经济和相对安全,只要条件许可,尽量采用口服给药。婴幼儿通常选用糖浆、水剂或冲剂,也可将药片捣碎加糖水喂服。年长儿可用片剂或药丸。

(1)喂药方法与技巧:鼓励较大患儿自己服药。婴儿可以滴管或药杯喂药,喂药时从婴儿的口角处顺面颊方向慢慢倒入药液,待药液吞下后才将药匙移开,以防患儿将药液吐出。

(2)喂药注意事项:①体位:最好抱起小儿或抬高其头部,以防呛咳。②喂药时间:根据药物性质决定,婴儿喂药尽量在喂奶前或两次喂奶间进行,以免因服药时呕吐而将奶吐出引起误吸。③不能用奶瓶喂药,药物不得与奶液混合哺喂,以免引起拒食,造成喂养困难。

2. 注射法　注射法比口服法奏效快,但对小儿刺激大,易造成患儿恐惧。年长儿注射前多解释与鼓励。肌内注射一般选择臀大肌外上方,对不合作、哭闹挣扎的婴幼儿,可采取"三快"注射法,即进针、注药及拔针均快,以缩短时间,防止发生折针等意外。静脉注射多用于抢救,推注速度根据病情和药物性质决定,并密切观察。现多采用静脉滴注,用于给药、补充水分及营养、供给能量等,根据患儿年龄、病情、药物性质调节滴速。

3. 外用法 软膏居多,也可用粉剂、混悬剂、水剂等。根据不同的用药部位,适当约束患儿,以免因抓、摸使药物误入口、眼发生意外。

4. 其他方法 神志不清、昏迷采用鼻饲法。雾化吸入较常应用,需用雾化吸入仪,有人在旁照顾。灌肠给药采用不多,可用缓释栓剂。含剂、漱剂在小儿时期使用不便,年长儿可用。

> **重点提示**
>
> 1. 水痘患儿禁止使用肾上腺皮质激素;吗啡有呼吸抑制作用,婴幼儿禁用;小儿退热首先选用物理降温法;小儿腹泻时,一般不主张首选止泻药。
> 2. 按体重计算是小儿药量最常用最基本的计算方法,按体表面积计算药量更为准确。
> 3. 口服法是小儿最常用的给药方法。

第三节 常用儿科护理技术

一、小儿体重测量法

【目的】 评价小儿营养及体格发育状况。为临床病情观察、输液、用药、奶量计算提供依据。

【操作程序及护理要点】

1. 操作前准备

(1) 护士准备:仪表大方,着护士服,鞋帽整洁,剪指甲、洗手、戴口罩。评估患儿年龄及生命体征,态度和蔼,言语温和恰当。

(2) 用物准备:①盘式杠杆秤。载重10~15kg,0~1岁的婴儿使用。②坐式杠杆秤。载重20~30kg,1~3岁的幼儿使用。③立式杠杆秤。载重50kg,3~7岁小儿使用;载重100kg,7岁以上小儿使用。④尿布、衣服或毛毯、清洁布、记录本。

(3) 环境准备:室内安静、整洁、光线充足,温、湿度适宜。

2. 操作步骤

(1) 婴儿测量法:①环境准备,保持室温在22~24℃;②把清洁布铺在婴儿磅秤的秤盘上,调整指针至零点;③脱去婴儿衣服及尿布,将婴儿轻放于秤盘上,称重,准确读数至10g;④记录测量结果。

(2) 儿童测量法:①1~3岁小儿可坐于坐式杠杆秤测量,坐稳后称重,准确度数至50g;②3岁以上小儿可站立于立式杠杆秤站板中央,两手自然下垂,站稳后称重,准确读数至100g;③记录测量结果。

【注意事项】

1. 测量体重应注意准确性,测量体重前必须校正磅秤。每次测量应在同一磅秤、同一时间进行,以晨起空腹排尿后或进食后2h为佳。

2. 测量体重应注意安全性,不合作或病重的患儿,由成人抱着一起称重,称后减去衣物及成人重量即得小儿体重。

3. 若天气寒冷、体温偏低或病重婴儿,先称出婴儿衣服、尿布、毛毯的重量,然后给婴儿穿上衣服,包好毛毯再测重量,减去衣物重量即得婴儿体重。

4. 测得数值与前次差异较大时,应重新测量核对,小儿体重变化较大应及时报告医生。

> **重点提示**
> 1. 体重测量的目的。
> 2. 小儿测量体重的注意事项。
> 3. 利用实验室提供的小儿模型和设备,反复练习体重测量的操作,力求达到规范、熟练。

二、小儿身高(长)测量法

【目的】 评价小儿骨骼发育状况;为疾病判断提供依据。

【操作程序及护理要点】

1. 操作前准备

(1)护士准备、环境:同体重测量法。

(2)用物准备:①身长测量板。3岁以下小儿卧位测量用。②立位测量器,或有身高测量杆的磅秤。3岁以上小儿立位测量用。③清洁布、记录本。

(3)环境准备:室内安静、整洁、光线充足,温、湿度适宜。

2. 操作步骤

(1)卧位测量法:①脱去小儿鞋、帽,将其仰卧于铺有清洁布测量板中线上;②助手一手将小儿头固定,头顶轻贴测量板顶端;③测量者一手按直小儿膝部,使两下肢伸直紧贴底板,一手移动足板使之紧贴小儿足底,当量板两侧数字相等时读出的数字为身长;④记录测量结果。

(2)立位测量法:①脱去小儿鞋、帽,取立正姿势,站在立位测量器或有身高测量杆的磅秤上,取立正姿势,两眼正视前方,两臂自然下垂,足跟靠拢,足尖分开约60°,足跟、臀部、两肩胛、枕骨粗隆均同时紧贴测量杆;②将推板轻轻推至头顶,推板与测量杆呈90°,读出身高(cm)数;③记录测量结果。

【注意事项】

1. 由于婴幼儿易动,推动滑板时动作应轻快,并准确读数。

2. 小儿立位测量时头部保持正直的标准是眼眶下缘与耳孔上缘在同一水平线上。

> **重点提示**
> 1. 身高(长)测量的目的。
> 2. 小儿测量身高(长)时的注意事项。
> 3. 利用实验室模拟婴儿和设备,反复练习身高(长)测量的操作,力求达到规范、熟练。

> **链 接**
>
> **新进展介绍——超声波儿童身高体重测量仪**
>
> 超声波儿童身高体重测量仪是采用超声波多次测量新技术,提高了测量的稳定性,精确测量人体高度,配置精密传感器测量体重,由微处理机对数据进行快速分析处理,数码显示,语音报数,自动打印结果,使得测量结果更加客观、快速、准确。特别是真正解决了婴儿在自由活动状态下,难以测准体重、身高的问题。

三、母乳喂养法

【目的】 母乳是婴儿最理想的天然食品,母乳喂养是最合理、最科学的喂养方式。世界卫生组织大力提倡母乳喂养。

【哺乳程序及护理要点】

1. 哺乳前准备

(1)母亲准备:母亲洗手,清洁乳头。

(2)物品准备:椅子、小凳子、小毛巾或面巾纸。

(3)小儿准备:给小儿换好尿布,检查小儿是否腹胀。

2. 哺乳方法及护理

(1)促进乳汁分泌:母婴均无异常的条件下,30min 内即可将新生儿裸体置于母亲胸前进行皮肤接触,吸吮双侧乳;母婴同室,促进母亲乳汁早分泌、多分泌。

(2)喂乳次数:满月前,按需哺乳,满月之后定时喂养;2 个月内 3h 1 次,夜间停哺 1 次,昼夜 6~7 次;3~5 个月,适当延长喂奶间隔时间,每日 5~6 次,每次哺乳时间为 15~20min。

(3)喂乳方法:①哺乳前,先做好清洁准备工作。采取舒适体位,一般为坐位,哺乳一侧的脚稍抬高(置一小凳子于脚下)。抱婴儿于斜坐位,使其头、肩枕于母亲哺乳侧肘弯处。②用乳头触碰小儿的口角,使婴儿张口含住乳头及大部分乳晕且不致堵塞鼻孔;母亲另一手拇指、示指和另三指分别放在乳房的上、下方,喂哺时将整个乳房托起(图 4-1)。③观察小儿吸吮及吞咽情况。当乳汁流出过急时,可采取示指、中指轻夹乳晕两旁呈"剪刀式"喂哺姿势(图 4-2)。④哺乳结束时轻按婴儿下颌退出乳头,擦净婴儿口边乳汁。⑤哺乳后将婴儿抱直,头部靠在母亲肩上,轻拍背部,使空气排出,然后保持右侧卧位 3~5min,以防溢乳。

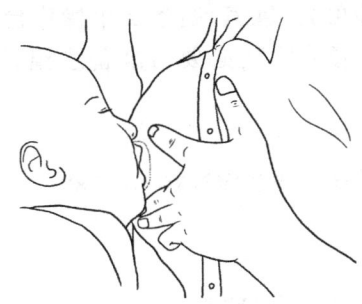

图 4-1 正确含接姿势

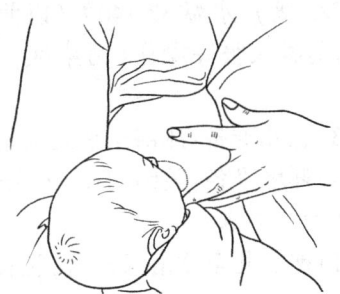

图 4-2 "剪刀式"喂哺姿势

3. 乳母护理

(1)乳母每日需有足够的能量和水。食物富含蛋白质、维生素及矿物质,汤类食物有利于乳汁分泌,不宜饮酒及食用辛辣食物。

(2)乳母应多晒太阳,呼吸新鲜空气,保持精神愉快;生活规律,保证充足的睡眠和适量的活动。

(3)乳母要经常洗澡,勤换内衣,每日清洗乳房。为防乳汁漏出,而垫用的小毛巾每日应清洁更换数次,每日煮沸消毒1次。

【注意事项】

1. 婴儿满月前,按需哺乳,满月之后定时喂养。2个月内3h 1次,昼夜7~8次;3~4个月,大约每日6次,每次哺乳时间为15~20min。

2. 在哺乳时,母亲应注意防止乳房阻塞婴儿的口鼻,以免发生窒息。

3. 母亲哺乳结束时轻按婴儿下颏退出乳头,避免在口腔负压情况下拉出乳头造成局部疼痛及皮肤损伤。

4. 能听到婴儿吸吮后咽奶声、喂乳完毕后安静、排便正常、小儿体重按正常速度增长是乳汁充足的表现,否则为乳汁分泌不足,应积极查找原因。

【要点重点提示】

1. 小儿开奶的时间和哺乳间隔时间。

2. 如何观察乳量是否充足。

3. 哺喂母乳的注意事项。

四、婴儿沐浴法

【目的】 保持皮肤清洁、舒适,协助皮肤排泄,促进血液循环,预防皮肤感染,观察患儿全身情况。

【操作程序及护理要点】

1. 操作前准备

(1)护士准备:评估患儿病情、生命体征,检查全身皮肤情况,操作前洗手,向家长说明沐浴目的及方法。

(2)物品准备:①婴儿衣裤、大毛巾、包布、系带、面巾1块、浴巾2块、尿布等。②护理盘。内备婴儿洗发沐浴液、婴儿润肤油、棉签、液状石蜡、50%乙醇、梳子、指甲剪。③浴盆。内备温热水(2/3满),水温38~40℃(以前臂内侧试温不冷不热即可)。④其他:备2个操作台,1个作沐浴前脱衣服等操作(污染区),1个作沐浴后操作用(清洁区),必要时准备水温计及磅秤等。

(3)患儿准备:沐浴于喂奶前进行,以防呕吐和溢乳。

(4)环境准备:关闭门窗,采光要好,以便对患儿进行观察。调节室温在26~28℃。

2. 护理要点

(1)抱小儿至沐浴操作台,脱衣。

(2)洗面部。用面巾从内眦向外眦擦拭眼睛,然后擦耳,最后擦面部。

(3)洗头部(图4-3)。抱起小儿,用左手托住头颈部,拇指与中指分别将小儿双耳郭折向前方,轻轻按住,堵住外耳道口,左臂及腋下夹住小儿臀部及下肢;右手洗头,清水冲洗干净,并用大毛巾擦干头发。

（4）左手握住小儿左肩及腋窝处，使其头颈部枕于操作者前臂；用右手握住患儿左腿靠近腹股沟处，使其臀部位于护士手掌上，轻放小儿于水中（图4-4）。

图4-3　婴儿洗头法图

图4-4　婴儿浴盆法

（5）松开右手，淋湿小儿全身，抹沐浴液按顺序清洗颈下、胸、腹、腋下、臂、手、会阴、臀部、腿、足。

（6）以右手从小儿前方握住小儿左肩及腋窝处，使其头颈部俯于操作者右前臂，左手抹沐浴液清洗小儿后颈及背部，以水冲净。

（7）抱小儿至清洁沐浴台，用大毛巾包裹全身并将水分吸干。必要时用棉签蘸液状石蜡擦净女婴大、小阴唇及男婴包皮处污垢。

（8）测量体重并记录。

（9）为小儿穿好衣裤，必要时做皮肤护理并修剪指甲。

【注意事项】

1. 沐浴前向家长说明沐浴目的及方法，取得家长理解与配合。

2. 沐浴过程中注意保暖，预防受凉，水和洗发液不得入耳、入眼；注意观察小儿病情变化，必要时终止沐浴。

3. 出入浴盆抱稳孩子，避免滑落坠地。

> **重点提示**
>
> 沐浴室温及水温调节。

五、脐部护理法

【目的】　保持脐部清洁，预防脐炎发生。

【操作程序及护理要点】

1. 操作前准备

（1）护士准备：评估患儿日龄，观察脐轮有无红肿、脐窝有无出血及脓性分泌物、脐带有无脱落及脱落时间，操作前洗手。

（2）患儿准备：沐浴、更衣、换尿布。

（3）物品准备：治疗盘内备棉签、2.5%碘酒、75%乙醇、生理盐水、3%过氧化氢、5%～10%硝酸银、纱布等。

（4）环境准备：关闭门窗，避免穿堂风，调节室温至24～28℃。

2. 护理要点

（1）与患儿家长核对患儿姓名、解释脐部护理的目的。

（2）暴露脐部，检查脐部情况，按不同情况给予相应护理：①脐轮不红，无脓性分泌物。以75%乙醇涂擦脐带残端和脐轮并保持干燥。②脐轮红肿，有脓性分泌物。先用生理盐水环形擦洗脐窝周围待干，用3%过氧溶液化氢环形擦洗脐窝周围待干，再用2.5%碘酒环形擦洗脐窝及脐轮，必要时送分泌物做细菌培养。③脐带一般3～7d脱落，脱落后如有肉芽形成，可用5%～10%硝酸银溶液点灼。

（3）覆盖无菌敷料于脐部。

（4）整理用物、洗手、记录。

【注意事项】

1. 为患儿进行脐部护理时，应当严密观察脐带有无特殊气味及脓性分泌物，发现异常及时报告医师。

2. 保持局部清洁干燥，不要让尿裤或衣服摩擦脐带残端，特别是尿布不要盖到脐部，以免排尿后污染脐部创面。

3. 脐带未脱落前，勿强行剥落，结扎线如有脱落应当重新结扎。发现异常，按照医嘱处理。

4. 不用甲紫消毒，甲紫虽有杀菌、收敛作用，但由于甲紫的穿透力弱，表面结痂不利于脓液引流，不利于观察。

5. 脐轮红肿，分泌物有臭味，提示脐部感染，除局部清洁处理，应同时全身使用抗生素。

6. 正确采集脐部分泌物标本，及时送检，协助诊断。

> **重点提示**
>
> 脐部护理目的、要点和注意事项。

六、更换尿布法

【目的】 保持小儿臀部皮肤清洁、干燥和舒适，预防皮肤破损和尿布皮炎。

【操作程序及护理要点】

1. 操作前准备

（1）护士准备：了解患儿诊断，观察臀部皮肤情况，操作前洗手。

（2）物品准备：尿布、尿布桶、温水、软毛巾、视臀部皮肤情况准备治疗药物（如植物油类、软膏、抗生素等）、棉签及烤灯等。

（3）环境准备：病室温湿度适宜，避免穿堂风。

2. 护理要点

（1）携用物至床旁，放下床栏，揭开被盖，解开尿布带，露出臀部，以原尿布的上端两角洁净处轻拭会阴部及臀部，并以此盖上污湿部分垫臀部下面。

(2)如有粪便,用温水洗净,轻轻吸干。

(3)用一手轻轻提起双足,使臀部略抬高,另一手取下污染尿布,再将清洁尿布垫于腰下,放下双足,尿布的底边双角折到腹部,双足间的一角上拉,系好尿布带,结带松紧适宜,拉平衣服,盖好被子,整理床单元。

(4)打开污染尿布,观察粪便性质(必要时留取标本送检)后放入尿布桶内。

(5)洗手,整理用物并记录。

【注意事项】

1. 选择质地柔软、透气性好、吸水性强的棉质尿布,或采用一次性婴儿尿裤,以减少对臀部皮肤的刺激。

2. 动作应轻快,避免过度暴露。

3. 尿布包扎应松紧合适,防止因过紧而影响患儿活动或过松造成粪便外溢。

4. 动作轻柔,关爱孩子,预防受凉。

> **重点提示**
>
> 更换尿布的目的和注意事项。

七、臀红护理法

臀红又称尿布皮炎,主要是由于大小便后不及时更换尿布、尿布未洗净、对一次性纸尿裤过敏或长期使用塑料布致使尿液不能蒸发,婴儿臀部处于湿热状态,尿中尿素氮被粪便中的细菌分解而产生氨,刺激皮肤所致。局部表现可轻可重,轻者皮肤潮红、重者破溃甚至糜烂、表皮剥脱,甚至可继发感染。

腹泻患儿由于腹泻频繁,粪便呈酸性或碱性,含有大量肠液及消化酶的粪便长期腐蚀皮肤造成肛周、外生殖器、会阴及臀部皮肤受损。

【目的】 保持臀部皮肤的清洁、干燥、舒适,防止感染,使尿布皮炎痊愈。

【操作程序及护理要点】

1. **操作前准备**

(1)护士准备:评估患儿臀部皮肤损伤的程度并分析导致的因素。臀红可分为轻度和重度,轻度只是局部皮肤出现潮红。临床又根据臀部皮肤红烂程度将重度分3度,重Ⅰ度为局部皮肤潮红伴皮疹;重Ⅱ度为皮疹溃破,脱皮;重Ⅲ度为局部有大片糜烂或表皮剥脱,有时继发细菌或真菌感染。

(2)物品环境准备:病室温度在22~24℃,准备棉质尿布或一次性尿布、小毛巾或湿纸巾、润肤油或鞣酸软膏等药膏、棉签、红外线治疗灯等物品。

2. **实施臀部护理** 及时为患儿更换尿布或尿裤,每次大便后,应用温水清洁臀部皮肤,并在局部涂润肤油或抹鞣酸软膏,如皮肤破溃渗出,可涂锌氧油,以帮助吸收并促进上皮生长。

如果为一次性纸尿裤过敏所致臀红,应立即停止使用改为棉布类尿布。避免使用不透气的塑料布或橡皮布。

重度臀红可采用臀部皮肤暴露法(使臀部皮肤暴露在空气或阳光下,每日2~3次,每次10~20min)、灯光照射法(可用红外线或白炽灯照射局部,功率40~60W,灯泡距臀部患处30~

40cm,每日2次,每次10~15min)、局部用药法等治疗。严重者,局部可应用抗生素治疗,防止感染。

【注意事项】
1. 臀部皮肤破溃或糜烂时禁用肥皂清洗,清洗时用水冲洗,避免用小毛巾擦洗局部。
2. 采用皮肤暴露法要注意为患儿保暖。
3. 采用灯光照射法要约束好患儿,专人进行看护,以防止意外发生。并在照射结束后再局部涂油或药膏,以免发生烫伤。
4. 用棉签在局部涂抹药膏时要在皮肤上轻轻滚动,均匀涂药,不可上下用力涂刷。

> **重点提示**
> 1. 导致臀红的因素。
> 2. 臀红的临床分度。
> 3. 采用灯光照射法的注意事项。

八、约 束 法

【目的】
限制小儿活动,以利诊疗;确保躁动小儿安全,以免发生意外。
【操作程序及护理要点】
1. 操作前准备
(1)护士准备:了解患儿病情;向家长解释目的与方法,取得合作。
(2)物品准备:①全身约束,用床单或大毛巾。②手或足约束,用棉垫、宽纱布绷带、并指手套。
2. 护理要点

图4-5 全身约束法1

(1)全身约束法
方法1:折叠大毛巾(或床单)达到能盖住小儿由肩至足跟部的宽度(图4-5)。①在床上放小儿于大毛巾中间,将大毛巾紧裹小儿一侧及上肢、躯干和下肢,经胸、腹部至对侧腋窝处,再将大毛巾整齐地压于小儿身下;②毛巾另一边紧裹小儿另一侧手臂,经胸压于背下,如小儿活动剧烈,可用布带围绕双臂打活结系好。
方法2(图4-6):①折叠大毛巾(或床单)使宽度能盖住小儿至足跟部;②将小儿放于大毛巾中央,将大毛巾一边紧紧包裹小儿手臂并从腋下经后背到达对侧腋下拉出,再包裹对侧手臂,多余部分压至身下;③大毛巾另一边包裹小儿,经胸压于背下。
(2)手或足约束法:①双套结约束法(图4-7)。用于限制手臂及下肢的活动。先用棉垫包裹手腕或踝部,再用宽绷带打成双套结,套在棉垫外稍拉紧,以既不脱出,又不影响血液循环为宜,然后把带子系于床缘上。②手指约束法。戴并指手套,避免指甲划破皮肤。

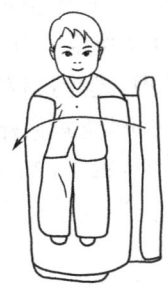

图 4-6　全身约束法 2

【注意事项】

1. 约束前向家长解释目的与方法，取得合作。

2. 约束后尽量多与孩子交谈，减少恐惧。

3. 包裹松紧适宜，避免过紧损伤小儿皮肤，影响血运，过松则失去约束意义。

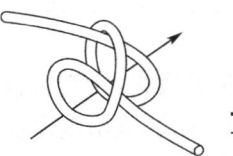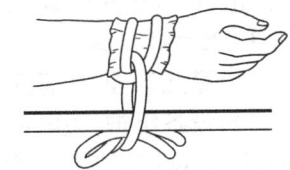

图 4-7　手或足约束法

4. 保持小儿姿势舒适，定时给予短时的姿势改变，减少疲劳。

5. 约束期间，随时注意观察约束部位皮肤颜色、温度，掌握血液循环情况。

> **重点提示**
>
> 1. 约束的目的及方法选择。
> 2. 约束的注意事项。

九、光 照 疗 法

【目的】　光照疗法(简称光疗)是通过荧光照射辅助治疗新生儿高胆红素血症的方法。其作用原理是使血中未结合胆红素(脂溶性)转变为光-氧胆红素(水溶性)，可随胆汁、尿液排出体外。适用于治疗未结合胆红素增高的新生儿黄疸。

【操作程序及护理要点】

1. 操作前准备

(1) 护士准备：评估患儿的日龄、精神反应、生命体征、黄疸的程度、胆红素检查结果并记录洗手，采用蓝光疗法时戴墨镜。

(2) 仪器准备：清洁光疗箱；往箱内湿化器水箱内注入蒸馏水；接通电源，启亮并查看灯管；调节箱温至适中温度(足月儿 30～32℃，早产儿 32～36℃)；将光疗箱放置在洁净、无阳光直射、温湿度变化较小的场所。

(3) 患儿准备：入箱前患儿洗澡、剪指甲、称体重；检查患儿皮肤有无破损、眼部有无感染；给患儿戴好眼罩、系好尿布或尿裤(不宜过多，以免影响光疗效果)。

2. 实施光疗期间护理

(1) 入光疗箱：将患儿放置在蓝光床上；灯管距患儿 30～50cm。记录开始时间。

(2)变换体位:每2h更换1次体位(单面光疗时可使患儿皮肤均匀受到光照),俯卧位时注意预防患儿口鼻受压。双面光疗时,可不翻身,但要注意预防皮肤压伤。

(3)生活护理:光疗过程中,不显性失水增加,需保证水分及营养的供给;两次喂奶之间喂水;必要时按照医嘱经静脉补液。保持臀部皮肤清洁、干燥。

(4)观察病情:每1~2h测1次生命体征;观察精神状态、吸吮能力、哭声,注意有无呼吸暂停、烦躁、嗜睡、发热、腹胀、呕吐、惊厥等情况发生;观察皮肤颜色、皮疹。观察大小便的颜色、形状、次数、量。

(5)仪器维护:检查灯管并记录使用时间;检查水槽水位、加水。每日清洁灯管及反射板。

(6)出光疗箱:患儿血清胆红素<171μmol/L(10mg/dl),按照医嘱停止光疗。患儿称体重、沐浴、检查患儿皮肤、穿衣、除去眼罩检查眼部;记录出箱时间。

3. 光疗后护理

(1)患儿护理:置患儿于病床;注意观察皮肤黄疸程度变化及胆红素脑病的前兆表现。

(2)设备维护:关电源开关、拔出电源插座、清空水槽、整机清洁消毒后置于清洁干燥环境中待用;记录灯管使用时间,累计使用1000h必须更换。

【注意事项】

1. 蓝光刺激视网膜,进行光疗的患儿和执行光疗的护士都应注意防护。

2. 蓝光灯管使用时间超过300h治疗效果即开始衰减,因此,必须严格记录使用时间,并要适时更换新灯管。

> **重点提示**
>
> 1. 光照治疗新生儿黄疸的作用原理。
> 2. 光照疗法的适应证及停止光疗的条件。
> 3. 光疗的不良反应及护理措施。

> **链 接**
>
> **光疗方式新进展介绍**
>
> 1. 现有蓝光、白光、冷光源等光疗设备,可按当地医疗条件和患者病情需要选择。
> 2. 采用间断蓝光治疗法的效果与持续蓝光治疗持平,但不良反应明显减少。
> 3. 婴儿蓝光床是一种新型的蓝光治疗仪,用此种方法进行蓝光照射的新生儿不必戴眼罩,可不必额外补充液体。

十、保暖箱使用法

【目的】 使用电子化设备,为体重低于2000g者及异常新生儿(新生儿硬肿症、低体温者)创造一个温湿度适宜的环境,以利于维持体温在正常范围,提高高危新生儿的成活率。

【操作程序及护理】

1. 操作前准备

(1)护士准备:了解患儿的孕周、出生体重、日龄、生命体征、有无并发症,并记录;洗手;向家属解释并取得合作。

(2)仪器准备:接通电源,检查暖箱性能和安全性;清洁暖箱;水箱内注入蒸馏水至水位线以上;铺好床垫;箱温预热至28~32℃,箱内湿度调至55%~65%;暖箱应放置在无阳光直射、无对流风、避开取暖设施的场所。

(3)患儿准备:头部戴绒帽、穿单衣、裹尿布或尿裤、测体温,并记录。

2. 入箱后护理

(1)入暖箱:暖箱预热后将患儿抱入暖箱,记录入箱时间。

(2)箱温调节:先根据小儿出生体重和日龄设定箱温,体重越轻所需箱温越高。以后每小时测体温1次,根据体温调节箱温,使体温维持在36~37℃。体温稳定后,每4h监测体温1次,并与暖箱自测温度核对。

(3)病情观察:观察心率、呼吸;吸吮能力和食入奶量、消化情况;每日或隔日测体重。

(4)出箱条件:①患儿体重达2000g,体温正常;②患儿在箱内生活超过1个月,体重虽不到2000g,但一般情况良好;③尝试性出箱,在24~26℃室温下能维持体温在正常范围者。

3. 出箱护理

(1)患儿护理:置患儿于病床;监测体温,必要时采用暖水袋保温;观察皮肤黄疸程度变化和胆红素脑病前兆。

(2)设备维护:关闭暖箱电源开关、拔出电源插头、清空水槽,对暖箱进行终末消毒后置于清洁干燥环境中待用。

【注意事项】

1. 保证患儿安全

(1)严格遵守操作规程。

(2)经常检查设备有无故障。

(3)及时查看报警,寻找原因,并妥善处理。

2. 预防感染

(1)操作前洗手。

(2)每日清洁暖箱1次,有污渍随时清洁;每周彻底清洁消毒、调换暖箱1次。

(3)水箱内的水随时添加,每日更换1次,并定期做细菌培养。

3. 保持患儿体温恒定

(1)各种操作应集中进行,避免经常开启箱门。

(2)操作应尽可能在箱内完成;持续时间较长或需要开放空间的操作,如静脉置管、腰椎穿刺等,应在远红外辐射床保暖的条件下进行。

4. 正确使用设备

(1)掌握设备的性能,严格执行操作规程。

(2)定期检查设备的运行是否正常,设备报警时要及时查找原因,妥善处理。

(3)注意给水箱和湿化器水槽内添加蒸馏水;蒸馏水应每日更换,并定期做细菌培养。

(4)每周调换1次暖箱。每月清洗空气过滤网1次。

> **重点提示**
> 1. 暖箱使用前的准备。
> 2. 患儿出箱的条件。
> 3. 预防感染的措施。

十一、辐射保暖床的使用

【目的】 在温暖的环境中充分暴露患儿,便于操作及抢救。

【操作程序及护理要点】

1. 操作前准备

(1)护士准备:了解患儿的孕周、出生体重、日龄、生命体征、有无并发症等;洗手。

(2)物品准备:辐射保暖床,检查其性能完好,保证安全,用前清洁消毒。

(3)患儿准备:穿单衣,兜尿布。

(4)环境准备:调节室温于24~26℃,以减少辐射散热。辐射保暖床避免安置在阳光直射、有对流风或取暖设备附近,以免影响温度。

2. 使用辐射保暖床的护理

(1)人工手控调节:适用于短时间保暖的患儿。清洁消毒后,接通电源,打开电源开关,调节控温旋钮至28~30℃预热,将床温传感器探头置于辐射床中央,接近小儿处,并充分暴露于远红外元件发热的区域内,3~5min即可达到预定温度,将患儿置入辐射保暖床中央。

(2)皮肤控制调节:适用于用辐射保暖床时间较长者。患儿置入辐射保暖床中央,将皮肤传感器探头紧贴于患儿脐旁2cm处。按体重调节皮肤预定温度。

【注意事项】

1. 检查传感器探头是否暴露于远红外元件发热的区域内,检查探头是否紧贴于患儿皮肤。勤巡视,注意观察小儿体温和皮肤色泽的改变,及时调整辐射保暖床的温度。

2. 用辐射式保暖床时,小儿不显性失水量明显增加,应注意补充液体,密切观察小儿皮肤弹性、尿量等改变,防止脱水发生。

3. 及时拉好床挡,避免患儿坠床。

4. 一旦出现报警,应积极寻找原因,及时排除故障,确保保暖床的正常使用。

5. 辐射式保暖床用后应消毒处理并放置于干燥通风处备用,定期对各轴节处加油保养。

> **重点提示**
> 1. 辐射保暖床使用目的及操作前准备。
> 2. 操作注意事项。

> **链　接**
>
> **新进展介绍——多功能婴儿暖箱**
>
> 　　集暖箱、抢救台及院内转运三功能为一体的多功能婴儿暖箱已在部分医院开始使用。需要操作时，只需5s，该设备即可从闭式暖箱模式转变成开放式抢救台模式，操作完毕，一键操作即可将其回复到闭式暖箱模式。很好地解决了以往操作过程中新生儿热量散失的问题，保证其体温稳定；360°旋转床垫，方便医护人员无需搬动患儿、变换自身的位置即可全方位进行操作；内置的电子秤方便监测体重；较为密闭的空间，为低体重儿提供适宜的生长环境，并可保护患儿，减少院内感染发生。

> **重点提示**
>
> 　　1. 婴儿沐浴时应调节室温在26~28℃，水温38~40℃。
> 　　2. 臀红分为轻度和重度，轻度表现为局部皮肤潮红。重度分3度，重Ⅰ度为局部皮肤潮红伴皮疹；重Ⅱ度为皮疹溃破、脱皮；重Ⅲ度为局部有大片糜烂或表皮剥脱，有时继发细菌或真菌感染。
> 　　3. 光照疗法适用于治疗高胆红素血症，其作用原理是使血中未结合胆红素（脂溶性）转变为光-氧胆红素（水溶性）。患儿血清胆红素<171μmol/L（10mg/dl），可停止光疗。
> 　　4. 体重低于2000g者及异常新生儿（新生儿硬肿症、低体温者）可使用婴儿暖箱。暖箱出箱条件：①患儿体重达2000g，体温正常；②患儿在箱内生活超过1个月，体重虽不到2000g，但一般情况良好；③尝试性出箱，在24~26℃室温下能维持体温在正常范围者。

讨论与思考

　　1. 小儿住院护理常规有哪些内容？
　　2. 如何做好主要患儿的心理护理？
　　3. 请讲一下小儿喂药技巧及注意事项。
　　4. 氯丙嗪注射液为25mg/ml，小儿剂量为每次0.5~1mg/kg，若给体重为8kg小儿肌内注射氯丙嗪，注射液量是多少？

（杨广毅）

第 5 章

营养与营养紊乱患儿的护理

学习要点
1. 母乳喂养
2. 辅助食品添加的原则
3. 营养不良的临床表现、护理问题、护理措施
4. 维生素 D 缺乏性佝偻病的病因、临床表现、治疗原则、护理问题、护理措施
5. 维生素 D 缺乏性手足搐搦症的病因、临床表现、治疗原则、护理问题、护理措施

第一节 能量与营养素的需要

一、小儿能量的需要

能量是生命中一切生化过程和生理功能的基础。能量是由食物中的蛋白质、脂肪和糖类供给,三者在体内的实际产能分别为:16.8kJ/g(4kcal/g)、37.8kJ/g(9kcal/g)和 16.8kJ/g(4kcal/g)。小儿对能量的需要包括以下五个方面。

(一)基础代谢

按体重计算,小儿基础代谢的能量需要较成人高,随年龄增长而逐渐减少,12 岁时接近成人。婴幼儿基础代谢的能量需要占总能量的 50%~60%。

(二)食物热力作用

食物热力作用是指人体摄取食物而引起的机体能量代谢的额外增多,主要用于食物消化、吸收、转运、代谢和储存。婴儿食物热力作用占总能量的 7%~8%,年长儿约占 5%。

(三)活动消耗

活动所需能量个体波动较大,且随年龄增长而增加。当能量摄入不足时,儿童首先表现为活动减少。

(四)生长所需

生长发育需要的能量为小儿时期所特有,且与小儿生长速度成正比。婴儿生长最快,此项所需占总能量的 25%～30%。

(五)排泄消耗

正常情况下未经消化吸收的食物排泄至体外所损失的能量,约占总热量的 10%,腹泻时增加。

以上五方面的能量总和为小儿时期总能量的需要。婴儿平均每日所需总能量为 460kJ(110kcal)/kg。

二、营养素的需要

(一)产能营养素

1. **蛋白质** 主要功能是构成机体组织和器官的重要成分,维持人体的生理功能,次要功能是供能,其所提供的能量占总能量的 8%～15%。小儿处于生长发育阶段,对蛋白质的质和量需要相对较高。婴儿蛋白质的推荐摄入量为 1.5～3g/(kg·d)。

2. **脂类** 包括脂肪和类脂,是机体的第二供能营养素。婴儿时期脂肪供给能量占总能量的 35%～50%。

3. **糖类** 是能量的主要来源。2 岁以上小儿膳食中,糖类所提供的能量应占总能量的 55%～65%。

(二)非产能营养素

1. **矿物质** 人体矿物质按其含量多少分为常量元素(如钙、钠、磷、钾等)和微量元素(如铜、铁、镁、锌等)。婴幼儿最容易缺乏的矿物质是钙、铁、锌等。

2. **维生素** 是维持人体正常代谢和生理功能所必需的一类有机物质,在体内含量极微,多数不能在体内合成或合成量太少,故必须由食物供给。维生素分为脂溶性(维生素 A、维生素 D、维生素 E、维生素 K)和水溶性(维生素 B 族和维生素 C)两大类。前者可储存于体内,不需每日供给,缺乏时症状出现缓慢,过量易中毒;后者不能在体内储存,需每日供给,缺乏时症状出现迅速。

3. **水** 是人体重要的组成部分,参与体内所有的代谢及体温调节活动。婴儿新陈代谢旺盛,水的需要量相对较多,约为 150ml/(kg·d)。

4. **膳食纤维** 是食物中不易被人体消化的营养素。主要功能:吸收大肠水分,软化大便,增加大便体积,促进肠蠕动等。婴幼儿可以从谷类、新鲜蔬菜、水果中获得一定量的膳食纤维。

第二节 小儿喂养与膳食安排

一、婴儿喂养

婴儿喂养见图 5-1。

(一)母乳喂养

母乳是婴儿生理和心理发育最理想的天然食品,母乳喂养是最科学、最合理的喂养方式。为了婴儿的健康成长,要大力提倡母乳喂养。

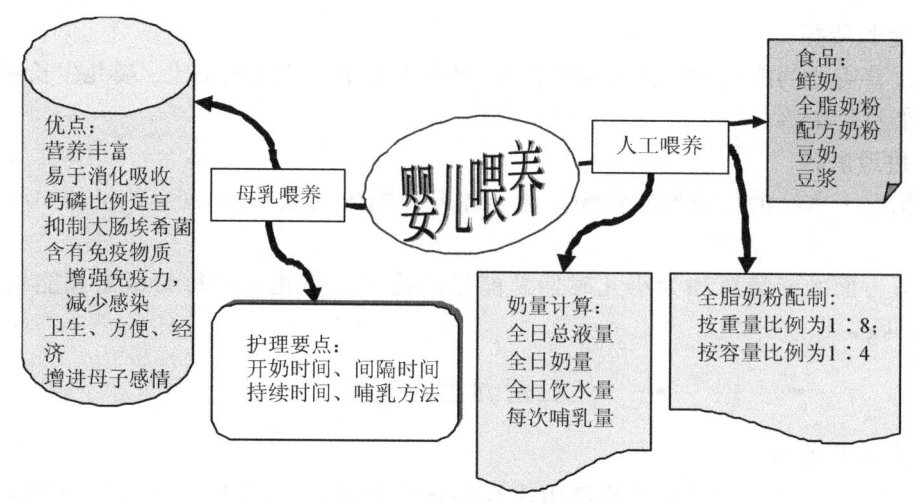

图 5-1 婴儿喂养思维导图

1. 母乳喂养的优点

(1) 母乳营养丰富,各种营养素比例适宜。①蛋白质、脂肪、糖类的供能比例约为 1∶3∶6,满足婴儿生长发育需要。②清蛋白多,酪蛋白少,在胃中形成凝块小,有利于消化吸收。③不饱和脂肪酸较多,脂肪颗粒小,还含有较多的脂肪酶,利于消化吸收和利用。④母乳中糖类主要是乙型乳糖,含量丰富,能促进双歧杆菌和乳酸杆菌的生长,抑制大肠埃希菌生长,不易发生腹泻。⑤电解质浓度低、蛋白质分子小,适宜婴儿不成熟的肾发育水平。⑥钙、磷比例适宜(2∶1),钙的吸收率高于牛乳。⑦铁含量虽与牛乳相似,但吸收率高于牛乳。

(2) 母乳可以增强婴儿机体的免疫力。母乳中含有大量免疫物质,如 SIgA、免疫活性细胞、乳铁蛋白、溶菌酶、补体、双歧因子及特有的低聚糖等,能提高婴儿的抵抗力,减少感染的发生。

(3) 母乳喂养卫生、经济、方便、温度适宜。

(4) 母乳喂养可增进母子感情。喂哺过程中母亲的抚摸、言语、微笑、对视的目光,能促进母婴间的情感交流,使婴儿获得安全感,对婴儿早期智力开发和今后身心健康发展有重要意义。

(5) 母乳喂养有利于母亲健康。母乳喂养可加快乳母产后子宫恢复,减少产后出血,推迟月经复潮,减少乳腺癌和卵巢肿瘤的发生率。

2. 母乳喂养的方法　见第 4 章第三节。

3. 母乳喂养的注意事项

(1) 凡是母亲感染 HIV,患有糖尿病、慢性肾炎、恶性肿瘤、精神病、癫痫、心功能不全等严重疾病时应停止哺乳。

(2) 母亲患急性传染病时,可用吸乳器将乳汁吸出,消毒后喂哺。

(3) 母亲乙肝表面抗原阳性时,婴儿常规注射乙肝疫苗和乙肝免疫球蛋白,并非母乳喂养禁忌证。

4. 断离母乳　小儿一般应自 4~6 月龄开始添加辅食,逐步减少母乳喂养次数,增加辅食量,至 10~12 个月可完全断乳。最好在春、秋季断乳,若遇炎热夏季或小儿患病期间应推迟。

世界卫生组织建议若母乳充足,且不影响其他食物摄入时可喂哺至2岁。

(二)部分母乳喂养

6个月以内的婴儿由于母乳不足或其他原因加用其他乳品或代乳品补充,为部分母乳喂养。

1. 补授法　母乳喂哺次数一般不变,每次先哺母乳,将两侧乳房吸空后再以其他乳品或代乳品补充母乳不足部分。此法可使婴儿多得母乳,且刺激乳汁分泌,防止母乳进一步减少。

2. 代授法　每日用其他乳品或代乳品完全代替一次或数次母乳喂养。

(三)人工喂养

4~6个月以内的婴儿由于各种原因不能进行母乳喂养时,完全采用其他乳品或代乳品喂哺,称人工喂养。

1. 人工喂养的食品

(1)配方奶粉:以牛乳为基础的改造乳制品,是人工喂养的首选。配方奶粉营养接近母乳,但不具备母乳的其他优点,尤其是缺乏母乳中的免疫活性物质和酶,故不能代替母乳。

(2)鲜牛乳:不适合婴儿,必须加以改造才能喂哺。

(3)全脂奶粉:由鲜牛乳浓缩制成干粉,需加水调配成鲜牛乳的浓度。其配置方法为按重量比例为1:8;按容量比例为1:4。

(4)羊乳:和鲜牛乳成分接近,但更易消化。由于缺乏叶酸和维生素B_{12},长期单一羊乳喂哺易引起营养性巨幼红细胞性贫血。

2. 人工喂养的护理

(1)最好由母亲亲自喂哺。喂哺时婴儿的眼睛尽量能与喂养者对视,以增进情感交流。

(2)选择适宜的奶瓶和奶嘴;正确调制乳液;及时调整奶量。

(3)喂哺前测试乳液温度;喂哺时避免空气吸入;喂哺完毕轻拍婴儿后背以排出胃内空气,并将婴儿先置于右侧卧位,防止呕吐或溢乳。

(4)奶具应及时清洗、定期消毒。

(四)婴儿食物转换

婴儿4~6月龄后,单纯依靠乳类喂养已不能满足生长发育和营养的需要。随着乳牙萌出,婴儿的消化、吸收及代谢功能日趋完善,因此应及时添加辅助食品,以保证婴儿的生长发育,并为断离母乳做准备。

1. 辅助食品添加的原则　应在小儿健康、消化功能正常、情绪良好时逐步添加,如有不适应立即停止添加,切忌强迫婴儿进食。

(1)由少到多:使婴儿对食物有一个适应过程。

(2)由稀到稠:从流质开始到半流质再到固体。

(3)由细到粗:如蔬菜应从菜汁到菜泥再到碎菜。

(4)由一种到多种:习惯一种食物后再添加另一种,不能同时添加几种。

2. 辅助食品添加的种类及顺序　见表5-1。

表 5-1　添加辅食的种类及顺序

月龄	食物性状	添加辅食品种
<3 个月	水状食物	鱼肝油制剂、鲜果汁、青菜汤
4~6 个月	泥状食物	菜泥、水果泥、含铁配方米粉、配方奶
7~9 个月	末状食物	稀(软)饭、烂面菜末、蛋、鱼泥、豆腐、肉末、肝泥、水果
10~12 个月	碎食物	软饭、烂面碎肉、碎菜、蛋、鱼肉、豆制品、水果

二、幼儿膳食

(一)膳食安排

膳食中各种营养素和能量的摄入应满足该年龄阶段小儿的生理需要。蛋白质每日 40g 左右,其中优质蛋白(动物蛋白质和豆类蛋白质)应占总蛋白的 1/2。蛋白质、脂肪、糖类产能比约为 1∶3∶6。餐次安排需合理,每日四餐(奶类两餐,主食两餐)两点为宜。食物种类应多样,烹饪食物时注意色、香、味、形和碎、细、软、烂,适合幼儿的咀嚼和消化能力。

(二)培养进餐技能和良好饮食习惯

幼儿每餐进食时间控制在 30min 内,从喂食、允许抓食过渡到自己独立进食。家长应言传身教做到不偏食、不挑食、专心进食、细嚼慢咽,并为幼儿营造温馨的进餐环境。

第三节　蛋白质-能量营养不良患儿的护理

> **案例分析**
>
> 患儿,男,2 岁,因消瘦、食欲差约 2 个月来院就诊。患儿自幼人工喂养,平素体弱,经常"感冒"。体格检查:体温正常,心率 90/min,体重 8kg,身高 79cm;精神不振,面色苍白,毛发无光泽,皮肤干燥;面部、四肢皮下脂肪减少,腹壁皮下脂肪厚度 0.3cm。

当某种营养物质长期缺乏时会导致一些营养缺乏性疾病的出现,本章我们要学习哪些营养性疾病,主要学习这些疾病的哪些内容?下面的思维导图会提示你(图 5-2)。

蛋白质-能量营养不良是由于缺乏能量和(或)蛋白质所致的一种营养缺乏性疾病,多见于 3 岁以下的婴幼儿。临床以体重不增、体重下降、皮下脂肪减少和皮下水肿为特征,常伴各器官各系统的功能紊乱。临床常见三种类型:以能量供应不足为主的消瘦型、以蛋白质供应不足为主的水肿型和介于两者之间的消瘦-水肿型。

一、护理评估

(一)病因

1. **摄入不足**　喂养不当是导致营养不良的重要原因。如母乳不足又未及时添加辅食;奶粉配制过稀;骤然断离母乳而未及时添加辅食;长期以淀粉类食品(粥、米粉等)喂养;或因不良的饮食习惯如偏食、挑食、不吃早餐、零食摄入过多等引起。

2. **消化吸收不良**　消化吸收障碍,如消化系统解剖或功能上的异常(唇裂、腭裂、幽门梗阻等)、过敏性肠炎、慢性腹泻、肠吸收不良综合征等均可影响食物的消化和吸收。

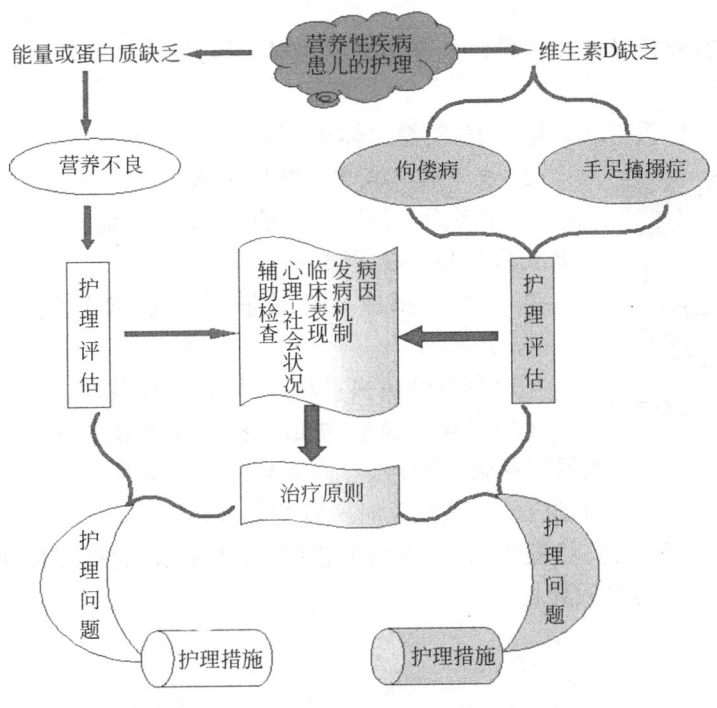

图 5-2 营养性疾病患儿的护理思维导图

3. 需要量增加　生长发育快速阶段、急慢性传染病的恢复期等均可因需要量增多而造成营养相对缺乏；先天不足和生理功能低下如早产、双胎等因追赶生长而需要量增加造成营养相对不足；糖尿病、甲状腺功能亢进、恶性肿瘤等均可使营养素的消耗量增多而导致营养不足。

(二) 发病机制

1. 新陈代谢异常

(1) 蛋白质：摄入不足或丢失过多，使体内蛋白质代谢处于负氮平衡。

(2) 脂肪：能量摄入不足时，体内脂肪大量消耗，故血清胆固醇浓度下降。当脂肪消耗过多，超过肝的代谢能力时可造成肝脂肪浸润及变性。

(3) 糖类：摄入不足或消耗增多，以及机体糖原储备不足可引起低血糖，重者出现低血糖昏迷甚至猝死。

(4) 水、盐代谢：细胞外液一般为低渗状态，易出现低渗性脱水、酸中毒，常伴微量元素缺乏。

(5) 体温调节能力下降：由于热能摄入不足；皮下脂肪薄散热快；血糖降低；氧耗量低、脉率和周围循环血量减少等致患儿体温偏低。

2. 各系统功能低下

(1) 消化系统：消化液及消化酶分泌减少，酶的活性降低，肠蠕动减弱，菌群失调，易发生腹泻。

(2) 循环系统：心脏收缩力减弱，心搏出量减少，血压偏低，脉细弱。

(3) 泌尿系统：肾小管重吸收功能降低，尿量增多而尿比重下降。

(4) 神经系统：精神抑郁，但时有烦躁不安、表情淡漠、记忆力减退、反应迟钝、条件反射不易建立。

(5)免疫功能:非特异性和特异性免疫功能均明显降低,极易并发各种感染。

(三)临床表现

1. 体重改变　体重不增为最早表现,继之体重下降。

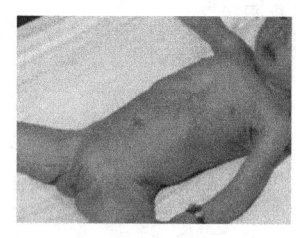

图5-3　蛋白质-热量营养不良

2. 皮下脂肪减少　顺序依次为腹部→躯干→臀部→四肢→面颊。严重者面颊部脂肪垫消失,皮肤松弛,两颊下陷,颧骨突出,如"老人状"(图5-3,彩图1)。

3. 其他　精神萎靡、皮肤干燥、肌肉松弛,生长发育落后等。

4. 并发症

(1)营养性贫血:以营养性缺铁性贫血最常见。

(2)维生素及矿物质缺乏:以维生素A和锌缺乏多见。

(3)感染:由于免疫功能低下易患各种感染,感染又加重营养不良,从而形成恶性循环。

(4)营养不良性水肿:为蛋白质严重缺乏时所致的低蛋白水肿。

(5)自发性低血糖:可突然发生,表现为面色苍白、神志不清、脉搏减慢、呼吸暂停、体温不升等。若不及时诊治,可导致死亡。

> **重点提示**
> 1. 营养不良的最早表现是体重不增。
> 2. 营养不良的并发症中最危险的是低血糖。

(四)心理-社会状况

营养不良多见于3岁以下的婴幼儿,家长因不了解病情和病程而产生焦虑。经济条件差的家庭,因无力购买小儿需要的食品,家长易产生愧疚感。

(五)辅助检查

血清白蛋白浓度降低为其特征性改变,但不够灵敏。胰岛素样生长因子1(IGF1)不受肝功能影响,被认为是早期诊断的灵敏、可靠的指标。血清酶活性、血糖降低;胆固醇、维生素、矿物质浓度皆可下降。

二、治疗原则

早发现,早治疗。采取综合性治疗措施:调整饮食,补充营养物质;促进消化,改善代谢功能;消除病因,积极治疗原发病;控制并发症和继发感染。

三、护理问题

1. 营养失调,低于机体需要量,与能量和(或)蛋白质缺乏、需要和消耗过多有关。
2. 有感染的危险,与机体免疫功能低下有关。
3. 生长发育迟缓,与营养物质缺乏有关。
4. 潜在并发症:营养性缺铁性贫血、维生素A缺乏、低血糖。
5. 知识缺乏:家长缺乏正确的喂养及育儿知识。

四、护理措施

(一) 调整饮食,补充营养

原则为由少到多、由稀到稠、循序渐进,逐渐增加饮食,直至恢复正常。

1. 能量供给

(1) 轻度患儿:因生理功能与正常小儿接近,可在维持原饮食基础上,逐渐增加能量。能量供给可从每日 250~330kJ/kg(60~80kcal/kg) 开始,以后逐渐增加至超过正常量,当能量达每日 585kJ/kg(140kcal/kg) 时,体重可获得满意增长。待体重接近正常后,逐渐恢复供给正常需要量。

(2) 中、重度患儿:消化能力弱,食欲低下,对食物的耐受性差,调整饮食需要较长时间。能量供给可从每日 165~230kJ/kg(45~55kcal/kg) 开始,如消化吸收较好可逐渐增加至每日 500~727 kJ/kg(120~170kcal/kg),并按实际体重计算所需能量。待体重接近正常后,逐渐恢复供给正常需要量。

2. 营养素供给

(1) 能母乳喂养的小儿,要特别注意尽量母乳喂养。

(2) 蛋白质:食物除乳制品外,可酌情给予蛋类、肝泥、肉末、鱼粉等高蛋白食物,必要时也可添加酪蛋白水解物、氨基酸混合液或要素饮食。蛋白质摄入量从每日 1.5~2.0g/kg 开始,逐步增加至每日 3.0~4.5g/kg,过早给予高蛋白食物可引起腹胀、肝大。

(3) 维生素和矿物质:每日给予新鲜蔬菜、水果等食物,从少量逐渐增多,以免引起腹泻。

(4) 根据病情选择合适的补充途径:若胃肠功能好,尽量选择口服;若患儿食欲差、吞咽困难、吸吮力弱,可选择鼻胃管喂养;若肠内营养明显不足或胃肠道功能严重障碍,应选静脉营养。

(二) 促进消化,增强食欲

1. 按医嘱给予 B 族维生素和各种消化酶帮助消化。

2. 蛋白同化类固醇制剂如苯丙酸诺龙可促进机体蛋白质合成和增加食欲,每次肌内注射 10~25mg,每周 1~2 次,连用 2~3 周,用药期间供给充足的能量和蛋白质。

3. 胰岛素可降低血糖、增加饥饿感以提高食欲。通常 1/d,皮下注射 2~3U,注射前先服葡萄糖 20~30g,1~2 周为 1 个疗程。锌制剂也可提高味觉敏感度而增加食欲,每日口服元素锌 0.5~1mg/kg。

(三) 预防感染

1. 预防呼吸道感染　做好保护性隔离,减少探视。室内应空气新鲜、流通,阳光充足,温、湿度适宜,定期紫外线消毒。

2. 预防消化道感染　注意饮食卫生,做好口腔护理。食具要定期消毒,养成饭前便后洗手的习惯。

3. 预防皮肤感染　保持皮肤清洁、干燥,勤晒被褥,防止皮肤破损。

(四) 观察病情

密切观察病情变化。尤其重度营养不良患儿易在清晨或夜间并发自发性低血糖,一旦患儿出现面色苍白、神志不清、脉搏减慢、血压下降、呼吸暂停等,应立即报告医生并积极配合抢救。治疗期间,每日记录患儿进食情况,定期测量体重、身高(长)及皮下脂肪厚度,以判断治疗效果。

(五)健康教育

1. 向家长讲解调整饮食的方法,教会重度营养不良患儿家长观察面色、呼吸等情况变化,尤其在清晨或夜间,以便及时发现低血糖。

2. 向家长介绍科学喂养知识,强调培养小儿良好饮食习惯的重要性。

3. 保证患儿充足的休息和睡眠,适当的体格锻炼和户外活动,保持患儿良好的食欲。

4. 按时预防接种,定期体格检查,及时矫正先天畸形。

第四节 单纯性肥胖患儿的护理

小儿单纯性肥胖是由于长期能量摄入超过人体的消耗,使体内脂肪过度积聚、体重超过一定范围的一种营养障碍性疾病。我国儿童肥胖的发生率呈逐步增多的趋势,目前为5%~8%。95%~97%的肥胖患儿属于单纯性肥胖,不伴有明显的神经、内分泌和遗传代谢性疾病。

肥胖不仅影响小儿的健康,儿童期肥胖还可延续至成年,容易引起高血压、糖尿病、冠心病、胆石症、痛风等疾病,对本病的防治应引起社会和家庭的重视。

一、护 理 评 估

(一)病因

1. **能量摄入过多** 摄入的营养超过机体代谢需要,多余的能量便转化为脂肪贮存于体内,引起肥胖。

2. **活动量过少** 活动过少和缺乏适当的体育锻炼是发生肥胖症的重要因素,即使摄食不多,也可因能量消耗过低引起肥胖。肥胖儿童大多不喜爱运动,形成恶性循环。

3. **遗传因素** 肥胖有高度遗传性。肥胖双亲的后代发生肥胖者高达70%~80%;双亲之一肥胖者,后代肥胖发生率为40%~50%;双亲正常的后代发生肥胖者仅10%~14%。

4. **其他** 进食过快,或饱食中枢和饥饿中枢调节失衡以致多食;精神创伤以及心理异常等因素亦可致小儿过量进食。

(二)临床表现

肥胖可发生于任何年龄,但最常见于婴儿期、5~6岁和青春期。患儿食欲旺盛且喜吃甜食和高脂肪食物。明显肥胖儿童常有疲劳感,用力时气短或腿痛。极少数严重肥胖者可因脂肪过度堆积而限制胸廓扩展和膈肌运动,使肺通气量及换气量减少,造成低氧血症、红细胞增多,严重时心脏扩大、心力衰竭甚至死亡,称肥胖-换氧不良综合征。

体格检查可见患儿皮下脂肪丰满,但分布均匀,腹部膨隆下垂。严重肥胖者胸腹、臀部及大腿皮肤出现白纹或紫纹。因体重过重,走路时两下肢负荷过重可致膝外翻和扁平足。女孩胸部脂肪堆积应与乳房发育相鉴别。男性肥胖儿阴茎可隐匿在阴阜脂肪垫中而被误诊为阴茎发育不良。肥胖小儿性发育常较早,故最终身高常略低于正常小儿。

(三)心理-社会状况

患儿体态肥胖怕被别人讥笑,而不愿与其他小儿交往,常有胆怯、自卑、孤独等心理障碍。家长及周围人群的责备和歧视,会对患儿产生极其不良的影响,应注意评估患儿的心理反应。评估家长是否认识到肥胖对小儿健康的危害,以及是否因此导致焦虑心态。

(四) 辅助检查

三酰甘油、胆固醇大多增高。常有高胰岛素血症,血生长激素水平减低,生长激素刺激试验的峰值也较正常小儿低。肝脏超声波检查常有脂肪肝。

二、治疗原则

控制饮食,适量运动,消除心理障碍。其中饮食疗法和运动疗法是两项最主要的措施。应慎用药物;外科手术治疗的并发症严重,不宜用于小儿。

三、护理问题

1. 营养失调,高于机体需要量　与摄入高能量食物过多和(或)运动过少有关。
2. 体象紊乱　与肥胖引起自身形体改变有关。
3. 潜在并发症　高血压、高血脂、糖尿病。
4. 知识缺乏　患儿及家长缺乏合理营养知识。

四、护理措施

(一) 饮食疗法

在满足小儿基本营养及生长发育需要的前提下,为了达到减肥目的,患儿每日摄入的能量必须低于机体消耗的总能量。

1. 推荐低脂肪、低糖和高蛋白食谱。
2. 鼓励患儿多吃体积大而能量低的蔬菜类食品。萝卜、胡萝卜、青菜、黄瓜、番茄、莴苣、苹果、柑橘、竹笋等均可选择。
3. 良好的饮食习惯对减肥具有重要作用,如少食多餐,细嚼慢咽,避免过饱,不吃夜宵和零食等。

(二) 运动疗法

适当的运动能促使脂肪分解,减少胰岛素分泌,使脂肪合成减少,蛋白质合成增加,促进肌肉发育。鼓励患儿选择喜欢、有效、易于坚持的运动,如散步、慢跑、做操等,每天坚持至少运动30min,活动量以运动后轻松愉快、不感到疲劳为适度。

(三) 行为矫正和心理支持

家长应引导患儿正确认识自身体态改变,帮助其建立信心;鼓励患儿多参加集体活动,改变其孤僻、自卑的心理。经常鼓励患儿坚持控制饮食和加强锻炼,增强减肥信心。帮助患儿建立健康的生活方式,具备自我管理的能力。

(四) 健康教育

向家长讲述科学喂养知识,培养小儿良好的饮食习惯;宣传肥胖儿不是健康儿的观点,改变家长"越胖越健康"的陈旧观念;实施生长发育监测,定期门诊观察。

第五节 维生素D缺乏性佝偻病患儿的护理

> **案例分析**
> 患儿,男,10个月。2个月以来夜间睡眠不安,夜惊、多汗,枕部有脱发。患儿人工喂养,已添加果汁、菜汁、米糊;家住12楼,平时户外活动少;尚不能独坐。体格检查:尚未出牙,前囟2cm×2cm,可见方颅、肋膈沟。辅助检查:血钙正常,血磷明显降低,碱性磷酸酶增高。

维生素D缺乏性佝偻病是由于体内维生素D不足引起钙、磷代谢失常,产生的一种以骨骼病变为特征的全身慢性营养性疾病。佝偻病是我国儿童保健重点防治的"四病"之一,主要见于2岁以下婴幼儿,北方患病率高于南方,冬春季多见。随着儿童保健工作的大力开展,佝偻病的发病率逐年降低,严重病例已少见。

1. 维生素D的来源 胎儿通过胎盘从母体获得维生素D;人类出生后可通过两种途径获得维生素D。①内源性,是维生素D的主要来源。由人体皮肤中的7-脱氢胆固醇,经日光中紫外线照射转变为维生素D_3。②外源性,通过食物摄取。植物体中含维生素D_2,动物体中含维生素D_3。天然食物含维生素D很少,母乳亦是,蛋黄、海鱼的肝等食物中含量稍高。

2. 维生素D的转运 维生素D_2和D_3在体内均无活性,必须经过肝、肾的两次羟化作用转化为1,25-二羟维生素D_3即$1,25-(OH)_2D_3$才能发挥生物效应。

3. 维生素D的生理功能 ①促进肠道对钙、磷的吸收,促使骨钙沉积。②增加肾小管对钙、磷的重吸收,特别是磷的重吸收,利于骨的矿化作用。③促进成骨细胞增殖和破骨细胞分化,直接影响钙、磷在骨的沉积和重吸收。

一、护理评估

(一)病因

1. 围生期维生素D不足 母亲妊娠期特别是妊娠后期维生素D营养不足,以及早产、双胎均可使婴儿体内贮存不足。

2. 日光照射不足 是佝偻病最主要的原因。因紫外线不能通过玻璃窗,婴幼儿缺乏户外活动,可使内源性维生素D合成不足。城市高大建筑、环境污染、气候等因素,均影响内源性维生素D的生成。

3. 摄入不足 天然食物含维生素D少,若未及时补充维生素D且户外活动少易患佝偻病。

4. 生长速度快,需要增加 骨骼生长速度与维生素D和钙的需要量成正比。婴儿早期生长速度快;早产、双胎婴儿生后生长速度较足月儿快,维生素D需要量大,易患本病。

5. 疾病影响 胃肠道或肝胆疾病影响维生素D的吸收;肝肾严重损害可致维生素D羟化障碍。

6. 药物作用 长期服用抗惊厥药物可使体内维生素D不足;糖皮质激素有对抗维生素D对钙的转运作用。

> **重点提示**
> 1. 维生素 D 缺乏性佝偻病最主要的病因是日光照射不足。
> 2. 维生素 D_2 和维生素 D_3 必须经过肝、肾的两次羟化作用才能发挥生物效应。

(二) 发病机制

见图 5-4。

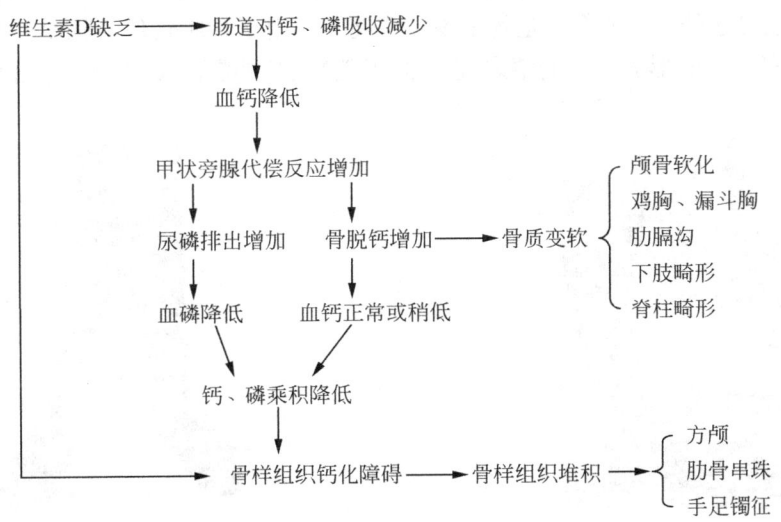

图 5-4　维生素 D 缺乏性佝偻病发病机制

(三) 临床表现

临床上根据病情演变分为初期、激期、恢复期和后遗症期。初期以神经、精神症状为主;激期主要为骨骼改变、肌肉韧带松弛和运动功能发育迟缓等;恢复期各项指标逐渐好转;后遗症期多见于 2 岁以上小儿,仅有骨骼畸形或运动功能障碍,其余均正常。

1. **初期(早期)**　多见于 6 个月以内,特别是 3 个月以内的小婴儿。主要表现为神经兴奋性增高,如易激惹、烦闹、夜间啼哭、睡眠不安、多汗(与室温、季节无关)。尤其头部多汗刺激头皮,使患儿摇头擦枕出现枕秃。上述症状并非佝偻病的特异症状,仅作为临床早期诊断的参考依据。

2. **激期(活动期)**　初期症状进一步加重,出现典型的骨骼改变和运动功能发育迟缓。

(1) 骨骼改变:表现部位与该年龄骨骼生长速度最快的部位相一致。

头部:①颅骨软化,多见于 6 个月以内的婴儿。检查者双手固定婴儿头部,指尖稍用力压迫顶骨或枕骨中央,可有压乒乓球样的感觉。②头颅畸形,多见于 7~8 个月以上婴儿,形成"方颅"、"鞍状颅"或"十字颅"(图 5-5,彩图 2)。③前囟过大或迟闭,可迟至 2~3 岁才闭合。

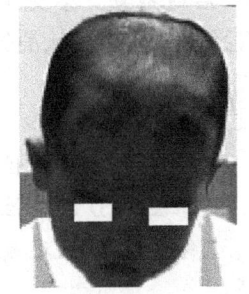

图 5-5　维生素 D 缺乏症方颅

④乳牙萌出延迟,有时出牙顺序颠倒,牙釉质发育不良并易患龋齿。

胸部:胸廓畸形多见于1岁左右婴儿。①佝偻病串珠,肋骨与肋软骨交界处因骨样组织堆积而膨大呈钝圆形隆起,以第7~10肋骨最明显,上下排列如串珠样。②肋膈沟(郝氏沟),膈肌附着处的肋骨长期受膈肌牵拉而内陷,形成一条沿肋骨走向的横沟,仰卧位时尤为明显。③鸡胸和漏斗胸,胸骨和邻近的软骨向前突起形成鸡胸;胸骨剑突部内陷形成漏斗胸。上述胸廓病变均会不同程度影响呼吸功能,并发呼吸道感染,甚至肺不张。

四肢:①手、足镯,6个月以上小儿腕、踝部由于骨样组织增生形成钝圆形环状隆起。②"O"形腿或"X"形腿,见于能站立或会行走的1岁左右婴儿。由于骨质软化与肌肉关节松弛,双下肢因负重可出现下肢弯曲,形成严重的膝内翻("O"形腿)或膝外翻("X"形腿)(图5-6,彩图3;图5-7,彩图4)。

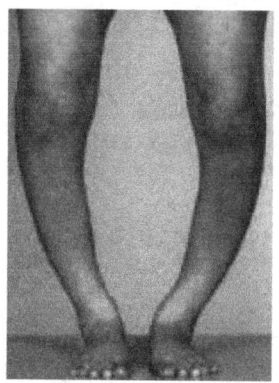

图5-6 "O"形腿

图5-7 "X"形腿

脊柱、骨盆:患儿会坐或站立后,因韧带松弛可致脊柱侧凸或后凸畸形。严重者可出现骨盆畸形,女性患儿成年后可造成流产或难产。

(2)肌肉韧带松弛:严重低血磷使肌肉糖代谢障碍,全身肌肉韧带松弛,肌张力降低和肌力减弱,坐、立、行等运动功能发育落后。腹肌张力低下,腹部膨隆呈"蛙腹"。

(3)其他表现:重症患儿神经系统发育迟缓,表情淡漠,语言发育落后,条件反射形成缓慢。免疫功能低下,易合并感染及贫血。

3. 恢复期　患儿经治疗和日光照射后,临床症状和体征逐渐减轻或消失。

4. 后遗症期　多见于2岁以上小儿。少数严重佝偻病可残留不同程度的骨骼畸形或运动功能障碍,临床症状消失,血生化正常,X线检查骨骼干骺端病变消失,不需治疗。

> **重点提示**
>
> 1. 维生素D缺乏性佝偻病初期的主要表现是神经、精神症状。
> 2. 维生素D缺乏性佝偻病激期的表现以骨骼改变为主。
> 3. 维生素D缺乏性佝偻病后遗症期多见于2岁以上小儿,仅有骨骼畸形或运动功能障碍。

(四)心理-社会状态

由于重症患儿可留有不同程度的后遗症,随着年龄增长可能会产生自卑等不良心理活动,从而影响社会交往及心理健康。家长则因孩子发生骨骼改变及可能遗留骨骼畸形而感到愧疚或焦虑,希望能够得到有效治疗。此外,城市高楼林立、建筑密集、空气污染严重,导致采光不足,使小儿日光照射减少,已成为不容忽视的社会问题。

(五)辅助检查

1. 血生化检查

(1) 初期:血清 25-(OH)D_3 下降,PTH 升高,血钙下降,血磷降低,碱性磷酸酶正常或稍高。

(2) 激期:除血钙稍低外,其余指标改变更加明显。

(3) 恢复期:血钙、磷逐渐恢复正常,碱性磷酸酶需 1~2 个月降至正常。

(4) 后遗症期:血生化正常。

2. X 线检查

(1) 初期:正常或钙化带稍模糊。

(2) 激期:长骨临时钙化带消失,干骺端呈毛刷样或杯口状改变,骨骺软骨带增宽(>2mm),骨密度降低,骨皮质变薄。可有骨干弯曲畸形或青枝骨折。

(3) 恢复期:出现不规则钙化线,骨骺软骨带逐渐恢复正常。

(4) 后遗症期:骨骼干骺端病变消失,仅见骨骼畸形表现。

二、治疗原则

治疗的重点是控制病情活动,防止骨骼畸形。治疗应以口服维生素 D 为主,一般剂量为 2000~4000U/d,或 1,25-(OH)$_2$$D_3$ 0.5~2.0μg,连用 1 个月后改为预防量 400U/d。重症佝偻病有并发症或无法口服者可一次肌内注射维生素 D_3 20 万~30 万 U,2~3 个月后改为口服预防量。

此外,应增加日光照射;加强营养,食用富含维生素 D、钙、磷的食物;必要时补充钙剂。严重骨骼畸形者可考虑手术治疗。

三、护理问题

1. 营养失调,低于机体需要量　与日光照射不足及维生素 D 摄入不足有关。
2. 有感染的危险　与免疫功能低下有关。
3. 潜在并发症　骨骼畸形、维生素 D 过量中毒。
4. 知识缺乏　家长缺乏佝偻病的预防及护理知识。

四、护理措施

(一)补充维生素 D

1. 增加日光照射。根据不同年龄和季节,指导家长带患儿进行户外活动,在不影响保暖的情况下尽量暴露皮肤。生后 2~3 周即可开始,冬季也最好保证每日 1~2h 的户外活动时间。夏季气温高,可在荫凉处活动,应避免太阳直射。室内活动时应开窗,让紫外线能透过。

2. 按医嘱给予维生素 D 制剂。常用鱼肝油滴剂口服,将其直接滴于舌面上或患儿喜欢的食物上。注意事项:①剂量大时可能发生维生素 A 中毒,应使用单纯维生素 D 制剂。②大剂量维生素 D 突击治疗时,易使血钙降低而发生手足抽搐,可在治疗前应用钙剂预防。③维

素D是油剂,较黏稠,注射给药时应选择较粗的针头做深部肌内注射,以利于吸收。④治疗过程中若患儿出现烦躁、厌食、呕吐、腹泻等维生素D中毒症状时,应立即停药。

3. 按时添加辅食,给予富含维生素D、钙、磷和蛋白质的食物。

(二)预防骨骼畸形和骨折

患儿衣着应柔软、宽松,不要束缚过紧。避免过早、过久的坐、立、行,防止出现脊柱或下肢畸形。严重佝偻病患儿肋骨、长骨易发生骨折,护理操作时应避免重压和强力牵拉。已有骨骼畸形的患儿,如胸部畸形可让小儿做俯卧位抬头展胸运动;下肢畸形可行肌肉按摩("O"形腿按摩外侧肌群,"X"形腿按摩内侧肌群),以增强肌张力,矫正畸形。畸形严重者手术矫治。

(三)预防维生素D中毒

严格按医嘱给予维生素D制剂。密切观察病情,若患儿出现倦怠、烦躁不安、低热、畏食、恶心、呕吐、腹泻、顽固性便秘等,提示可能发生维生素D中毒。应及时报告医师,积极配合治疗,促进患儿早日康复。

> **重点提示**
>
> 1. 佝偻病初期和激期治疗的重点是及时补充维生素D。
> 2. 佝偻病激期护理的重点是预防骨骼畸形和骨折。
> 3. 应用维生素D制剂治疗佝偻病时应注意预防维生素D中毒。

(四)健康教育

1. 向家长宣传有关佝偻病的护理知识,告知服用维生素D过量可致中毒。
2. 介绍佝偻病的预防方法。

(1)围生期:孕妇应多进行户外活动,食用富含维生素D、钙、磷和蛋白质的食物。妊娠后期酌情补充维生素D,800U/d,有益于胎儿贮存充足的维生素D。

(2)婴幼儿期:关键在于日光照射和适量维生素D的补充。新生儿出生2周后补充维生素D,400~800U/d,至2岁。膳食中钙摄入不足时,适量补充钙剂。夏季阳光充足,可暂停或减量服用维生素D。

第六节 维生素D缺乏性手足搐搦症患儿的护理

> **案例分析**
>
> 患儿,女,9个月,突发惊厥来院就诊。家长诉患儿发作时两眼上翻,肢体抽搐,意识不清,持续约1min而自行缓解,发作停止后活泼如常。患儿人工喂养,家住11楼,户外活动少。体格检查:体温37℃,可见方颅、枕秃,余无特殊发现。

维生素D缺乏性手足搐搦症又称佝偻病性低钙惊厥,是佝偻病的伴发症状之一。该病由于维生素D缺乏致血钙降低,而出现惊厥、手足搐搦、喉痉挛等神经肌肉兴奋性增高症状,多见于6个月以内的小婴儿。

一、护理评估

(一)病因和发病机制

本病的直接原因是血钙降低,根本原因是维生素 D 缺乏。由于维生素 D 缺乏,血钙下降而甲状旁腺不能代偿性分泌增加,致低血钙不能恢复,当总血钙低于 1.75~1.88mmol/L(7~7.5mg/dl)或离子钙低于 1.0mmol/L(4.0mg/dl)时即可引起神经肌肉兴奋性增高。

(二)临床表现

主要为惊厥、手足搐搦和喉痉挛,并有不同程度的佝偻病激期的表现。

1. 典型发作 血清钙低于 1.75mmol/L 时可出现以下症状。

(1)惊厥:为最常见的症状,婴儿多见。突然发生四肢抽动、两眼上窜、面肌颤动、神志不清,持续时间数秒至数分钟不等。发作停止后,意识恢复,精神萎靡而入睡,醒后活泼如常。发作次数可数日一次或一日数次,甚至一日数十次。一般不发热,发作轻时仅有短暂的眼球上窜和面肌抽动,神志清楚。

(2)手足搐搦:为本病特征性表现,见于较大婴幼儿。突发手足痉挛呈弓状,双手腕部屈曲,手指伸直,拇指内收于掌心,呈"助产士手";踝关节伸直,足趾同时向下弯曲呈"芭蕾舞足"。

(3)喉痉挛:婴儿多见。喉部肌肉及声门突发痉挛,呼吸困难,有时可突然发生窒息,甚至死亡。

2. 隐匿型 血清钙多在 1.75~1.88mmol/L,没有典型发作症状,但可通过刺激神经肌肉引出下列体征。

(1)面神经征:以指尖或叩诊锤轻叩患儿颧弓与口角间的面颊部,出现眼睑和口角抽动者为阳性,新生儿可呈假阳性。

(2)陶瑟征:以血压计袖带包裹上臂,充气使压力维持在收缩压与舒张压之间,5min 之内该手出现痉挛症状者为阳性。

(3)腓反射:以叩诊锤叩击膝下外侧的腓神经处,引起足向外侧收缩者为阳性。

(三)辅助检查

总血钙低于 1.75~1.88mmol/L 或离子钙低于 1.0mmol/L。

二、治疗原则

(一)急救处理

立即吸氧,保持呼吸道通畅;迅速控制惊厥或喉痉挛。可用地西泮,每次 0.1~0.3mg/kg 肌内或缓慢静脉注射;或 10% 水合氯醛保留灌肠,每次 40~50mg/kg。

(二)钙剂治疗

尽快给予钙剂。将 10% 葡萄糖酸钙 5~10ml 加入 10% 葡萄糖液 5~20ml 中,缓慢静脉推注(10min 以上)或滴注,迅速提高血钙浓度。发作停止后改为口服钙剂。

(三)维生素 D 治疗

急诊情况控制后,按维生素 D 缺乏性佝偻病给予维生素 D 治疗。

> **重点提示**
>
> 维生素 D 缺乏性手足搐搦症的治疗顺序。

三、护理问题

1. 有窒息的危险　与惊厥、喉痉挛有关。
2. 有受伤的危险　与惊厥有关。
3. 营养失调,低于机体需要量　与维生素 D 缺乏有关。

四、护理措施

(一)预防窒息

出现惊厥或喉痉挛者立即吸氧,必要时行气管插管或气管切开。

1. 惊厥发作　首先就地抢救,保持安静。使患儿平卧,松解衣领,头偏向一侧,保持呼吸道通畅。无用药条件时,可先指压(针刺)人中穴、十宣穴等控制惊厥。应用镇静剂时,注意地西泮静脉注射时不能过快,以防发生呼吸抑制。
2. 喉痉挛发作　立即将患儿舌体拉出口外,同时头偏向一侧,清除口鼻分泌物,保持呼吸道通畅。
3. 按医嘱给予钙剂　静脉注射钙剂时需缓慢推注(10min 以上)或滴注,并监测心率,以免血钙骤升发生呕吐甚至心搏骤停。应选择较大血管,避免使用头皮静脉,不可皮下注射或肌内注射,以防钙剂外渗而造成组织坏死。

(二)防止受伤

1. 惊厥发作时应就地抢救,保持安静。避免家长紧抱、摇晃患儿或急跑就医等,以免加重抽搐,造成机体缺氧严重而引发脑损伤。
2. 若抽搐时患儿处于坐位或立位,应立即轻放于地面或床上,移开周围一切硬物;床周应设床档、棉垫,以免坠地或磕伤。
3. 已出牙的患儿,应在上、下门齿间放置牙垫,预防舌咬伤。
4. 防止皮肤摩擦受损;忌强行牵拉或按压肢体。

(三)补充维生素 D 制剂

(四)健康教育

1. 向家长介绍本病的病因及预后,解释本病不是颅内病变,通常不会造成严重后遗症,减轻家长心理压力,取得配合。
2. 教会家长惊厥、喉痉挛发作时的正确处理方法,并说明这样做的目的和意义。
3. 指导家长合理喂养,让患儿多晒太阳;出院后按医嘱给患儿补充维生素 D 和钙剂。

讨论与思考

1. 简述小儿能量的需要包括哪些方面,其中哪一项为小儿时期所特有?
2. 简述母乳喂养的优点。
3. 婴儿辅助食品添加的原则是什么?

4. 营养不良的临床表现有哪些?
5. 维生素 D 缺乏性佝偻病最主要的病因是什么?
6. 维生素 D 缺乏性佝偻病初期和激期的主要表现各是什么?
7. 如何预防维生素 D 缺乏性佝偻病?
8. 简述维生素 D 缺乏性手足搐搦症的直接病因和治疗原则。

(邬丽华)

第6章

新生儿与新生儿疾病患儿的护理

学习要点
1. 新生儿的分类
2. 足月新生儿和早产儿的特点及护理
3. 新生儿常见特殊生理状态评估
4. 新生儿常见疾病的病因、发病机制、临床表现、治疗要点、护理问题及护理措施

小儿由宫内到宫外,生存方式和外界环境变化巨大,需要完成多方面的生理调整来适应这些改变。本章除正常足月儿特点及护理、早产儿的特点及护理外,还涉及一些常见新生儿疾病患儿的护理。主要内容构架请参见新生儿及患病新生儿的护理思维导图(图6-1)。

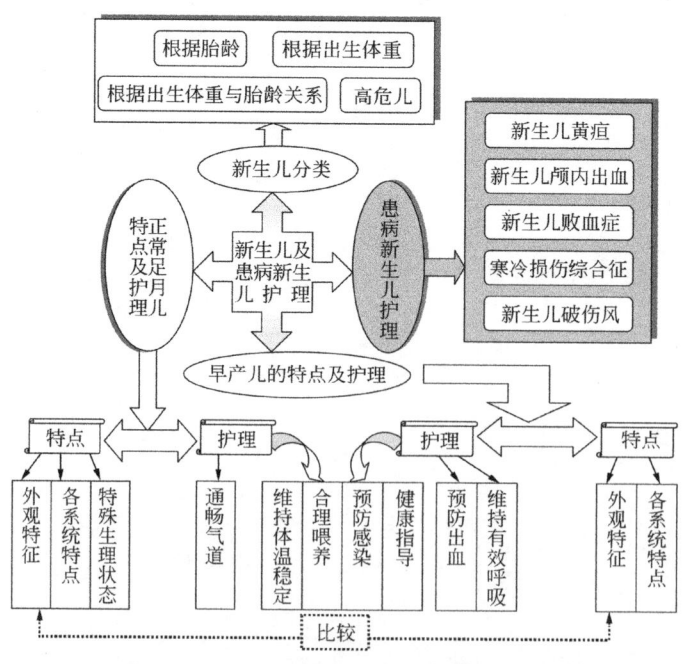

图6-1 新生儿及患病新生儿的护理思维导图

第一节 新生儿分类

新生儿系指从脐带结扎到出生后 28d 内的婴儿。新生儿期是小儿发病率和病死率最高的时期,其中以早产儿和低出生体重儿的比例最高。为了便于新生儿的保健及医疗护理工作,将新生儿按以下方式分类。

一、根据胎龄分类

1. 足月儿 指胎龄满 37 周至未满 42 周的新生儿。
2. 早产儿 指胎龄未满 37 周的新生儿。
3. 过期产儿 指胎龄满 42 周以上的新生儿。

二、根据出生体重分类

1. 正常出生体重儿 出生体重 2500~4000g。
2. 低出生体重儿 出生体重不足 2500g。其中出生体重不足 1500g 的为极低出生体重儿;出生体重不足 1000g 的为超低出生体重儿。
3. 巨大儿 出生体重超过 4000g。

三、根据出生体重和胎龄关系分类

1. 适于胎龄儿 出生体重在同胎龄儿平均体重第 10~90 百分位者。
2. 小于胎龄儿 出生体重在同胎龄儿平均体重第 10 百分位以下者。
3. 大于胎龄儿 出生体重在同胎龄儿平均体重第 90 百分位以上者(图 6-2,彩图 5)。

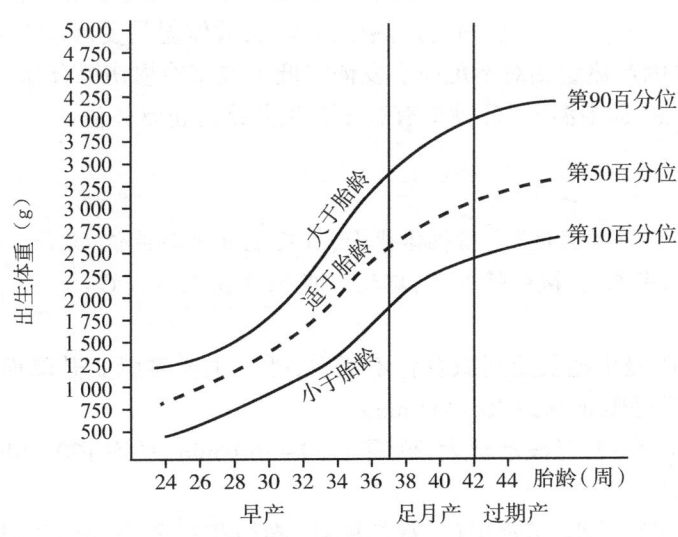

图 6-2 出生体重和胎龄关系分类

四、高危儿

高危儿是指已发生或可能发生危重情况的新生儿，主要包括以下3类。

1. **异常妊娠史** 生母有糖尿病、妊娠高血压综合征等疾病；生母有吸烟、吸毒等不良生活史；生母过去曾有死胎、死产及胎儿先天畸形史。

2. **异常分娩史** 难产、手术产，分娩过程中母亲使用镇静或止痛药物史等。

3. **异常新生儿** 出生时Apgar评分<7分，脐带绕颈、早产儿、过期产儿、大于或小于胎龄儿、巨大儿以及患有各种疾病的新生儿等。

第二节　正常足月儿和早产儿特点及护理

一、正常足月儿特点及护理

（一）正常足月儿特点

正常足月儿是指出生时胎龄满37~42周，体重达2500~4000g，身长>47cm，无畸形和疾病的活产婴儿。

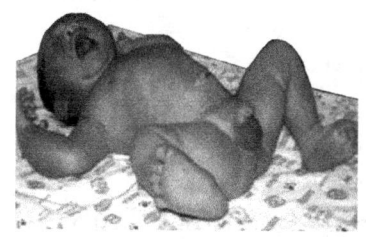

图6-3　足月儿外观

1. **外观特征** 哭声响亮；四肢屈肌张力高；皮肤红润、毳毛少，皮下脂肪丰富，初生时覆盖有灰白色胎脂；头发分条清楚，易梳理；耳郭发育好；乳晕明显，可摸到结节；男婴阴囊皱褶多，睾丸已降入阴囊；女婴大阴唇完全遮蔽小阴唇。足底皮纹多，指（趾）甲长过指端（图6-3，彩图5）。

2. **体温调节** 由于新生儿体温调节中枢发育不完善，体表面积相对较大，皮下脂肪较薄容易散热，主要依靠棕色脂肪氧化产热维持体温，故体温易受环境温度的影响。当环境温度低时，新生儿可因产热量相对不足而引发体温低下或寒冷损伤综合征。当环境温度高时，易出现"脱水热"。在"适中温度"环境中有利于新生儿维持正常体温。

> **重点提示**
>
> "适中温度"或"中性温度"是指机体代谢、氧及能量消耗最低，又能保持正常体温的环境温度。即在小儿穿衣、盖被的情况下，环境温度保持在22~24℃。

3. **呼吸系统** 呼吸中枢及肋间肌发育不成熟，呼吸主要靠膈肌升降而呈腹式呼吸，呼吸表浅，节律不匀，正常呼吸频率为40~45/min。

4. **循环系统** 心率快，且波动较大，范围在90~160/min，平均120~140/min。足月儿血压平均为70/50mmHg。

5. **消化系统** 胃容量小，呈水平位，贲门松弛，幽门相对紧张，因而容易发生溢乳。生后24h内开始排墨绿色胎粪，3~4d后转为黄色粪便。若出生后24h仍不排便，注意找原因。

6. **泌尿系统** 肾功能不成熟，肾小球滤过功能低下，肾小管浓缩功能差，易出现脱水或水肿。一般生后24h内排尿，若超过48h仍无尿，需查找原因。

7. 神经系统　新生儿脑相对较大,大脑皮质发育尚未完善,常出现无意识、不协调的活动。足月儿出生时已具备一些原始反射,如觅食反射、吸吮反射、握持反射、拥抱反射、交叉伸腿反射。新生儿期间有神经系统疾病时,原始反射减弱或不能引出;正常情况下,生后数月这些反射应自然消退。

8. 免疫系统　可由胎盘从母体获得 IgG,数月后逐渐消失,而自身免疫功能尚未完善,故新生儿易患各种感染。

> **链　接**
>
> 新生儿原始反射记忆口诀:
> 觅食、吸吮都用嘴,拥抱、握持交叉伸腿,颈肢反射对侧伸,原始反射渐消退。

> **重点提示**
>
> 1. 正常足月儿与早产儿外观特征的区别。
> 2. 正常足月儿的体温调节、呼吸系统、循环系统、消化系统、免疫系统特征,以及原始反射等神经系统特点。

(二) 新生儿的特殊生理状态

1. 生理性体重下降　生后由于体内水分丢失较多,导致体重逐渐下降,于第 5~6 天降至最低点(小于出生体重的 10%,早产儿为 15%~20%),一般 7~10d 恢复到出生体重,这种现象称为生理性体重下降。正常足月儿体重早期变化曲线见图 6-4。

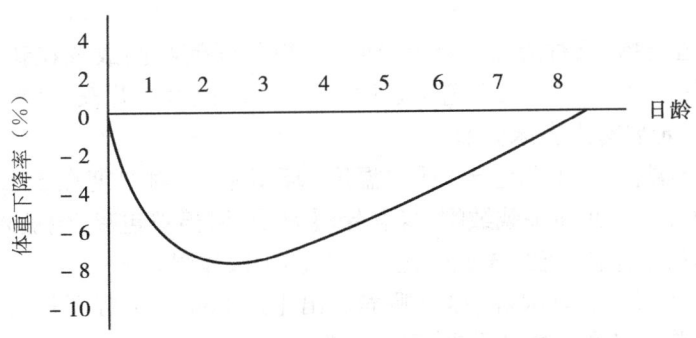

图 6-4　正常足月儿体重早期变化曲线

2. 生理性黄疸　因为新生儿胆红素代谢特点,约 60% 的足月儿和 80% 的早产儿在出生后出现黄疸。生后 2~3d 出现黄疸,5~7d 最明显,足月儿 10~14d 黄疸自然消退,血清胆红素浓度不超过 221μmol/L(12.9mg/dl);未成熟儿黄疸可延迟至 3~4 周消退,血清胆红素浓度不超过 257μmol/L(15mg/dl)。婴儿一般情况良好,无需治疗。

3. 乳腺增大　男女均可发生,多在生后 3~5d 出现,如蚕豆或鸽蛋大小,2~3 周自然消退。

4. 假月经　部分女婴生后 5~7d 可见阴道流出少量的血液,持续 2~3d,不必处理。

5. 脱水热　少数新生儿在生后 3~4d 有一过性发热,体温骤升,但一般情况良好,夏季多见。若补足水分后体温可于短时间内恢复正常。

6. 口腔内特殊生理现象

(1)"上皮珠":大多数新生儿口腔内的硬腭的正中线两侧可见散在的黄白色小点,称"上皮珠",是上皮细胞堆积所致。

(2)"马牙":在有些新生儿牙龈切缘上,可见到散在的、淡黄微隆起的、米粒大小颗粒或白色斑块,称"马牙"或"板牙"。"上皮珠"和"马牙"系上皮细胞堆积和黏液腺潴留肿胀所致,一般在2~3周自然消退,不需治疗。

> **重点提示**
>
> 生理性黄疸的特点:
> 1. 出生后2~3d出现黄疸,5~7d最明显;
> 2. 足月儿10~14d黄疸自然消退,血清胆红素不超过221μmol/L(12.9mg/dl);
> 3. 未成熟儿黄疸可延迟至3~4周消退,血清胆红素不超过257μmol/L(15mg/dl);
> 4. 婴儿一般情况良好,通常无需治疗。

(三)护理问题及护理措施

1. 护理问题

(1)有窒息的危险:与呼吸道阻塞或溢奶、吐奶有关。

(2)有体温失调的危险:与体温调节功能不完善有关。

(3)有感染的危险:与免疫功能不完善有关。

(4)知识缺乏:家长缺乏有关喂养及护理知识。

2. 护理措施

(1)保持呼吸道通畅:及时清除口鼻分泌物;不得将任何物品放置在新生儿口鼻处;仰卧位时颈部垫薄枕,既要避免前屈,又要避免过度后仰;俯卧位时小儿双上肢自然屈曲放在头两侧,头偏向一侧。一定要有人在床旁照看。

(2)维持正常体温:将新生儿置于"适中温度"环境中,相对湿度在55%~65%;加强冬季保暖;环境温度低时,新生儿须头戴绒帽、身着保暖衣物,用棉被包裹,包被外加用暖水袋。必要时放入婴儿培养箱中保暖;监测体温变化:每4h测1次体温。

(3)合理喂养:①提倡母乳喂养、尽早喂养。出生后30min左右可开始吸吮乳头,鼓励按需哺乳。②人工喂养。母亲无法哺乳者,可先试喂5%~10%葡萄糖水10ml,吸吮、吞咽良好者可喂配方乳。每3~4h喂1次,乳量遵循小量渐增的原则。注意乳具专用和消毒。详细记录哺乳量。③哺乳量判断。奶后婴儿安静、无腹胀表明婴儿能够耐受进食的奶量。除外生理性体重下降期,新生儿体重增长15~30g/d,表明哺乳充足。

(4)预防感染:①新生儿室环境。足月新生儿室应阳光充足,空气流通、清新。室温维持在22~24℃,相对湿度在55%~65%。病床之间的距离为60cm。②保护性隔离。控制进入病室人员;工作人员需身体健康,入室前更换衣、鞋,接触新生儿前后均应洗手;患有呼吸道和消化道疾病的患儿应分开病室,避免交叉感染;定期对病室进行消毒。③皮肤护理。衣服应采用棉布缝制,柔软、宽松舒适;体温稳定后可每日沐浴1次,水温在38~40℃,注意头颈、腋窝、手掌等皮肤皱褶处的清洗;脐带未脱落者,每日检查脐部有无渗血,出现渗血,则考虑重新结扎止血,无渗血,每天用75%的乙醇棉签轻拭脐带根部,待其自然脱落;脐带脱落后脐窝内常常会有少量渗出液,此时可用75%乙醇棉签卷清脐窝;有脓性分泌物时,先用3%过氧化氢溶液擦拭,再涂以2%碘酊;大便后及时更换尿布,用温水洗净臀部后拭干。

(5) 预防接种:新生儿期接种疫苗2次。出生1d接种乙肝疫苗,出生3d接种卡介苗。

二、早产儿的特点及护理

(一) 早产儿的特点

早产儿又称未成熟儿,是指胎龄≥28周,但不满37周的活产婴儿。

1. **外观特征** 早产儿体重大多在2500g以下,身长不到47cm;哭声轻弱,四肢肌张力低下;皮肤绛红、水肿、发亮,毳毛多;头发细、乱、软;耳壳软,耳舟不清楚;乳晕不清、无乳腺结节或结节<4mm;男婴睾丸未降或未全降至阴囊,阴囊皱襞少,女婴大阴唇不能盖住小阴唇。足底皮纹少,指甲未达指端(图6-5,彩图6)。足月儿与早产儿的外观特征见表6-1。

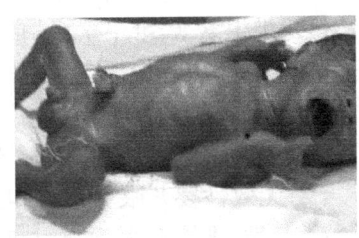

图6-5 早产儿外观

表6-1 足月儿与早产儿的外观特征比较

外观	正常足月儿	早产儿
哭声	响亮	低、弱
肌张力	良好	低下
皮肤	红润、皮下脂肪丰满	绛红、水肿和皮下脂肪少
毛发	毳毛少、头发分条清楚	毳毛多、头发细而乱
耳壳	软骨发育良好,耳舟成形	软、缺乏软骨,耳舟不清楚
乳腺	乳晕清楚、乳腺结节≥4mm	乳晕不清、无乳腺结节或结节<4mm
指(趾)甲	达到或超过指(趾)端	未达指(趾)端
跖纹	整个足底遍及足纹	足底纹少
外生殖器	男婴睾丸已降至阴囊	男婴睾丸未降或未全降
	女婴大阴唇遮盖小阴唇	女婴大阴唇不能遮盖小阴唇

2. **体温调节** 早产儿体温中枢调节功能差,常随环境温度变化而升降。体表面积相对较大,棕色脂肪少,无寒战反应,产热不足,保暖性能差,体温易偏低或不升,故此,早产儿保暖十分重要。

3. **呼吸系统** 早产儿呼吸中枢发育相对更不成熟,呼吸节律不规则,可发生呼吸暂停(呼吸暂停指呼吸停止超过20s,或虽不到20s,但心率<100/min,并出现发绀及肌张力减低)。早产儿肺部发育不成熟,肺泡表面活性物质缺乏时易发生肺透明膜病。有宫内窘迫史者,易发生吸入性肺炎。

4. **循环系统** 早产儿心率偏快,血压较低,部分早产儿可有动脉导管开放。

5. **消化系统** 早产儿吸吮能力较弱,食物耐受力差。贲门括约肌松弛,胃底发育差,呈水平位,而幽门括约肌较发达,故早产儿容易发生溢乳。早产儿消化酶分泌不足,对脂肪的消化吸收较差。早产儿肝发育不成熟,肝葡萄糖醛酸转移酶活性较低,导致生理性黄疸程度较足月儿重,持续时间长。肝内糖原储存少,蛋白质合成不足,早产儿易发生低血糖和低蛋白血症。由于早产儿胎粪形成较少和肠蠕动无力,胎粪排出时间延迟。

6. 神经系统　神经系统的功能和胎龄有密切关系,胎龄越小,反射越差,原始反射很难引出或引出不完全。早产儿易发生缺氧,而易导致缺血缺氧性脑病发生。脑室管膜下存在发达的胚胎生发层组织,因而易导致颅内出血。

7. 其他　早产儿体内的特异性和非特异性免疫功能发育更不完善,免疫球蛋白含量较低,特别是分泌型 IgA 缺乏,易患呼吸道和消化道感染,而且早产儿生长速度比足月儿快,对铁、钙等矿物质及维生素 K、维生素 C、维生素 A、维生素 D 需求大,缺乏时,易发生佝偻病和贫血。

(二)早产儿的护理

1. 护理问题

(1)体温调节无效:与体温调节中枢功能不健全,体内产热不足等因素有关。

(2)无效性婴儿喂养形态:与吸吮无力、吞咽功能不良有关。

(3)不能维持自主呼吸:与呼吸中枢、呼吸器官发育不成熟有关。

(4)有感染的危险:与免疫功能低下有关。

(5)潜在并发症:出血。

2. 护理措施

(1)维持正常体温:①环境温、湿度。室内温度应保持在 24～26℃,晨间护理时,提高到 27～28℃,相对湿度 55%～65%。②根据早产儿的体重及病情,采取不同的保暖措施:体重≥2000g 者,可放在婴儿保暖箱外保暖。因头部散热量大,故头部应戴绒布帽,以降低耗氧和散热量,体温维持在 36.5～37℃;体重<2000g 者,应尽早置于婴儿暖箱内保暖,根据婴儿的体重设置婴儿培养箱的温度,体重越轻箱温越高(参见第 4 章第三节光照疗法);每日测体温 6 次,注意体温的变化,如发现异常,及时通知医生。

(2)维持有效呼吸:早产儿呼吸中枢不健全,易发生缺氧和呼吸暂停。①氧气吸入。有缺氧症状者给予氧气吸入,如哺乳时有青紫发生,应于哺乳前后吸氧数分钟。吸入氧浓度及时间应根据缺氧程度及用氧方法而定,一般主张间断、低浓度吸氧,常用氧气浓度 30%～40%,持续吸氧时间最好不超过 3d。吸入氧气浓度过高,或供氧时间长,可能发生氧中毒。早产儿氧中毒可导致早产儿视网膜病变,使视力减退甚至失明。②兴奋呼吸。呼吸暂停发作频繁时,可拍打患儿足底,帮助恢复规律的自主呼吸。必要时按照医嘱采用气道持续正压(CPAP)呼吸模式提供支持,可同时给予甲基黄嘌呤类药物,如枸橼酸咖啡因和氨茶碱(图 6-6)。

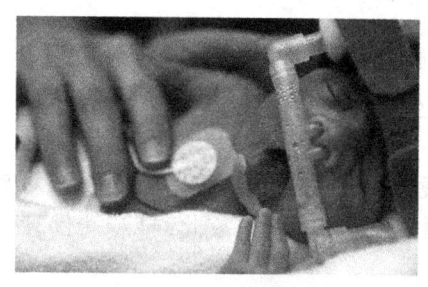

图 6-6　应用气道持续正压

(3)合理喂养:①开奶时间:出生体重在 1500g 以上而无发绀的患儿,可在出生后 2～4h 喂 10% 葡萄糖水 2ml/kg,无呕吐者,可在 6～8h 喂乳。出生体重在 1500g 以下或伴有发绀者,可适当延迟喂养时间。②喂奶量:应根据消化道的消化及吸收能力而定,以不发生胃内潴留及呕吐为原则。③喂养方式:最好用母乳喂养,无法母乳喂养者以早产儿配方乳为宜。④哺乳方法:吸吮无力者用滴管,吞咽功能不良者鼻饲喂养,或按医嘱静脉补充高营养。哺乳后,患儿宜取右侧位,并注意观察有无发绀、溢乳和呕吐现象发生。⑤效果评价。准确记录 24h 出入量;每日晨起测体重1次,定时、定磅秤并记录。理想的体重为每日增长25~30g,最低应达15g。

(4)预防出血的护理:早产儿易缺乏维生素K依赖凝血因子,出生后应按医嘱肌内注射维生素K_1,连用3d,预防出血症。密切观察病情,早期发现出血征兆,争取治疗和抢救时机。

(5)预防感染的护理:在新生儿护理消毒隔离措施的基础之上,保护措施更加严密。①环境卫生:早产儿与足月患儿应分室居住,病室每日紫外线照射1~2次,每次30min。每月空气培养1次。严禁非本室人员入内,如人流量超过正常时,应及时进行空气及有关用品消毒,确保空气及仪器物品洁净,防止交互感染的发生。②皮肤护理和脐部护理:除外足月儿的护理措施外,每日要做口腔护理1~2次。

(6)健康指导:①鼓励父母参与照顾早产儿。为父母提供接触、照顾孩子的机会,耐心解答父母提出的问题,讲解所使用的设备和治疗措施,以减轻他们的焦虑及恐惧。②指导父母护理早产儿。教会家长保暖、喂养及皮肤护理操作,阐述注意事项。③出院指导。建议回到家中要减少他人探视,有感染性疾病的家人避免接触早产儿。确定出院后第1次常规复诊的时间,并告知家长患儿需要到医院就医的其他情况。应用维生素D、铁剂、钙剂及其他药物的指导。

> **重点提示**
>
> 早产儿护理要点如下:
> 1. 早产儿室内温度应保持在24~26℃。体重<2000g者,应尽早置于婴儿暖箱内保暖。
> 2. 有缺氧症状者给予间断、低浓度(30%~40%)吸氧。
> 3. 呼吸暂停发作频繁时,可拍打足底。必要时采用气道持续正压(CPAP)提供支持。
> 4. 合理喂养,最好用母乳喂养,无法母乳喂养者以早产儿配方乳为宜。
> 5. 按医嘱肌内注射维生素K_1,预防出血症。

第三节 新生儿缺氧缺血性脑病患儿的护理

> **案例分析**
>
> 一胎龄为40^{+1}周患儿,男,出生前2h发现胎心变慢,经剖宫产娩出,羊水有Ⅲ度污染。出生体重2400g,有胎便,出生时不会哭,青紫,阿氏评分4分,经拍打足底吸痰后会哭,面色渐转红,生后24h发现患儿烦躁不安,尖叫,吐奶,面部肌肉有小抽动。查体:体温36.5℃,呼吸65/min,心率168/min,肺部听诊阴性,前囟饱满,四肢肌张力高,双眼凝视,肢体抖动,唇微绀,拥抱反射消失,腹部膨隆,肝脾不大。化验:血红蛋白120g/L,白细胞12×10^9/L,中性55%,血钙2.1mmol/L(8.5mg/dl)。

新生儿缺氧缺血性脑病是围生期窒息后的严重并发症,主要是窒息后引起的部分或完全缺氧、脑血流减少或暂停而导致胎儿或新生儿脑损伤。也是引起新生儿急性死亡和慢性神经系统损伤的主要原因之一。缺氧是脑损伤发生的基础,早产儿发病率明显高于足月儿。

一、护理评估

1. 病因和发病机制

(1) 缺氧:围生期窒息、反复呼吸暂停、严重的呼吸系统疾病如呼吸窘迫综合征、胎粪吸入综合征等。

(2) 缺血:各种引起脑血流灌注减少或暂停的疾病,如心跳停止、心力衰竭、严重失血或贫血、休克等。

脑组织在缺氧缺血的情况下相继发生了脑血流改变、脑血管自主调节功能障碍、脑组织代谢改变,从而造成程度不等的脑水肿、脑细胞损害甚至坏死。病变的范围和分布主要取决于损伤时脑成熟度、严重程度及持续时间。

> **重点提示**
>
> 缺氧是发病的核心,其中围生期窒息是最主要的病因。另外,出生后肺部疾病、心脏病变及严重失血或贫血也可引起脑损伤。

2. 临床表现 取决于缺氧持续时间和严重程度,根据意识、肌张力、原始反射改变、有无惊厥、病程及预后等,分为轻、中、重三度(表6-2)。

表6-2 新生儿缺氧缺血性脑病的临床分度

分度	轻度	中度	重度
意识	易激惹	淡漠或嗜睡	昏迷
肌张力	正常或增强	减低	低下
原始反射	活跃	减弱	消失
惊厥	可有肌阵挛	常有	有,可呈持续状态
中枢性呼吸衰竭	无	有	明显
瞳孔改变	扩大	缩小	不等大,对光发射消失
脑电图	正常	低电压,可有痫样放电	爆发抑制,等电位
病程及预后	症状一般在72h内消失,预后好,不留后遗症	症状一般在14d内消失,可能有后遗症	症状一般持续数周,重症多在1周内死亡,存活者多留有后遗症

3. 心理-社会状况 由于病情的轻重与预后有很大的相关性,所以有的家长会产生紧张、后悔、失望等心理反应,特别是对恢复期的康复治疗信心不足,治疗积极性不高,而延误早期康复干预措施,影响预后。

4. 辅助检查

(1) 血生化检查:①血气分析了解患儿缺氧程度;②血清肌酸磷酸激酶同工酶(CPK-BB),脑组织受损时升高;③神经元特异性烯醇(NSE)化酶,在神经元受损时升高。

(2) 头颅影像学检查:①超声检查:具有无创、方便和进行动态监测的优点;②CT检查:对了解颅内出血的范围和类型有一定的参考作用,最适检查时间为生后4~7d,但有放射损伤;

③磁共振(MRI)、弥散加权磁共振(DWI):对脑损伤的诊断更清晰、敏感。

(3)脑电生理检查:用于评估程度和判断预后,有一般脑电图和振幅整合脑电图(aEEG)。

二、治疗原则

1. 支持疗法

(1)维持良好的通气功能是支持疗法的中心。

(2)避免脑血流灌注过低或过高是支持疗法的关键措施。

(3)为保持神经细胞代谢所需能源,必须维持血糖在正常高值。

2. 控制惊厥　首选苯巴比妥,根据病情调整使用抗惊厥药。

3. 治疗脑水肿　避免输液过量,每日液体总量不超过 60~80ml/kg。颅内压增高时,首选利尿药呋塞米,严重者可用 20% 甘露醇。一般不主张使用糖皮质激素。

4. 新生儿后期康复治疗

> **链　接**
>
> 目前国内外临床上对新生儿缺氧缺血性脑病采取亚低温治疗是一项很有前景的措施,它的疗效和安全性已经得到初步肯定,应于发病最初 6h 内治疗,持续 48~72h。

三、护理问题

1. 体温异常　与体温调节功能受损有关。

2. 低效型呼吸　与气道阻塞,呼吸中枢受损有关。

3. 潜在并发症　颅内压增高。

4. 家长焦虑　与病情危重,预后不良有关。

四、护理措施

1. 置患儿于重症监护室,可用辐射床、暖箱等保温,维持体温在 36.5℃ 左右。

2. 维持有效呼吸　给予正确体位,保持呼吸道通畅,定时翻身、拍背、体位引流,根据缺氧程度选用有效的氧疗方法,保持 PaO_2>60~80mmHg,PCO_2 和 pH 在正常范围。

3. 密切观察,降低颅内压。

(1)保持安静,减少不必要的护理操作,床头抬高 15°~30°,勿抬高双下肢,以保证脑的血流灌注。

(2)密切监护患儿的生命体征,注意观察患儿的神志、瞳孔、前囟张力、肌张力和惊厥等症状。

(3)遵医嘱给予供氧、镇静、脱水、脑代谢激活剂等。

4. 早期康复干预。有功能障碍者,将其肢体固定于功能位,早期进行功能训练和智能开发,促进脑功能的恢复。

第四节　新生儿颅内出血患儿的护理

> **案例分析**
>
> 患儿2d，产钳助娩。今晨抽搐2次，哭声尖，拒乳，前囟饱满。脑脊液化验正常，血钙2.3mmol/L，血糖2.4mmol/L，血白细胞$10.3×10^9$/L，中性粒细胞0.6。
>
> 新生儿颅内出血是因缺氧或产伤引起的脑损伤，早产儿发病率较高，病死率高，存活者常留有神经系统后遗症。

一、护理评估

1. 病因

(1) 缺血缺氧：①早产儿脑室管膜下生发基质在缺氧时发生血管破裂出血；②缺血缺氧可直接损伤毛细血管内皮细胞，导致其通透性增加或破裂出血，并可引起脑室内出血的发生。

(2) 产伤因素：以足月儿多见，因胎头过大、胎位不正、急产、产程过长、使用高位产钳和吸引器助产等，均可使胎儿头部受挤压而引起出血。

(3) 其他因素：高渗液体输入过快、血压波动过大、机械通气不当均可引起新生儿颅内出血；此外，一些出血性疾病或脑血管畸形也可引起新生儿颅内出血。

> **重点提示**
>
> 新生儿颅内出血的致病因素有早产、缺血缺氧、产伤、使用高位产钳和吸引器助产、高渗液体输入过快、机械通气不当等。

2. 临床表现　颅内出血的症状、体征与出血部位和出血量有关，一般生后1~2d出现症状。常见神经系统表现如下。

(1) 颅内压增高征：脑性尖叫、呕吐、前囟隆起、骨缝张开、惊厥、血压改变、角弓反张等。

(2) 呼吸系统表现：呼吸增快或减慢，节律不规则或呼吸暂停等。

(3) 意识改变：易激惹、过度兴奋或表情淡漠、嗜睡、昏迷等。

(4) 眼部症状：双眼凝视、斜视、眼球上转困难、眼球震颤等。

(5) 瞳孔改变：不等大、对光反应减弱或消失。

(6) 肌张力改变：早期增高，以后减低。

(7) 其他：原始反射减弱或消失、黄疸和贫血表现。

3. 心理-社会状况　家长担心将来孩子智力落后、残疾，会产生焦虑、内疚、悲伤、失望甚至愤怒的心理反应。个别家长为摆脱自身的负担和痛苦，遗弃孩子。

4. 辅助检查

(1) 脑脊液检查：急性期可见均匀的血性和皱缩红细胞。

(2) CT检查及B超扫描：可判断出血的部位及范围。

二、治疗原则

1. 支持疗法　注意液体平衡,保证能量供给;保持安静;维持血压,保持体温;合并感染时,抗感染治疗。
2. 止血　应用新鲜冰冻血浆、维生素 K_1、酚磺乙胺(止血敏)、巴曲酶(立止血)等。
3. 降低颅内压　可选用呋塞米(速尿)、白蛋白、地塞米松三联疗法;也可用20%甘露醇静脉注射。控制液体量 60~80ml/(kg·d)。
4. 控制惊厥　用抗惊厥药物,如地西泮、苯巴比妥等。
5. 改进脑细胞代谢　选用胞磷胆碱、脑活素等。

> **链　接**
>
> **婴儿颅内出血清除术**
>
> 近年来,我国部分有条件的医院实施微创手术清除婴儿颅内出血法清除颅内血肿,取得良好的治疗效果。手术清除婴儿颅内出血可降低婴儿期颅内出血的病死率,并能减轻神经系统后遗症;术后结合综合性干预措施,可减少颅内血肿对今后小儿体能和智力的影响,改善预后。

三、护理问题

1. 潜在并发症　脑疝。
2. 有窒息的危险　与惊厥、呕吐有关。
3. 营养不足　与中枢神经受损不能进食及呕吐有关。

四、护理措施

1. 减少刺激
(1)绝对卧床休息、减少噪声刺激。
(2)护理操作要尽量集中完成,做到轻、稳、准,尽量减少对患儿移动和刺激。哺乳时不必将患儿抱起。入院3d内除外必要的臀部护理,避免一切清洁护理。
(3)静脉输液通路选用留置针,减少反复穿刺,避免因患儿的烦躁加重缺氧和出血。
2. 维持有效呼吸
(1)保持呼吸道通畅:患儿侧卧位或头偏向一侧;备好吸痰用物,及时清除呼吸道分泌物,改善呼吸功能。
(2)呼吸暂停时可刺激患儿足底或耳垂,必要时采取机械辅助呼吸。
(3)合理用氧:根据患儿缺氧程度选择吸氧的浓度和方式,以维持二氧化碳分压(PaO_2)在60~80mmHg。病情好转后及时调整供氧浓度或停止吸氧。
3. 维持体温稳定　体温过低时可将患儿置于远红外辐射台、暖箱或用热水袋保暖。体温过高可采用物理降温。
4. 并发症观察　每4h测体温、脉搏、呼吸、血压并记录。严密观察患儿意识、瞳孔、呼吸、肌张力及囟门的变化，及时发现颅内高压征象。

5. 耐心喂养　少量多餐，保证患儿能量及营养物质的供给。不能进食者，应给予鼻饲。

6. 按照医嘱用药　按医嘱给予镇静药、脱水药、止血药物。

7. 健康指导

(1) 加强孕妇保健工作，预防早产，减少难产所引起的产伤及窒息。

(2) 向家长讲解颅内出血的严重性及可能出现的后遗症。

(3) 给予安慰，减轻家长的焦虑，增强战胜疾病的信心。

(4) 鼓励家长坚持治疗和随访。发现有后遗症时，尽早带患儿进行功能训练，按医嘱服用神经细胞的营养药物，协助脑功能恢复，减轻脑损伤影响。

> **重点提示**
>
> 减少刺激的措施如下：
> 1. 绝对卧床休息、减少噪声刺激。
> 2. 护理操作要尽量集中完成，做到轻、稳、准，尽量减少对患儿移动和刺激；哺乳时不必将患儿抱起；除外必要的臀部护理，避免一切清洁护理。
> 3. 静脉输液通路选用留置针。

第五节　新生儿寒冷损伤综合征患儿的护理

> **案例分析**
>
> 新生儿，女，3d。胎龄34周，急产家中，生后第2天出现拒乳、少哭；查体：体温35℃，脉搏120/min，呼吸38/min，心肺无异常。腹稍膨隆，肝肋下2cm，双下肢外侧皮肤发硬、水肿。

新生儿寒冷损伤综合征亦称为新生儿硬肿症。是由于寒冷和（或）多种疾病所致，其临床特征是低体温和皮肤硬肿，重症者发生多器官功能损害。早产儿多见。

一、护理评估

1. 病因及发病机制　寒冷、早产的生理特点、低体重、感染和窒息可能是发生低体温和皮肤硬肿的重要因素。夏季发病者大多是由于严重感染、重度窒息引起。

(1) 新生儿机体自身因素：①新生儿体温调节中枢发育不成熟，调节功能差，尤其是早产儿；新生儿体表面积大，皮肤薄嫩，血管丰富且皮下脂肪少易于散热。②新生儿皮下脂肪缺乏使饱和脂肪酸转变成不饱和脂肪酸的酶，故皮下脂肪组织中饱和脂肪酸含量高（包括软脂酸和硬脂酸），其熔点高，体温过低时易凝固变硬。③新生儿时期棕色脂肪具有特殊的产热功能，在缺氧、酸中毒、休克时产热过程受抑制，同时此期糖原储备少，产热更加不足。

(2) 寒冷损伤：本症多发生在寒冷季节，寒冷损伤是本症的主要原因。胎儿娩出后体温随外界温度而变化，生后数日内如保温不当，产热不能抵偿散热时，新生儿即不能维持正常体温，随即出现寒冷损伤。

> **链 接**
>
> **关于棕色脂肪**
>
> 棕色脂肪是新生儿产热的主要物质。腋下含量较多,其次为颈、肩胛间、中心动脉、肾和肾上腺周围。胎龄越小体内棕色脂肪含量越少,体温代偿能力越有限。

(3)感染:感染时消耗增加,摄入不足,代谢性产热不够,不能维持正常体温,可诱发寒冷损伤综合征;同时有缺氧、酸中毒和休克等均可使棕色脂肪的产热过程受到抑制,出现体温过低而导致硬肿症。

低体温和皮肤硬肿可使皮肤血管痉挛收缩,局部血液循环淤滞,引起组织缺氧和代谢性酸中毒,损伤毛细血管,使其渗透性增加而导致水肿;严重病例合并弥散性血管内凝血(DIC)、肺出血、全身多器官损害。

2. 临床表现　本症主要发生在寒冷季节和低日龄组的新生儿,特别是早产儿。临床表现包括三大主征,即体温不升、皮肤硬肿和多器官功能损害。

(1)体温不升:主要表现为全身或肢端凉、体温常在35℃以下,严重者可在30℃以下。①轻型:产热良好,腋温>肛温,腋温减肛温差为正值,大多病程短,硬肿面积小;②重型:产热衰竭,腋温<肛温,腋温减肛温差为负值,多为病程长,硬肿面积大,伴有多脏器功能衰竭。

(2)皮肤硬肿:包括皮肤硬化和水肿两种情况。①皮肤表现:硬肿常为对称性。硬肿部位的皮肤呈暗红色或青紫色;皮肤发凉,触之似触橡皮感,不易捏起,指压呈凹陷性水肿;严重时肢体僵硬,不能活动。②硬肿发生顺序是小腿→大腿外侧→整个下肢→臀部→面颊→上肢→全身。

(3)多器官功能损害:严重者可发生休克、心力衰竭、弥散性血管内凝血(DIC)、肺出血及肾衰竭,因多器官功能衰竭而危及生命。其中肺出血是本病的主要死因。

(4)其他表现:可致高胆红素血症、低血糖、低血钙及代谢性酸中毒等。

(5)病情分度:根据临床表现将病情分为轻、中、重度(表6-3)。

表6-3　新生儿寒冷损伤综合征的病情分度

病情分度	体温(℃)	腋-肛温差	硬肿范围	器官功能受损害程度
轻度	≥35	正值	<20%	无明显改变
中度	<35	0或正值	20%~50%	功能低下
重度	<30	负值	>50%	功能衰竭

硬肿范围计算法:头颈部20%,双上肢18%,前胸及腹部14%,背及腰骶部14%,臀部8%,双下肢26%。

3. 心理-社会状况　患儿家长缺乏照料婴儿、预防本病的知识。孩子患病后,家长常为自己没有照料好孩子而悔恨,重症患儿家长常有焦虑或恐惧的心理。

4. 辅助检查　血小板减少,血糖降低,DIC时凝血活酶时间延长、硫酸鱼精蛋白试验(3P实验)阳性。

二、治疗原则

正确复温、加强监护、合理供给能量和液体、及时去除病因、尽早纠正器官功能紊乱。

三、护理问题

1. 体温过低　与早产、寒冷、感染、窒息等因素有关。
2. 营养失调　低于机体需要量,与吸吮无力、能量摄入不足有关。
3. 皮肤完整性受损　与皮肤硬化、水肿、局部血液供应不良有关。
4. 有感染的危险　与皮肤屏障功能低下有关。
5. 潜在并发症　肺出血、弥散性血管内凝血、心力衰竭、肾衰竭。

四、护理措施

1. 复温

(1)复温原则:逐步升温,循序渐进。

(2)复温方法:复温是护理低体温儿的关键措施。①若体温≥30℃,产热良好(腋-肛温差为正值)的轻、中度硬肿的足月儿可置于适中环境温度,加热水袋复温,早产儿可置入30℃暖箱中,根据体温恢复的情况逐渐调整到30~34℃的范围内,6~12h恢复正常体温;②体温<30℃,腋-肛温差为负值的重度患儿,置于比体温高1~2℃的暖箱中开始复温,并逐步提高暖箱的温度,每小时升高1℃,12~24h使体温达到正常水平,亦可酌情采用远红外线辐射台或恒温水浴法复温;③体温恢复正常后,将患儿安置于中性温度的暖箱中。

(3)复温期间监护:观察暖箱及室内温度、湿度的变化并及时调整。监测肛温、腋温的变化。观察皮肤硬肿的进展情况及患儿的一般情况。监测心率、呼吸、血压的变化,发现并发症征象及时与医生取得联系。备好抢救药物和设备,如多巴胺、肝素、酚磺乙胺、呋塞米等药物及氧气、吸引器、复苏囊、呼吸机等仪器。

2. 保证营养和液体供给

(1)应耐心、细致喂养,少量多次、间歇哺乳,保证患儿营养及能量摄入的需要。能吸吮者可正常喂养;吸吮无力者用滴管、鼻饲或静脉高营养供给能量。

(2)重症伴有尿少、无尿或明显心肾功能损害者,严格控制静脉输液速度和液体入量。有条件输液时应将药液加温到35℃输入。准确记录摄入或输入能量、液量及尿量。

3. 预防感染的护理

(1)保护性隔离,保持病室空气清洁,每日紫外线照射1~2次,每次30min。

(2)加强消毒管理,严格遵守无菌操作,预防交叉感染。

4. 健康指导　预防措施主要是做好围生期的保健工作,介绍相关保暖、喂养、预防感染、预防接种等育儿知识。加强生后新生儿的保暖和能量的供给,积极防治感染性疾病。向患儿家长讲解疾病的严重性,介绍相关的新生儿硬肿症疾病知识。

第六节　新生儿败血症患儿的护理

案例分析

患儿,12d,因不吃、不哭、反应差、体温不升2d,抽搐3次入院。查体:皮肤黄染,脐部有少许脓性分泌物。血白细胞$15×10^9$/L,中性粒细胞0.7,血钙2.2mmol/L。

新生儿败血症是指新生儿时期致病菌侵入血循环并在血液中生长繁殖、产生毒素而造成的全身炎性反应。其发病率及病死率较高。未成熟儿多见。

一、护理评估

1. 病因及发病机制

（1）自身因素：新生儿免疫系统功能不完善，皮肤黏膜屏障保护功能差，未愈合的脐部常是细菌侵入门户，加之血液中补体少，白细胞在应激状态下杀菌力下降，T细胞对特异性抗原反应差，细菌一旦侵入易导致全身感染。

（2）病原体：常见病原体为细菌，但也可为真菌、病毒或原虫等其他病原体。以葡萄球菌感染最常见。

（3）感染途径：感染可发生在产前、产时或产后。产前感染与孕母存在的感染密切相关。产时感染致病菌多来自母亲产道，以大肠埃希菌等革兰阴性菌为主；产后感染致病菌大多由人群和污染的器械传播，经脐部、皮肤黏膜感染灶侵入血流，也可经呼吸道及消化道等部位侵入。其中脐部最多见。革兰阳性菌和革兰阴性菌均可见，尤其是金黄色葡萄球菌。

2. 临床表现

（1）分型：分为早发型和晚发型。早发型指在出生后7d内发病，多数症状出现在生后24h内。为产前、产时感染。临床以暴发性多器官受累为特点，病死率较高。晚发型多在出生5~7d后发病，感染多发生在出生后。

（2）症状、体征：早期临床表现常不典型，表现为精神欠佳、哭声减弱、体温异常等，转而发展为精神萎靡、嗜睡、拒乳、不哭、不动，未成熟儿则表现为体温低于正常，出现病理性黄疸并随着病情进展而加深，严重者可有惊厥、昏迷、出血、休克、呼吸异常，少数可发展为循环衰竭、弥散性血管内凝血、中毒性肠麻痹、酸碱平衡紊乱和胆红素脑病。

（3）并发症：可合并脑膜炎、坏死性小肠炎、化脓性关节炎、骨髓炎，其中最常见、最严重的为化脓性脑膜炎，临床表现为激惹、脑性尖叫、凝视、前囟饱满、颅缝增宽、惊厥等。

3. 心理-社会状况　早发型患儿的病原体多来自母体致病菌，其家长常有负罪感；晚发型患儿的家长缺乏为婴儿提供清洁环境和用物、及时发现和正确处置脐部或皮肤感染灶的知识和能力。

4. 辅助检查　周围血白细胞总数多升高，出现中毒颗粒或空泡；C反应蛋白阳性。感染灶或血液病原学检查阳性有助于诊断。

二、治疗原则

1. 预防　加强孕期保健；防止产程过长，产时注意无菌操作，防止细菌侵入机体；产后注意加强新生儿的皮肤、黏膜、脐部护理。

2. 治疗　选用敏感的抗生素，对症治疗和支持疗法。

三、护理问题

1. 体温调节无效　与感染有关。
2. 皮肤完整性受损　与脐部或身体其他部位破损有关。
3. 营养失调　与拒乳、吸吮无力，摄入能量不足有关。

4. 潜在并发症　与免疫系统功能不完善有关。

四、护理措施

1. 维持体温稳定　新生儿不宜用药物、乙醇擦浴、冷盐水灌肠等刺激性强的降温方法。当体温过高时,可采用调节环境温度,打开包被等物理方法或多喂水来降低体温。降温后,30min复测体温,并记录。体温低于正常时,及时给予保暖措施,使体温保持在正常范围。

2. 保证营养供给　喂养要细心、少量、多次。吸吮无力者,可鼻饲喂养或结合病情考虑静脉营养。每日测体重1次,为病情的转归提供依据。

3. 清除局部感染灶　如脐炎、鹅口疮、脓疱疮、皮肤破损等病灶,促进病灶早日痊愈,防止感染继续蔓延扩散。

4. 控制感染　按照医嘱使用敏感抗生素,保证抗生素有效进入体内。

5. 预防交叉感染　具备条件的可将有皮肤感染灶患儿与其他婴儿分室安置。听诊器等用物要专人专用;换下的衣物需经特殊处理;医务人员查看患儿前后要洗手。

6. 严密观察病情变化　每4h监测生命体征1次,并记录。若患儿出现面色发灰、哭声低弱、尖叫、呕吐频繁、前囟饱满、颅缝增宽、惊厥等症状时,及时与医生取得联系。

7. 健康指导　向家长讲解本病的相关知识和抗生素治疗过程较长的原因,取得家长的配合;做好家长的心理护理,减轻家长的恐惧及焦虑。

第七节　新生儿黄疸患儿的护理

> **案例分析**
> 足月新生儿,第1胎,母乳喂养,食纳好。出生后2d出现皮肤、巩膜黄染,精神状态好,体温正常,大便为黄色,小便深黄。正常心肺未见异常,脐部干燥,血清胆红素234μmol/L。经查,其母血型为"O"型,患儿血型为"A"型。

新生儿黄疸是由于新生儿时期体内胆红素累积而引起皮肤或其他器官黄染,分为生理性黄疸和病理性黄疸两大类。生理性黄疸一般不必处理,10~14d自行消退。病理性黄疸则可能导致胆红素脑病(核黄疸),引起死亡或严重后遗症。

一、新生儿胆红素代谢特点

1. **胆红素生成过多**　新生儿生成的胆红素主要属于未结合胆红素,其主要原因如下。

(1)红细胞破坏多:新生儿初生时红细胞数相对多,出生后红细胞破坏多。

(2)血肿或出血吸收:身体各部位血肿或出血的吸收。

(3)红细胞葡萄糖-6-磷酸脱氢酶(G-6-PD)缺陷:可影响正常红细胞代谢,使红细胞破坏增加。

2. **联结运送胆红素能力弱**　新生儿血浆清蛋白(白蛋白)偏低,延缓对胆红素的运输。

3. **肝功能不成熟**

(1)新生儿肝细胞内Y蛋白和Z蛋白含量低,对胆红素摄取能力差。

(2) 肝细胞内葡萄糖醛酸转移酶(UDPGT)含量和活力不足,不能将未结合胆红素(脂溶性)有效转换成结合胆红素(水溶性,可通过肾和胆汁排出),以致未结合胆红素潴留在血液中。

4. 肠肝循环受影响　新生儿肠道内正常菌群尚未建立,不能将进入肠道的胆红素转化为尿胆原、粪胆原排出体外,并且肠道内 β-葡萄糖醛酸苷酶活性较高,易将结合胆红素分解为未结合胆红素,又被肠壁重吸收,经肝门静脉达肝,加重肝的负担。

二、新生儿黄疸分类及特点

1. 生理性黄疸　见本章第二节。
2. 病理性黄疸的特点
(1) 黄疸出现早:生后24h内。
(2) 程度重:足月儿血清胆红素超过 221μmol/L(12.9mg/dl);早产儿血清胆红素超过 257μmol/L(15mg/dl);或病情发展快,血清胆红素每日上升超过 85μmol/L(5mg/dl)。
(3) 黄疸消退延迟或退而复现:足月儿>2周,早产儿>4周黄疸未消退,或黄疸消退后复现。
(4) 血清结合胆红素>34μmol/L(2mg/dl)。

> **重点提示**
>
> 病理性黄疸的特点如下:黄疸出现早、程度重或发展快、黄疸消退延迟或退而复现,严重者可发生胆红素脑病。

三、新生儿病理性黄疸的常见病因及疾病特点

1. 感染性疾病
(1) 新生儿肝炎:大多因病毒通过胎盘使胎儿感染,或通过产道时被感染。一般起病较慢,于生后 1~3 周或更晚出现黄疸,黄疸持续不退,大便色浅有时为灰白色,患儿厌食,体重不增,肝大,肝功能异常。
(2) 新生儿败血症及其他感染:细菌毒素可抑制葡萄糖醛酸转移酶的活力,并可破坏红细胞而致黄疸。黄疸随感染的发展逐渐加重。

2. 非感染性疾病
(1) 新生儿溶血病:是指因母婴血型不合,母亲血液中对胎儿红细胞的免疫抗体 IgG 通过胎盘进入胎儿循环,发生同种免疫反应,导致胎儿或新生儿红细胞破坏而引起的溶血。除黄疸外,还表现为贫血及肝、脾大,严重者可发生胆红素脑病。症状轻重与溶血程度基本一致。临床常见的为 ABO 血型系统和 Rh 血型系统不合溶血。①ABO 血型系统不合:母亲为 O 型血,婴儿为 A 型或 B 型血,最易发生 ABO 血型不合;若母亲为 AB 型或婴儿为 O 型则不会发生溶血。约 50% 在第 1 胎即可发病,出生后 2~3d 出现,黄疸发展迅速,血清胆红素超过342μmol/L可发生胆红素脑病。②Rh 血型系统不合:Rh 血型有 6 种抗原(C、c;D、d;E、e),其中 D 抗原性最强,临床上把具有 D 抗原者称 Rh 阳性,反之为阴性。我国汉族99.66%为 Rh 阳性。Rh 血型不合溶血病主要发生在 Rh 阴性孕妇和 Rh 阳性胎儿,一般不会在第 1 胎发生,但症状随胎次增多而越来越严重。临床表现主要有胎儿水肿,严重者为死胎;黄疸在生后 24h 内出现,且发展迅速;贫血出现早且

重,重症贫血易发生心力衰竭;常有髓外造血活跃及肝、脾大。此型溶血病情常危重,如不及时抢救大多死亡。

(2)胆道闭锁:表现为生后1~3周出血黄疸并逐渐加重,主要为结合胆红素浓度增加,皮肤呈黄绿色。尿色深黄,而粪便转为灰白色(陶土色)。肝进行性增大,质地硬,于3~4个月后发展为胆汁性肝硬化。

(3)其他:①母乳性黄疸。多于生后4~7d出现黄疸,2~3周达高峰,停止喂母乳24~72h后胆红素开始下降,持续喂母乳1~4个月胆红素亦可降至正常,尚无核黄疸报告。②红细胞-6-磷酸葡萄糖脱氢酶(G-6-PD)缺陷而至黄疸。③药物性黄疸。如维生素K、新生霉素等引起。④胎粪排出延迟、低血糖、酸中毒、缺氧、体内出血和失水等均可加重黄疸。

四、治疗原则

治疗原发病,降低血清胆红素,保护肝,预防和控制感染,维持水、电解质及酸碱平衡。

五、护理问题

1. 潜在并发症　胆红素脑病。
2. 知识缺乏　家长缺乏有关新生儿黄疸的病因和护理知识。

六、护理措施

1. 密切观察病情

(1)黄疸的程度和进展:密切观察黄疸出现的时间,观察皮肤、巩膜、大小便的颜色,以协助医生判断病因,并估计血清胆红素浓度,判断其发展情况。

> **链　接**
>
> **黄疸程度粗略估计法**
>
> 当血清胆红素达到85.5~119.7μmol/L(5~7mg/dl)时,皮肤可出现黄疸,通常先在面部,随着胆红素浓度增高,黄疸的程度加重,逐渐由躯干渐向四肢发展,当血清胆红素达307.8μmol/L(18mg/dl)时,躯干呈橘黄色;当手心、足心转为橘黄色时,其血清胆红素可达342μmol/L(20mg/dl)以上。

(2)胆红素脑病警告期表现:监测体温、呼吸、哭声、吸吮力和肌张力等变化。

(3)胆红素排泄情况:观察大小便次数、量及性质,如胎粪排出延迟,应予灌肠促进胆红素排出。

(4)心力衰竭表现:注意观察婴儿的面色、精神状态、尿量和心率。

2. 保暖、合理喂养　低体温和低血糖时胆红素与清蛋白的结合受到阻碍。应注意保暖,体温维持在36~37℃。提早喂养有利于建立肠道菌群,使胎粪尽快排出,减少胆红素的肝肠循环,减轻黄疸的程度。

3. 降低血清胆红素浓度　胆红素过高可致胆红素脑病,对新生儿生命和健康有很大威胁,必须积极预防,以减少新生儿死亡率和智残儿童的发生率。

(1)光照疗法及护理(见第4章第三节光照疗法)。

（2）换血疗法及护理。

（3）按照医嘱用药：输血浆或清蛋白，使未结合胆红素与清蛋白结合，以预防核黄疸的发生。应用苯巴比妥以诱导肝内葡萄糖醛酸转移酶的生成，加速未结合胆红素的转化和排泄，还可应用中药，对消退黄疸有一定效果。

4. 减轻心脑负担　减少不必要刺激；必要时给予氧气吸入，控制输液量及输液速度。切忌快速输入高渗液，以免血脑屏障暂时开放，引起胆红素脑病。

5. 健康指导　向家长讲解新生儿黄疸发生的原因和患儿病情，取得合作。

（1）对新生儿溶血病患儿和家长，应做好产前咨询及孕妇预防性服药。

（2）母乳性黄疸患儿，可鼓励继续母乳喂养，若患儿黄疸严重，可暂停母乳喂养1~4d，黄疸减轻再恢复母乳喂养。

（3）红细胞G-6-PD缺陷者，应忌食蚕豆及其制品，避免接触樟脑，禁用磺胺等抑制或竞争葡萄糖醛酸转移酶的药物。

（4）发生胆红素脑病者，及时给予康复治疗和护理。

新生儿黄疸的护理见图6-7。

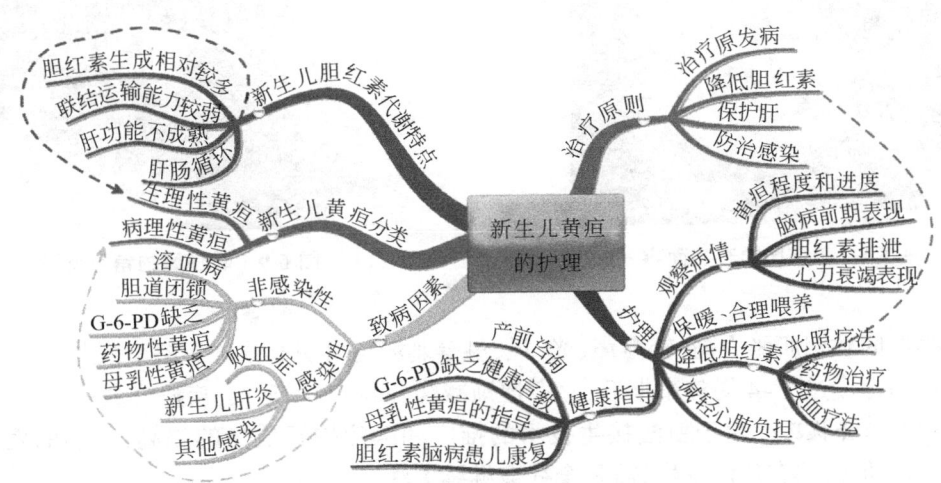

图6-7　新生儿黄疸的护理思维导图

第八节　新生儿破伤风患儿的护理

> **案例分析**
>
> 新生儿，男，第二胎，足月，急产于家中。生后5d出现张口不大，含接乳头困难，吸吮力减弱，四肢发紧；随后出现全身抽搐，牙关紧闭、苦笑面容而来院就诊。

新生儿破伤风是指由破伤风杆菌侵入脐部而引起的一种严重的感染性疾病，临床上以全身骨骼肌强直性痉挛和牙关紧闭、苦笑面容为特征。因常在生后4~7d发病，故有"四六风""七日风"之俗称。

一、护理评估

1. **病因及发病机制** 破伤风杆菌为革兰阳性厌氧菌,广泛分布在自然界,其芽胞抵抗力强,需经高压灭菌或用碘酊、环氧乙烷等消毒药才能将其杀灭。本病的感染途径为在接生时如消毒不严或脐部不洁,使破伤风杆菌侵入机体,繁殖并产生破伤风痉挛毒素,引起全身肌肉强烈收缩。破伤风痉挛毒素还可兴奋交感神经,导致心动过速、高血压、多汗等表现。

2. **临床表现**

(1)患儿多有不洁断脐史。潜伏期为3~14d,多为4~8d发病;潜伏期越短,预后越差。

(2)起病时因咀嚼肌受累,张口不大及吸吮困难;随后出现牙关紧闭,面肌痉挛,口角外牵,呈现苦笑面容(为本病特征性表现,图6-8,彩图7);肌肉持续收缩伴发作性痉挛,全身呈角弓反张状(图6-9,彩图8)。痉挛发作时患儿神志清楚为本病的特点。喉肌和呼吸肌痉挛可引起青紫、窒息。膀胱和直肠括约肌痉挛可致尿潴留、便秘。肌肉痉挛可致体温增高。

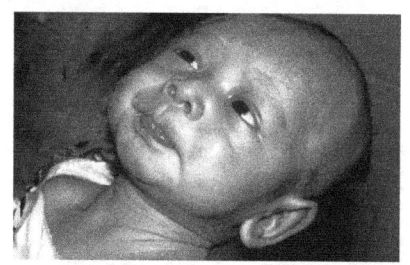
图6-8 破伤风的苦笑面容

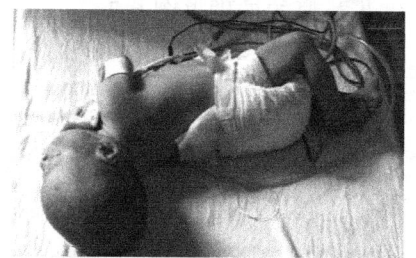
图6-9 破伤风的角弓反张

(3)痉挛间歇期肌张力高,轻微声、光、风、触等刺激均可引起或加重痉挛发作。

(4)经治疗度过1~4周痉挛期后,痉挛逐渐减轻、间隔时间延长,疾病痊愈需2~3个月。

3. **心理-社会状况** 由于新法接生技术的推广和医疗护理质量的提高,本病的发病率已经明显下降。但仍偶有病例发生,需要全社会继续关注。

二、治疗原则

精心护理,保证营养,控制痉挛,中和毒素,对症治疗和预防并发症。

三、护理问题

1. 有窒息的危险 与喉肌痉挛有关。
2. 有受伤的危险 与抽搐有关。
3. 清理呼吸道无效 与不能有效清除呼吸道分泌物有关。
4. 吞咽障碍 与咀嚼肌、咽喉肌痉挛有关。

四、护理措施

1. **控制痉挛**

(1)环境要求:有条件的应将患儿置于安静、避光的环境,最好安排专人看护。

（2）减少刺激：禁止一切不必要的刺激、减少痉挛发作。各种必要的治疗及护理应安排在镇静剂发挥最大作用时集中操作，操作时动作要轻、细、快，静脉输液时应选用留置针。

（3）药物应用：按医嘱注射破伤风抗毒素（TAT）或破伤风免疫球蛋白（TIG）。按医嘱给予地西泮、苯巴比妥、水合氯醛等镇静药物。

2. 脐部护理 脐部用3%过氧化氢溶液或1:4000高锰酸钾清洗后涂以2.5%碘酒、75%乙醇。

3. 预防窒息和受伤 保持呼吸道通畅，备好抢救物品，氧气、吸引器、气管插管及气管切开用物，发现异常立即通知医生并做好抢救工作；剪短指甲，床栏周围应放置软垫预防患儿受伤；发作期间不要用力按压患儿，防止骨折发生。

4. 保证能量供给 病初吞咽障碍应暂禁食，禁食期间可通过静脉供给营养；病情好转可经口喂养，训练患儿吸吮及吞咽功能，同时做好口腔护理。

5. 健康指导 本病预防重点是推广无菌接生法，脐部消毒不严格者24h内对脐部应重新处置，并肌内注射破伤风抗毒素（TAT）。本病病程长，需2~3个月痊愈，一般在患儿恢复期安排出院，回到家中继续治疗和康复，再恢复期患儿仍需精心护理并按时复诊。

第九节 新生儿呼吸窘迫综合征患儿的护理

> **案例分析**
>
> 34周早产男婴于生后6h被送到NICU。正常分娩，生后无窒息，但生后2h出现面色发青，呻吟，呼吸困难且进行性加重。胸部X线检查可见双肺野均呈白色，肺肝界及肺心界均消失。

新生儿呼吸窘迫综合征又称肺透明膜病，是由于缺乏肺表面活性物质，呼气末肺泡萎陷，致使生后不久出现呼吸窘迫并进行性加重和呼吸衰竭的临床综合征。主要见于早产儿，胎龄愈小，发病率愈高。

一、护理评估

1. 病因和发病机制 呼吸窘迫综合征是由于缺乏肺泡表面活性物质（PS），肺泡表面张力增加，呼气时肺泡萎陷，反复多次形成进行性肺不张，导致低氧血症、高碳酸血症和混合性酸中毒，从而引起肺毛细血管通透性增加，液体渗出使肺泡表面形成嗜伊红透明膜，进一步加重缺氧和酸中毒并抑制PS合成，形成恶性循环。

（1）早产儿多见：PS由肺泡Ⅱ型细胞产生，孕18~20周出现，35~36周迅速增加达肺成熟水平。

（2）糖尿病孕妇的婴儿、剖宫产儿的PS合成分泌受到影响，围生期窒息、低体温、前置胎盘、胎盘早剥和母亲低血压等所致胎儿血容量减少，本病发生率增高。

（3）少数患儿SP-A或SP-B基因变异或缺陷均易发生该病。

> **链接**
> **糖尿病母亲婴儿患病原因**
> 此类婴儿易发生新生儿呼吸窘迫综合征的原因是其血中的高浓度胰岛素能拮抗肾上腺皮质激素对PS合成的促进作用,而剖宫产儿是由于缺乏宫缩刺激,儿茶酚胺和肾上腺皮质激素的应激反应较弱,也影响了PS的合成分泌。

2. 临床表现

(1)生后不久(一般6h内)出现进行性加重的呼吸窘迫,主要表现为鼻翼扇动和吸气性三凹征,呼吸快、呼气呻吟、发绀等,严重时呼吸节律不整、呼吸暂停。

(2)体格检查:可见胸廓扁平,肺部呼吸音减弱。

(3)恢复期:易出现动脉导管开放,分流量较大时可发生心力衰竭和肺水肿。

(4)通常生后24~48h病情最重,死亡率较高,能存活3d以上者病情将明显好转。

3. 心理-社会状况 患儿生后不久出现该病,家长压力较大,表现十分悲伤、内疚,因对本病的治疗及预后知识缺乏易出现焦虑、恐惧等心理变化。

4. 辅助检查

(1)实验室检查:①泡沫试验:取患儿胃液或气道吸引物1ml加95%酒精1ml,震荡15s,静置15min后沿管壁有多层泡沫形成则可除外该病。②卵磷脂/鞘磷脂(L/S)值测定:羊水或气管分泌物测定L/S<2有助于诊断。③血气分析:血pH和动脉血氧分压降低,动脉二氧化碳分压增高,碳酸氢根减少,是该病常见改变。

(2)X线检查:是目前确诊呼吸窘迫综合征的最佳方法。X线片有特征性表现:毛玻璃样改变、支气管充气征,重者呈"白肺"。

(3)超声波检查:彩色多普勒超声有助于动脉导管开放的确定。

二、治疗原则

1. 一般治疗

(1)保温:放置在辐射床或暖箱内保持体温在36.5℃。

(2)保证液体和营养供应:第1天5%或10%葡萄糖液65~75ml/kg,以后逐渐增加,液体量不宜过多,以防动脉导管开放甚至发生肺水肿。

(3)抗生素:原则上不主张使用,若合并感染选择敏感的抗生素。

2. 氧疗和辅助通气 根据病情采取吸氧、持续呼吸道正压(CPAP)和常频机械通气等方法。

3. PS替代疗法 可明显降低该病的死亡率和气胸的发生率,同时可改善肺功能,降低呼吸机参数。

4. 关闭动脉导管 限制液体入量,根据病情采用吲哚美辛等药物促进导管关闭或手术结扎。

三、护理问题

1. 自主呼吸受损 与PS缺乏导致肺泡萎陷和进行性肺不张有关。

2. 气体交换受损　与 PS 缺乏引起肺透明膜形成有关。
3. 营养失调　与摄入量不足有关。
4. 有感染的危险　与机体免疫力低下有关。
5. 有潜在的危险　动脉导管开放。

四、护 理 措 施

1. 一般护理　维持中性环境温度,减少氧耗和不必要的干扰,维持相对湿度在 60% 左右,供给足够的能量和水分。输液时注意避免液体量过多、速度过快发生动脉导管开放。

2. 严密观察病情　监测体温、呼吸、心率、血氧饱和度等,认真做好病情记录,并随时进行再评估。使用 PS 后可造成动脉导管开放,需密切注意其呼吸、循环状况,如发生心力衰竭和肺水肿应及时通知医生处理。

3. 改善呼吸功能

(1)维持有效呼吸:及时清理呼吸道分泌物,每 2h 翻身 1 次,必要时采取湿化或雾化吸入后及时吸痰,保持呼吸道通畅。气管内滴入 PS 后 4~6h 禁止气道内吸引。

(2)供氧及辅助呼吸:根据发绀程度及血气分析结果,选择用氧方法及用氧量,维持血氧分压 50~80mmHg 和经皮血氧饱和度 90%~95% 为宜。

4. 预防感染　保持室内空气清新,严格执行无菌操作,遵医嘱给予抗生素预防肺内感染。

5. 健康教育

(1)预防早产

(2)促进胎肺成熟:对孕 24~34 周需提前分娩或有早产迹象的胎儿,出生前 7d 至出生前 24h 给孕母肌注地塞米松或倍他米松。

(3)预防应用 PS:胎龄<30~32 周的早产儿,于生后 30min 内应用,若条件不允许也应争取 24h 内应用。

讨论与思考

1. 列表比较足月儿与早产儿的外观特征。
2. 比较新生儿缺氧缺血性脑病轻、中、重度的临床特点。
3. 新生儿生理性黄疸的临床特点。
4. 颅内出血的病因及护理要点。
5. 低体温儿护理的关键措施是什么?复温有哪些注意事项?
6. 足月新生儿,13d,第一胎,母乳喂养。3d 末出现皮肤、巩膜黄染,精神状态减弱,食纳减少,大便为黄色,小便深黄。查体:心肺未见异常,体温 38.5℃,脐部有脓性分泌物。实验室检查:血白细胞总数增多,并有中毒颗粒;血清胆红素 234μmol/L。

(1)该患儿最可能患的疾病是什么?
(2)最可能导致发病的病因是什么?
(3)对于该患儿的情况,应该采取哪些护理措施?

7. 新生儿呼吸窘迫综合征的病因和治疗原则。

(熊小夏)

第 7 章

消化系统疾病患儿的护理

> **学习要点**
> 1. 小儿消化系统解剖及生理特点
> 2. 比较几种常见口炎的病因、临床表现及护理措施
> 3. 小儿腹泻病的病因、临床表现、辅助检查、护理措施及健康教育
> 4. 小儿体液特点、临床常用液体的配制、液体疗法原则及方法

小儿时期生长发育速度快,对营养的需求高,且小儿消化系统各器官功能发育不成熟,故在小儿时期消化系统发病率较高。请你根据图 7-1 思考小儿消化系统常见疾病有哪些?针对这些疾病我们该如何进行护理?

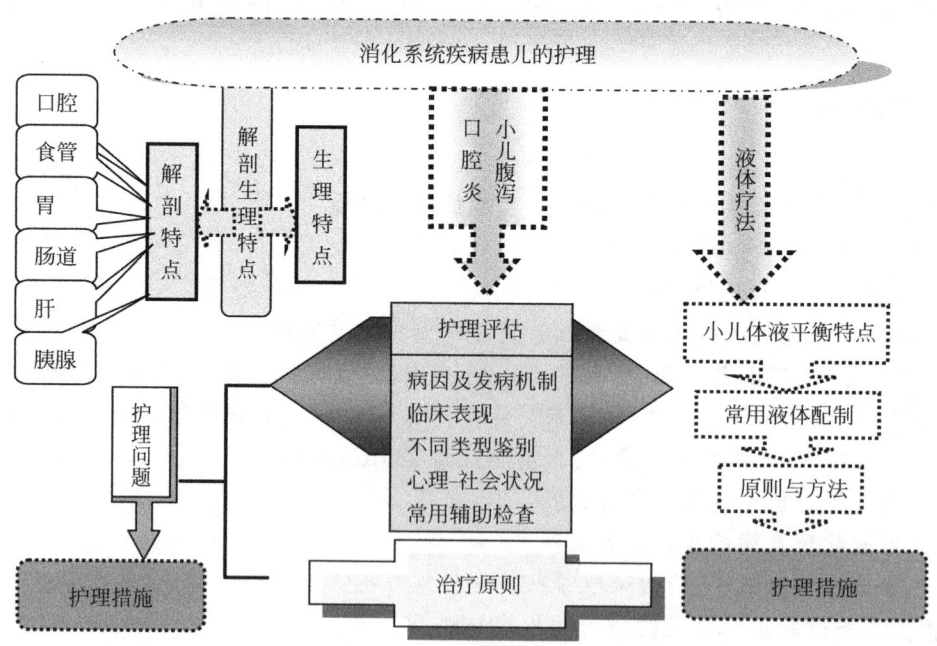

图 7-1 消化系统疾病患儿护理思维导图

第一节 小儿消化系统解剖生理特点

一、口 腔

新生儿在出生时已有舌乳头,舌短而宽,口腔黏膜柔嫩,唇肌、咀嚼肌、两颊部脂肪垫发育良好。足月新生儿出生就具有较好的吸吮吞咽功能,早产儿则较差。3个月内的小婴儿唾液腺发育不成熟,唾液分泌量少,3~4个月时唾液分泌逐渐增多,5~6个月时更为显著,但由于婴儿口底浅,不能及时吞咽,故常出现生理性流涎。

二、食 管

新生儿食管似漏斗状,黏膜纤弱,弹力组织、肌层尚不发达,食管下端贲门括约肌发育不成熟,控制能力较差,常发生胃食管反流,一般在8~10个月时症状消失。新生儿食管长约10cm,1岁时12cm,5岁时约16cm,学龄儿童20~25cm,成人约25cm。新生儿食管具有与成年人相同的3个狭窄部位,其中通过膈部的狭窄相对较窄。

三、胃

婴儿胃呈水平位,贲门括约肌发育差,幽门括约肌发育良好,婴儿常发生胃肠逆向蠕动,易发生溢乳和呕吐。新生儿胃容量为30~60ml,1~3个月90~150ml,1岁时250~300ml,5岁时700~850ml,成人2000ml。由于小婴儿胃容量少,宜少量多次喂服,但由于哺喂后不久幽门即开放,胃内容物逐渐进入十二指肠,故实际哺喂容量多于上述容量。胃排空时间因食物种类不同而异:水为1.5~2h,母乳为2~3h,牛乳为3~4h。早产儿胃排空慢,易发生胃潴留。

四、肠及肠道菌群

婴儿肠道相对成人较长,一般为身长的5~7倍。分泌面积及吸收面积较大,利于消化吸收。肠系膜相对较长且活动度大,易患肠套叠及肠扭转。早产儿肠乳糖酶活性低、肠壁屏障功能差和肠蠕动协调能力差,易发生乳糖吸收不良、全身性感染和功能性肠梗阻。新生儿哺乳后结肠和直肠有细菌繁殖,母乳喂养儿以双歧杆菌为主,人工喂养儿则以大肠埃希菌为主。

五、肝

小儿年龄越小,肝相对越大。正常婴幼儿肝在右肋缘下1~2cm易触及,6岁后肋缘下不能触及。婴儿期肝细胞发育尚未完善,肝功能也不成熟,胆汁分泌较少,影响脂肪的消化、吸收,解毒能力较差。

六、消 化 酶

3个月以下小儿唾液淀粉酶产生较少,6个月以下胰淀粉酶活性较低,1岁接近成人。新生儿胰脂肪酶活性也很低,到6~12个月时才接近成人,故不宜过早喂淀粉类食物。对脂肪和蛋白质的摄入也应有一定比例。

七、婴儿粪便

1. 正常粪便

(1) 胎粪：新生儿于生后 12h 内开始排出胎粪，呈墨绿色，质黏稠，无臭味，持续 2~3d，逐渐过渡为黄色糊状粪便。胎粪是由胎儿肠道脱落的上皮细胞、浓缩的消化液及吞入的羊水组成。如果生后 24h 内无胎粪排出，应报告医生检查有无肛门闭锁等消化道畸形。

(2) 人乳喂养儿粪便：纯人乳喂养儿粪便呈金黄色，均匀糊状，偶有细小乳凝块，不臭，有酸味，每日排 2~4 次。

(3) 牛、羊乳喂养儿粪便：呈淡黄色，较稠，多成形，为碱性或中性，量多，较臭，每日排 1~2 次。添加淀粉或糖类食物可使粪便变软。

(4) 混合喂养儿粪便：母乳加牛乳喂养者粪便与喂牛乳者相似，但比较软、黄。无论何种方法喂养，添加谷类、蛋、肉及蔬菜等辅食后，粪便性状均接近成人。

(5) 生理性腹泻：小儿大便一直为每日 4~6 次，黄绿色稀便，但一般情况良好，生长发育不受影响。无其他不适，属生理性腹泻，添加辅食后自然痊愈。

2. 异常粪便　是指在食物量及种类没有改变的情况下，大便次数突然增加或减少、性状改变等。若大便干结，多因进食蛋白质偏多、淀粉或糖过少或肠蠕动弱、水分吸收过多所致；若大便呈黑色，系肠上部及胃出血或进食大量含铁食物或铁剂药物所致；若大便带血丝，多系肛裂、直肠息肉所致；若大便呈灰白色，则表示胆道梗阻。

> **重点提示**
> 1. 生理性流涎发生在 3~4 个月，5~6 个月时更为显著。
> 2. 6 岁以后在右肋缘下不可触及肝。

第二节　口炎患儿的护理

> **案例分析**
> 病例 1：患儿，女，出生 20d，哭闹后吐奶 1 次，偶尔发现口腔颊部、上腭、咽部等处有灰白色乳凝块样物，不易拭去，拭去后黏膜潮红，来院咨询。
> 病例 2：患儿，女，3 岁，幼儿园托班，体温 37.8℃，口腔颊部成簇的小水疱，左侧颊部有浅表溃疡，上面覆盖有白色膜状物，周围黏膜充血，口唇干裂有小疱疹，颌下淋巴结大。

一、护理评估

1. 病因　口炎是指口腔黏膜的炎症。若病变局限于舌、牙龈、口角亦可称为舌炎、牙龈炎、口角炎等。婴幼儿口腔黏膜柔嫩，血管丰富，唾液腺分泌少，口腔黏膜较干燥，利于微生物的繁殖，易患口炎。常见的口炎有疱疹性口炎（单纯疱疹病毒感染）、溃疡性口炎（链球菌、金黄色葡萄球菌、肺炎链球菌等感染）、鹅口疮（白色念珠菌感染）。本病多见于婴幼儿，可单独发生亦可继发于全身性疾病,如急性感染、腹泻、营养不良、久病体弱及维生素 B 和维生素 C 缺乏等。目前细菌性口炎已很少见,疱疹性及真菌性口炎较常见。不注意口腔卫生或各种疾病导致机体抵抗力下降等因素均可导致口炎的发生。

2. 临床表现

(1)疱疹性口炎:疱疹性口炎为单纯疱疹病毒感染所致,多见于 1~3 岁小儿,全年可发病,无季节性,传染性强,可在托幼机构小流行。从患儿唾液、皮肤病变和大小便中均可分离出疱疹病毒。局部表现为口腔黏膜(牙龈、舌、唇、颊黏膜,有时累及上腭及咽部)早期呈散在或成簇的小水疱,水疱很快破溃形成溃疡,溃疡面覆盖黄白色膜样渗出物,周围绕以红晕,几个小溃疡可融合成较大的溃疡(图 7-2,彩图 9)。全身表现有拒食、流涎、哭闹、烦躁、发热(低热或高热 38~40℃)、颌下淋巴结大。病程长,发热可持续 5~7d,溃疡 10~14d 愈合。

(2)溃疡性口炎:多见于婴幼儿,常发生于急性感染、长期腹泻等抵抗力下降时,口腔不洁有利于细菌繁殖而致病。局部表现为初起时口腔黏膜(各部位都可发生)充血、水肿,继而形成大小不等的糜烂面或浅溃疡,散在或融合成片,表面有纤维性炎性渗出物形成的灰白色假膜,拭去后留有溢血的糜烂面。全身表现为患儿哭闹、烦躁、拒食、流涎,常有发热,体温可达 39~40℃,颌下淋巴结大。

(3)鹅口疮:鹅口疮又称雪口病,为白色念珠菌感染所致,多见于新生儿和营养不良、腹泻、长期应用广谱抗生素或激素患儿,使用不洁奶具或出生时经产道均可感染。局部表现为口腔黏膜出现白色乳凝块样物,初呈点状或小片状,可逐渐融合成大片,不易擦去,周围无炎症反应,强行拭去可见充血性创面(图 7-3,彩图 10)。患处不痛,不流涎。轻者无全身症状。严重者可累及消化道或呼吸道,引起真菌性肠炎或真菌性肺炎。

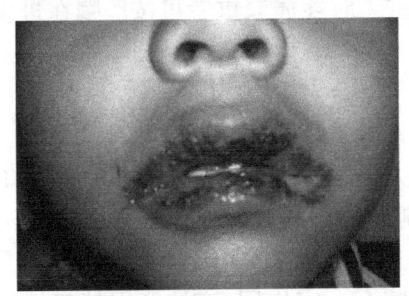

图 7-2 疱疹性口炎

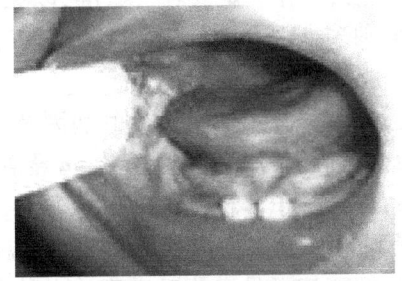

图 7-3 鹅口疮

3. 心理、社会状况 患儿因口腔疼痛哭闹,家长因患儿不能进食而焦急,急于求助解决办法。疱疹性口炎在托幼机构中流行,需要注意其传染性。

二、治 疗 原 则

1. 控制感染 严重者全身用药,但鹅口疮一般不需口服抗真菌药,可口服微生态制剂,纠正肠道菌群失调,抑制真菌生长;疱疹病毒感染可服用清热解毒类中药辅助治疗。

2. 对症治疗 清洗口腔及局部涂药(针对病原体选药)。疱疹性口炎患儿局部涂疱疹净、西瓜霜等;溃疡性口炎患儿选择 3% 过氧化氢溶液或 0.1% 依沙吖啶溶液清洗溃疡面,并涂以 5% 金霉素鱼肝油或冰硼散等;近年来临床使用重组人表皮生长因子(金因肽),可效促进溃疡的愈合；对疼痛较重者可在进食前局部涂 2% 利多卡因。鹅口疮患儿可用 2% 碳酸氢钠清洗口腔，局部涂抹 10 万~20 万 U/ml 制霉菌素鱼肝油混合液。

3. 其他 注意水分及营养的补充。

三、护理问题

1. 口腔黏膜受损 与口腔不洁、抵抗力低下造成感染有关。
2. 疼痛 与口炎症刺激有关。
3. 体温过高 与口腔黏膜感染有关。
4. 知识缺乏 家长缺乏有关口炎的护理及预防知识。

四、护理措施

1. 鼓励患儿多饮水以保持口腔清洁。
2. 根据医嘱局部涂药，以饭后 1h 进行为宜。涂药前应先清洗口腔，然后将纱布或干棉球垫于颊黏膜腮腺管口或舌系带两侧以隔断唾液，用干棉球吸干溃疡表面后再涂药。涂药后嘱患儿闭口 10min 再去除棉球或纱布，并叮嘱患儿勿立即漱口、饮水或进食。
3. 防止继发感染及交叉感染。护理人员为患儿口腔护理前后要洗手，患儿的食具、玩具、毛巾等都要及时消毒，鹅口疮患儿使用过的奶瓶、水瓶及奶头应放于 5% 碳酸氢钠溶液浸泡 30min 后洗净再煮沸消毒，哺乳妇女的内衣要每天更换并清洗。疱疹性口炎具有较强的传染性，应注意隔离，以防传染。
4. 饮食以微温或凉的流质为宜，避免酸、咸、辣、热、粗、硬等刺激性食物。在清洁口腔及局部涂药时，动作一定要轻、快、准，以免使患儿疼痛加重。对疼痛较重者可按医嘱在进食前局部涂 2% 利多卡因。
5. 健康指导

(1) 向家长介绍口炎发生的病因及预防要点。

(2) 解释勤喂温开水的意义，指导清洁口腔的操作方法及要点，嘱年长儿进食后漱口。

(3) 教育孩子养成良好的卫生习惯，不吮指，正确刷牙，指导家长对食具、玩具进行清洁消毒，教育哺乳妇女勤换内衣、喂奶前后应清洗乳头。纠正偏食、挑食等不良习惯。

(4) 解释流涎是患儿对疼痛的一种反应，对清洁口腔有一定作用，应注意保持口腔周围皮肤的干燥，防止出现皮肤湿疹及糜烂。

(5) 强调疱疹性口炎的传染性较强，应与健康儿隔离。

> **重点提示**
>
> 1. 引起的三种类型口炎的不同病原体。
> 2. 三种口炎临床表现的异同点。

第三节 腹泻病患儿的护理

> **案例分析**
>
> 患儿 11 个月,腹泻伴呕吐 2d,大便每日约 20 次,量多,呈水样。1d 来出现尿少、烦躁不安、腹胀。体检:体温 38.2℃,脉率 146/min,呼吸 48/min,患儿嗜睡,面色苍白,口唇呈樱桃红色,皮肤弹性减弱,前囟及眼窝明显凹陷,口腔黏膜干燥;心音低钝,肠鸣音弱。粪常规检查示白细胞(+),血液生化检查示钠 136mmol/L,钾 3.0mmol/L,CO_2CP 19mmol/L。

小儿腹泻也称腹泻病,是由多病原、多因素引起的以腹泻症状为主的一组疾病。主要表现为多次稀便及水、电解质及酸碱平衡紊乱。根据病因分为感染性和非感染性两类,发病年龄多在 2 岁以下。

一、护理评估

1. 病因

(1)易感因素:①婴幼儿消化系统发育不完善,胃酸及消化酶分泌少,且消化酶活性低,不能适应食物量及质的大量变化,容易出现消化道功能紊乱。②小儿生长发育快,需要营养物质相对多,且婴儿食物以液体为主,水的进出量多,消化道负担重。③胃肠道防御功能较差,加之婴儿血清免疫球蛋白 IgG、IgA 和胃肠道 SIgA 均较低,对感染的防御能力差。④肠道菌群失调。新生儿生后尚未建立正常肠道菌群;婴幼儿改变饮食使肠道内环境改变或使用广谱抗生素可使肠道正常菌群失调,引起肠道感染。⑤人工喂养。牛乳等动物乳类中缺乏母乳中含有的抗感染物质,且人工喂养的食具极易被污染,故人工喂养儿肠道感染发生率明显高于母乳喂养儿。

(2)感染因素:引起婴儿腹泻病的主要病因是病毒、真菌、细菌、寄生虫等的感染,占 85%以上,又分肠道内感染和肠道外感染。肠道内病毒感染以轮状病毒引起秋季腹泻最常见,其次有埃可病毒、柯萨奇病毒、冠状病毒、腺病毒等;大肠埃希菌是引起夏季腹泻的主要病原,可分 5 种类型、致病性大肠埃希菌、产毒性大肠埃希菌、侵袭性大肠埃希菌、出血性大肠埃希菌和黏附聚集性大肠埃希菌,还有其他细菌如空肠弯曲菌、耶尔森菌、沙门菌属、金黄色葡萄球菌等。肠道外感染如肺炎等疾病,可由于发热及病原体毒素作用而导致腹泻。

(3)非感染因素:非感染因素主要有饮食不当引起的食饵性腹泻、过敏性腹泻;乳糖酶、双糖酶缺乏或气候突然变化等因素所致腹泻等。

> **重点提示**
>
> 轮状病毒是引起秋季腹泻的最主要病原体。

2. 发病机制

(1)感染性腹泻:病原体侵入机体内,肠黏膜发生充血、水肿、炎症细胞浸润、溃疡和渗出等病变,使食物的消化、吸收发生障碍,未消化的食物被细菌分解(腐败、发酵),其产物造成肠蠕动亢进及肠腔内渗透压升高引起腹泻。另外,病原体产生毒素,使小肠液分泌增加,超过了结肠的吸收能力导致腹泻。腹泻后丢失大量的水和电解质,引起脱水、酸中毒及电解质紊乱。

(2)非感染性腹泻:当摄入食物的量过多或食物的质发生改变,食物不能被充分消化吸收而堆积于小肠上部,使局部酸度减低,肠道下部细菌上移和繁殖,使未消化的食物发生腐败和发酵造成消化功能紊乱、肠蠕动亢进,引起腹泻、脱水、电解质紊乱。

3. 临床表现　根据病程可分为急性腹泻(病程在2周以内)、迁延性腹泻(病程在2周至2个月)和慢性腹泻(病程在2个月以上);根据病情分为轻型(无脱水及中毒症状)、中型(轻、中度脱水或有轻度中毒症状)及重型(脱水或有中毒症状)腹泻。轻型腹泻多为肠道外感染、饮食、气候等因素引起;中、重型腹泻多为肠道内感染引起。肠道内感染性腹泻临床又称肠炎。

(1)腹泻病的症状、体征:①胃肠道症状:轻型腹泻患儿有食欲缺乏,偶有呕吐,大便每日达数次或10余次,一般呈黄色或黄绿色,稀薄或带水,有酸臭味,可有奶瓣或混有少量黏液;中、重型腹泻患儿常有呕吐,严重者可吐出咖啡渣样液体,每日大便可达数次至数十次,每次量较多,呈蛋花汤或水样,可有少量黏液。侵袭性大肠埃希菌、空肠弯曲菌引起者大便呈脓血样;出血性大肠埃希菌引起者大便可由水样转为血性。②全身中毒症状:轻型腹泻患儿偶有低热,中、重型腹泻患儿有发热、精神萎靡或烦躁不安、意识朦胧甚至昏迷等。③水、电解质和酸、碱平衡紊乱表现。a. 脱水:主要为口渴、眼窝及前囟凹陷、眼泪及尿量减少、黏膜及皮肤干燥、皮肤弹性减弱、烦躁、嗜睡甚至昏迷、休克等。脱水程度分为轻、中、重3种,见图7-4。由于水和电解质丢失的比例不同而引起体液渗透压改变,导致等渗性、低渗性和高渗性3种不同性质的脱水。b. 代谢性酸中毒:临床将酸中毒分为轻、中、重三度。轻度酸中毒仅表现为呼吸稍快;中、重度酸中毒表现为口唇樱桃红色或发绀,呼吸深快,精神萎靡或烦躁不安、嗜睡甚至昏迷。c. 低钾血症:由于胃肠分泌液中含钾较多,呕吐、腹泻时大量丢失钾;进食减少,钾摄入不足;肾脏的保钾功能比保钠差,故腹泻时患儿多有不同程度的低钾,尤其是腹泻时间长和营养不良的患儿。低钾血症的主要表现有神经和肌肉兴奋性降低、精神萎靡、腱反射减弱或消失、腹胀、

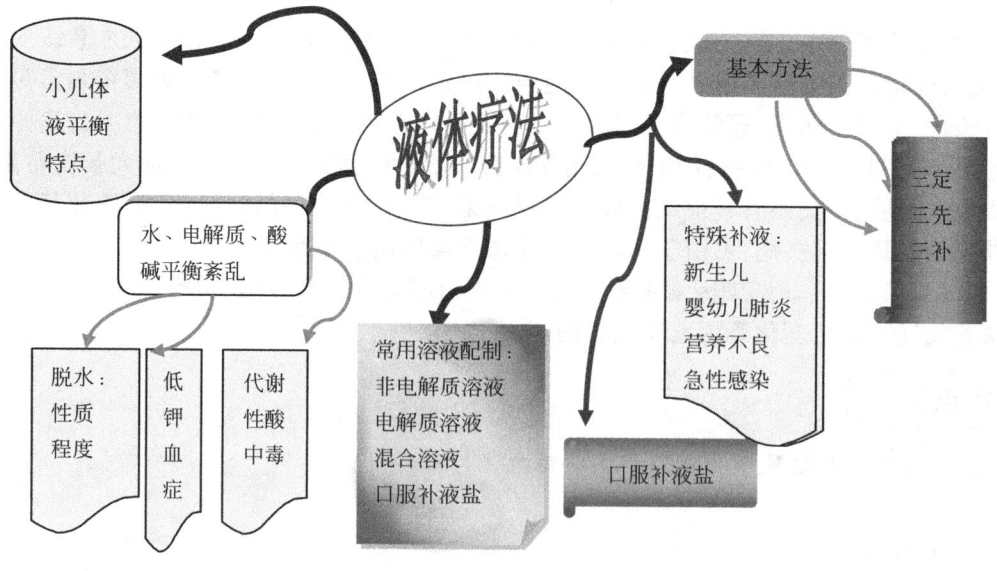

图7-4　脱水

肠鸣音减弱甚至肠麻痹、心音低钝、心律失常等。心电图示 T 波改变、ST 段下降出现 U 波。d. 低钙和低镁血症:腹泻患儿进食少,吸收不良,又从大便丢失钙、镁,可致体内钙、镁减少,但一般不严重。腹泻较久或合并活动性佝偻病的患儿血钙较低,但在脱水和酸中毒时,由于血液浓缩和离子钙增加,可不出现低钙表现,在脱水和酸中毒被纠正后,离子钙减少,出现低钙症状。低钙血症表现为抽搐或惊厥等;极少数患儿经补钙后症状仍不好转,应考虑为低镁血症,表现为手足震颤、手足搐搦或惊厥。

(2)几种肠炎的临床特点:①轮状病毒肠炎:秋、冬季流行,多见于 6~24 个月的婴幼儿,潜伏期 1~3d,起病较急,常伴有发热、呕吐、上呼吸道感染症状,一般无明显中毒症状。大便每日几次到几十次,量多,呈黄色水样或蛋花汤样,无腥臭味,常伴有脱水酸中毒。本病有自限性,病程为 3~8d。大便检查偶见少量白细胞,可做轮状病毒抗原检测。②大肠埃希菌肠炎:多发生在 5~8 月气温较高的季节,腹泻频繁,大便呈蛋花汤样,腥臭,有较多黏液。全身中毒症状较明显,可发生水、电解质紊乱,酸中毒。大便镜检有较多白细胞,甚至红细胞。③空肠弯曲杆菌肠炎:多发生在夏季,多见于 6~24 个月婴幼儿,经口传播。可有发热、腹痛、头痛,大便次数增多,可出现水样便、黏冻样或脓血便,有腥臭味。可出现脱水、酸中毒。发热多在数日内缓解,腹泻一般持续 1~10d。镜检可见大量白细胞和数量不等的红细胞。④生理性腹泻:多见于 6 个月以内的婴儿,外观虚胖,常见湿疹。生后不久即腹泻,但除大便次数增多外,小儿食欲、精神好,体重增长满意,不影响生长发育。添加辅食后,大便逐渐转为正常。⑤饥饿性腹泻:患儿常因饥饿而哭闹,患儿的粪便量较少,水分不多。逐渐增加饮食,大便可转为正常。

4. **心理、社会状况评估** 包括:家长对疾病的认识程度,是否缺乏对喂养、疾病护理方面的知识,对疾病担心、焦虑恐惧程度。评估患儿对住院的心理反应,分离性焦虑的程度等。

5. **辅助检查**

(1)粪便检查:轻型腹泻患儿粪便镜检可见大量脂肪球;中、重型腹泻患儿粪便镜检可见大量白细胞,有些可有不同数量的红细胞。粪便细菌培养可进行病原学检查。

(2)血液生化检查:血钠的浓度因不同性质脱水而异,血清钾、钙在脱水纠正后可下降。二氧化碳结合力可降低。

> **重点提示**
>
> 1. 临床最多见等渗性脱水。
> 2. 重症低渗性脱水可出现血压下降、休克、嗜睡、昏迷或惊厥。
> 3. 高渗性脱水临床较少见,主要表现为口渴、高热、烦躁、惊厥、肌张力增强等。
> 4. 临床上腹泻患儿发生低血钾往往在纠正脱水和酸中毒后发生。

二、治 疗 原 则

1. **调整饮食** 腹泻期间除严重呕吐患儿暂禁食(不禁水)4~6h 外,均应强调继续饮食,满足生理需要,补充疾病消耗,以缩短腹泻后的康复时间。但饮食需要调整,适应患儿的消化吸收功能,采取循序渐进的原则,并适当补充微量元素和维生素。

2. **控制感染** 合理使用抗生素,水样便一般不用抗生素,黏液便、脓血便可选用抗生素,选择喹诺酮类、黄连素、呋喃唑酮、第三代头孢菌素及氧头孢烯类(如头孢噻肟、头孢唑肟、头孢曲松、拉氧头孢等)等。

3. **纠正水和电解质紊乱** 口服补液用于轻、中度脱水患儿。静脉补液用于中、重度脱水及吐泻频繁或腹胀的患儿。

4. **微生态疗法** 可口服双歧三联活菌(培菲康)、双歧杆菌活菌胶囊(丽珠肠乐)、金双歧、促菌生、整肠生、乳酶生等。

5. **肠黏膜保护药** 适用于急性水样便腹泻(病毒性或产毒素细菌性),对迁延与慢性腹泻也有一定效果。蒙托石散(思密达)口服,其作用主要是服用后,可在胃肠黏膜上形成一层均匀的保护膜,吸附病原体及毒素,而后随肠蠕动排出体外,本身不被吸收,不影响其他药物的利用。

腹泻病患儿厌氧菌大量减少,致使肠道菌群严重失调和紊乱,原屏障和免疫等作用削弱,使腹泻不易治愈。而微生态制剂的应用主要是补充大量活性菌(常用有双歧杆菌、乳酸杆菌等)。其中双歧杆菌制剂应列为首选。微生态疗法的作用是恢复肠道正常菌群,重建肠道天然生物屏障,保护作用使肠道菌群趋于平衡。

三、护 理 问 题

1. **腹泻** 与饮食不当、消化道感染、消化道功能紊乱等有关。
2. **体液不足或有体液不足的危险** 与呕吐、腹泻体液丢失过多及摄入不足有关。
3. **营养失调,低于机体需要量** 与呕吐、腹泻进食少有关。
4. **有皮肤完整性受损的危险** 与大便对臀部皮肤刺激有关。
5. **潜在并发症** 电解质紊乱。
6. **知识缺乏** 家长缺乏有关腹泻病的护理及预防知识。

四、护 理 措 施

1. **调整饮食** 停止食用可能被污染的食物以及可能引起消化不良及过敏的食物。对轻型腹泻患儿可继续进食其日常饮食,暂停添加辅食,可喂等量米汤、稀释牛奶、米粥或面条,少量多餐。病毒性肠炎患儿有双糖酶(主要是乳糖酶)缺乏,改为豆制代乳品或发酵乳。腹泻停止后继续给予营养丰富的饮食,每天加餐1次,共2周,以便赶上正常生长。营养不良、慢性腹泻恢复期需更长时间。

2. **按照医嘱补充液体,纠正脱水** 开放静脉通道,保证液体按计划输入是纠正脱水症状的关键,输液速度过快易发生心力衰竭及急性肺水肿,速度过慢脱水不能及时纠正。及时记录第1次排尿时间,排大便次数、性状、腹泻量及24h出入量,根据患儿具体情况,调整液体入量及速度。补液中应密切观察患儿皮肤弹性、前囟、眼窝凹陷情况及尿量,若输液合理,一般3~4h应排尿,表明血容量恢复。若24h患儿皮肤弹性及眼窝凹陷恢复,说明脱水已纠正。若尿量多而脱水未纠正,说明输入的液体中葡萄糖液比例过高,若输液后出现眼睑水肿,说明电解质溶液比例过高。补液后密切观察患儿的精神、肌张力及腱反射等变化,注意有无低钾血症或低钙血症的表现。

3. **防止交叉感染** 做好消毒隔离,最好与其他小儿分室居住;食具、衣物、尿布应专用;护理患儿前后要洗手;被腹泻患儿的粪便污染的衣、被进行消毒处理,防止交叉感染。

4. **臀部护理** 选用清洁、柔软的尿布,避免使用塑料布包裹,注意及时更换,每次便后用温水清洗臀部,蘸干,涂油,保持会阴部及肛周皮肤干燥,预防臀红。局部发现有渗出或有潜在溃疡者,可采用烤灯、理疗促使创面干燥愈合(参见第4章第三节臀红护理法)。

5. 用药护理

(1)服用 ORS 液的患儿,应注意均匀喂服,不可1次大量快速口服。应按医嘱要求配置,服用后观察患儿,如出现眼睑水肿应停止继续口服,改为饮用白开水。

(2)在服用微生态制剂如双歧三联活菌、双歧杆菌活菌胶囊、金双歧、促菌生、整肠生、乳酶生、妈咪爱等时,注意避开抗生素使用时间,一般抗生素如青霉素半衰期平均为1~2h,头孢曲松半衰期平均为8~12h。因此,应用微生态制剂时,应与抗生素间隔至少2h以上。

(3)应用消化道黏膜保护剂蒙脱石散时,在时间上不能和其他药物同时服用,以防其他药物被吸附,从而起不到治疗的作用,应在两餐间空腹服用,目的是更好地吸附在胃肠黏膜上以发挥作用。

6. 对症处理

(1)眼部护理:重度脱水患儿泪液减少,结膜干燥,昏迷病人眼睑不能闭合,角膜暴露容易受伤引起感染。可用生理盐水浸润角膜,点眼药膏、眼罩覆盖。

(2)发热的护理:监测体温变化,体温过高应给予物理或药物降温,应及时擦干汗液,更换潮湿衣被,多饮水,做好口腔及皮肤护理。

(3)腹痛护理:可轻轻按摩患儿腹部,做好腹部保暖或热敷,转移患儿注意力,严重者可按照医嘱应用解痉、镇痛药物。

7. 健康指导

(1)根据家长的文化程度及理解能力介绍婴儿腹泻的病因、转归和护理要点。在补液、饮食、用药、护理等方面应耐心宣教。讲解预防本病的要点,鼓励母乳喂养。

(2)指导家长注意患儿的臀部清洁,以免粪便刺激皮肤造成臀红等。指导家长观察患儿病情变化的方法,如注意患儿尿量、眼窝及前囟的凹陷、皮肤弹性等变化,以便与医护人员配合。

(3)指导不住院患儿的家长做好家庭护理,介绍预防患儿脱水的方法,指导口服补液盐的配制、喂养方法和注意事项。

(4)嘱咐家长在患儿出院后要注意饮食卫生、合理喂养,气候变化时要注意小儿保暖。切忌随便给小儿服用抗菌药物,以免造成肠道菌群失调而引起肠炎迁延不愈。

(5)用药指导:指导家长 ORS 液应均匀喂服,并同时饮用白开水。服用微生态制剂要避开抗生素使用时间,至少间隔2h以上。讲解消化道黏膜保护药的作用及注意事项,思密达应在两餐之间空腹服用。

第四节 小儿体液平衡特点和液体疗法

一、小儿体液平衡的特点

(一)体液总量与分布

体液分布于两个区,细胞内液和细胞外液,后者分为血浆及间质液两部分。各区间可互相交换,但又保持各自相对的平衡。年龄越小,体液总量占体重的百分比越高,新生儿体液占体重的78%,婴儿占70%,2~14岁占65%,成人占55%~60%。主要是间质液比例较高,血浆、细胞内液占体重的比例则与成人相近(表7-1)。

表7-1 不同年龄的体液分布(占体重的百分比)

年龄	细胞内液(%)	细胞外液(%)		体液总量(%)
		间质液	血浆	
新生儿	35	37	6	78
~1岁	40	25	5	70
2~14岁	40	20	5	65
成人	40~45	10~15	5	55~60

(二)体液的电解质成分特点

细胞外液的电解质以 Na^+、Cl^-、HCO_3^- 等为主,其中 Na^+ 占阳离子总量90%以上,对维持细胞外液的渗透压起主导作用。细胞内液以 K^+、Mg^{2+}、HPO_4^{2-} 和蛋白质等离子为主,K^+ 是维持细胞内液渗透压的主要离子。

小儿体液电解质成分与成人相似。新生儿生后数日血钾、氯和磷偏高,血钠、钙和碳酸氢盐偏低。

(三)水的交换

正常人体液保持动态平衡,每日需水量与能量消耗成正比,小儿因生长发育的需要,能量与水的需要量按体重计算较成人高。

1. **小儿水代谢旺盛** 婴儿每日水的交换量约等于细胞外液的1/2,而成人仅为1/7,婴幼儿水交换率比成人快3~4倍,所以小儿较成人对缺水的耐受力差,容易发生脱水。

2. **不显性失水多** 小儿生长发育快,新陈代谢旺盛,不显性失水也较多,按体重计算约为成人的2倍。

3. **消化液分泌吸收量大** 正常人每天分泌大量消化液,其中绝大部分被再吸收,仅有少量由粪便排出。年龄越小,消化液的分泌与再吸收越快,一旦出现消化功能障碍,极易出现水和电解质紊乱。

4. **肾调节能力差** 年龄越小,肾调节能力越差,其浓缩、稀释功能、酸化尿液和保留碱基的能力均较低,易发生水、电解质、酸碱平衡紊乱。因此,婴儿补液时更应注意补液量和速度,并根据病情的变化、尿量、尿比重等调节输液方案。

> **重点提示**
> 1. 小儿年龄越小,体液总量占体重的百分比越高,主要是间质液比例较高。
> 2. 新生儿生后数日血钾、氯和磷偏高,血钠、钙和碳酸氢盐偏低。
> 3. 婴儿每日水的交换量约等于细胞外液的1/2,水交换率比成人快3~4倍。

二、脱 水

脱水是指由于水的摄入不足和(或)损失过多所致体液总量尤其是细胞外液量的减少,除丧失水分外,同时伴有钠、钾和其他电解质的丢失。

(一) 脱水程度

指因疾病造成体液的累积损失量,一般分为三度,轻度脱水指失水占体重的5%以下,即50ml/kg以下;中度脱水指失水占体重的5%~10%,即50~100ml/kg;重度脱水指失水占体重的10%以上,即100~120ml/kg。失水超过12%时约失去细胞外液的50%,若超过15%基本不能存活。临床上根据前囟及眼窝凹陷、皮肤弹性、循环情况及尿量估计脱水程度(表7-2)。

表 7-2 脱水的程度

	轻度	中度	重度
精神	稍差	萎靡、烦躁	表情淡漠、昏睡或昏迷
眼泪	少	明显减少	无
前囟、眼窝	稍凹陷	明显凹陷	深陷
皮肤	干燥、弹性可	干燥、弹性差	干燥、弹性极差
尿量	稍减少	明显减少	极少或无
末梢血循环	正常	四肢稍凉	四肢厥冷
心率	正常	快	快、弱
血压	正常	正常或稍低	血压下降
体重减少	<5%	5%~10%	>10%

(二) 脱水的性质

不同原因引起的脱水,使水、电解质丢失的比例不同,导致体液渗透压的改变不同。钠是构成细胞外液渗透压的主要成分,一般以血清钠的浓度将脱水分为等渗性脱水、低渗性脱水和高渗性脱水三种。临床上以等渗性脱水最常见;其次是低渗性脱水,高渗性脱水少见。在失水相同的情况下低渗性脱水表现较重,除有一般脱水体征外,易出现外周循环衰竭。不同性质脱水的临床特点见表7-3。

表 7-3 不同性质脱水的临床特点

	低渗性脱水	等渗性脱水	高渗性脱水
血清钠浓度(mmol/L)	<130	130~150	>150
口渴	不明显	明显	极明显
皮肤弹性	极差	稍差	尚可
血压	明显下降	下降	正常或稍低
神志	嗜睡或昏迷	精神萎靡	烦躁,易惊厥

三、液体疗法常用的溶液及其配制

(一)非电解质溶液

常用的非电解质溶液有5%的葡萄糖溶液和10%的葡萄糖溶液,主要供给水分和热量。5%的葡萄糖溶液为等渗液,10%的葡萄糖溶液为高渗液,但输入体内后不久葡萄糖被氧化成二氧化碳和水,同时供给能量,或转变成糖原储存于肝内,不起到维持血浆渗透压的作用。

(二)电解质溶液

主要用于补充损失的液体、电解质和纠正酸、碱失衡。

1. 生理盐水(0.9%氯化钠溶液) 为等渗液,常与其他液体混合后使用,其含Na^+和含Cl^-量各为154mmol/L,Na^+接近于血浆浓度(142mmol/L),Cl^-高于血浆浓度(103mmol/L),输入过多可使血氯过高,尤其在严重脱水酸中毒或肾功能不佳时,有加重酸中毒的危险,故临床常以2份生理盐水和1份1.4%碳酸氢钠混合,使其Na^+与Cl^-之比为3∶2,与血浆中钠氯之比相近。

2. 高渗氯化钠溶液 常用的有3%的氯化钠溶液和10%的氯化钠溶液,均为高浓度电解质溶液,3%的氯化钠溶液用以纠正低钠血症,10%的氯化钠溶液用于配制各种混合液。

3. 碱性溶液 用于纠正酸中毒。

(1)碳酸氢钠溶液:可直接增加缓冲碱,纠正酸中毒作用迅速,是治疗代谢性酸中毒的首选药物。1.4%的溶液为等渗液,市售5%的碳酸氢钠溶液为3.5张液,为方便起见,一般临床按3张液计算,用10%的葡萄糖稀释为等渗液使用。在紧急抢救酸中毒时也可直接静脉推注。

(2)乳酸钠:需在有氧的条件下经肝代谢产生HCO_3^-而起缓冲作用,显效较慢,在休克、缺氧、肝功能不全、新生儿或乳酸潴留性酸中毒时不宜使用。1.87%的乳酸钠溶液为等渗液。

4. 氯化钾溶液 用于补充缺钾、生理需要和继续丢失的钾。常用的有10%的氯化钾溶液和15%的氯化钾溶液,均不能直接应用,须稀释成0.15%~0.3%的溶液静脉滴注,含钾溶液不能静脉推注,注入速度过快可发生心肌抑制而死亡。

(三)混合溶液

为适应临床不同情况的需要,将几种溶液按一定比例配制成不同的混合液,以互补其不足。常用混合液的组成见表7-4。

表7-4 几种常用混合液的组成

混合溶液	生理盐水	5%~10%葡萄糖	1.4%碳酸氢钠 (1.87%乳酸钠)	张力	应用
1∶1	1	1	—	1/2	轻、中度等渗脱水
2∶1	2	—	1	等张	低渗或重度脱水
2∶3∶1	2	3	1	1/2	轻、中度等渗脱水
4∶3∶2	4	3	2	2/3	中度、低渗脱水
1∶2	1	2	—	1/3	高渗性脱水
1∶4	1	4	—	1/5	生理需要

(四)口服补液盐

简称 ORS 液,是世界卫生组织(WHO)1971 年推荐用于治疗急性腹泻合并脱水的一种溶液。它由氯化钠 3.5g、碳酸氢钠 2.5g、氯化钾 1.5g、葡萄糖 20g,加温水至 1000ml 配制而成。此口服液是 2/3 张溶液,钾浓度为 0.15%,适于补充累积损失及继续损失量,使用方便,适用于能口服的轻、中度脱水病儿。对呕吐频繁、脱水较重的病儿仍须行静脉补液。

> **重点提示**
>
> 口服补液盐Ⅲ。

2006 年 WHO 正式推荐使用新一代 ORS 配方,以替代原来的 ORS。由于新配方含有较少的葡萄糖和钠,可使溶液在小肠迅速吸收。新配方的成分为:氯化钠 2.6g、无水葡萄糖 13.5g、氯化钾 1.5g、二水柠檬酸三钠 2.9g,加水至 1 000ml,其渗透压为 1/2 张。

四、液体疗法

液体疗法的目的是纠正水、电解质和酸碱平衡紊乱,以恢复机体的正常生理功能。补液方案应根据病史、临床表现及必要的实验室检查结果,综合分析水和电解质紊乱的程度、性质而定。基本方法为三定:定量、定性、定速;三先:先快后慢、先盐后糖、先浓后淡;三补:见酸补碱、见尿补钾、防惊补钙或镁。

(一)口服补液

累积损失量计算:轻度脱水给予 50~80ml/kg,中度脱水 80~100ml/kg,于 4~6h 均匀喂服。继续损失量根据排便次数和量而定,一般按排便量的 1/2 给予。

(二)静脉补液

1. **定输液量(定量)** 首先确定补液的总量,第 1 天补液总量包括补充累积损失量、继续损失量及供给生理需要量 3 个方面。

(1)累积损失量:累积损失量是指自发病到补液时所损失的水和电解质的量。要根据脱水程度而定,原则上婴幼儿轻度脱水补液应<50ml/kg,中度脱水补 50~100ml/kg,重度脱水补 100~120ml/kg。实际应用时先按上述量的 2/3 给予,学龄前儿童及学龄儿童应酌减 1/4~1/3。

(2)继续损失量:继续损失量是指补液开始后继续丢失的液体量,如因继续呕吐、腹泻引起的损失液体。

(3)生理需要量:供给基础代谢需要的热量婴儿需 209kJ(50kcal)/(kg·d),需水 60~80ml/(kg·d),实际用量应除去口服部分。

在实际补液过程中,要对以上三部分需要进行综合分析,对腹泻丢失体液引起脱水的补液量。以三部分合计,补液总量为轻度脱水 90~120ml/kg,中度脱水 120~150ml/kg,重度脱水 150~180ml/kg,并根据治疗效果随时进行调整。

第 2 天补液主要补充继续丢失和生理需要量。

2. **定输液种类(定性)** 为脱水患儿补充何种液体要根据脱水的性质而定。一般情况下是低渗脱水补 2/3 张含钠液,等渗脱水补 1/2 张含钠液,高渗脱水补 1/3 张含钠液。如临床判断脱水性质有困难,可先按等渗脱水处理,同时应测血钠、钾、氯含量,以确定脱水性质,指导补液。补充继续损失量一般用 1/3~1/2 张含钠液。生理需要量用 1/5~1/4 张含钠液。

3. 定输液速度(定速) 补液种类与补液量决定后,补液的速度与顺序取决于脱水的程度,原则上先快后慢。一般累计损失量(约为补液总量的1/2)应于8~12h补足,滴速约为每小时8~10ml/kg。重度脱水伴有周围循环衰竭者应首先静脉推注或静脉快速滴入2:1等张含钠液20ml/kg,总量不超过300ml,于30~60min静脉输入,以扩充血容量,改善血循环和肾功能。继续损失量和生理需要量在后12~16h内输入。滴速为每小时约5ml/kg。在补液过程中还要随时根据患儿病情的变化调节输液速度。

4. 纠正酸中毒 轻度酸中毒经补液后,随着循环情况及肾功能的改善而恢复,中度以上酸中毒则需要另给碱性溶液才能纠正。5%碳酸氢钠1ml/kg或11.2%乳酸钠0.5ml/kg可提高 CO_2CP 1mmol/L。一般先按总需要量的1/3~1/2给予静脉滴注,给药4h后复查血气分析,随时调整剂量。

5. 纠正低血钾 补钾应在有尿情况下进行,每日氯化钾剂量为3~4mmol/kg,分次口服即可;严重须静脉滴注,液体中钾的浓度不超过0.3%,每日用量的输入时间不应小于6h,切忌静脉推注。

6. 纠正低钙血症或低镁血症 佝偻病或营养不良患儿腹泻脱水补液后应及时补充10%葡萄糖酸钙,加入等量葡萄糖溶液稀释后静脉输入,预防低钙惊厥。若患儿出现震颤、抽搐,输入钙剂无效时考虑低镁血症所致,可补充硫酸镁。

(三)几种常见疾病的补液方法

1. 新生儿补液 新生儿对水、电解质和酸碱平衡的调节功能差,对钠、氯的排泄功能低,易出现水肿和酸中毒,补液时应慎重。新生儿生后几日内血钾偏高,如无明显损失,短期补液可不给钾。除急需扩充血容量者外,新生儿补液速度一般每小时不应超过10ml/kg。不宜把全天的液量在短时间内一次输入。又因新生儿肝功能还不完善,纠正酸中毒时宜用碳酸氢钠,而不用乳酸钠。

2. 肺炎婴幼儿补液 小儿肺炎时因其肺循环阻力大,心脏负担较重,故在一般情况下,应尽量口服补液。若进食不足或不能进食必须静脉补液时,补液量要控制在生理需要量最低值,即60~80ml/kg。电解质浓度不宜过高,速度也要慢,如肺炎合并腹泻的补液原则与婴幼儿腹泻相同,但补液量按计算的3/4补充。

3. 营养不良伴腹泻患儿补液 营养不良时体液平时处于偏低渗状态,呕吐腹泻时多为低渗性脱水。由于皮下脂肪少,在估计脱水程度时多易估计偏高,故补液按体重计算后,应减少总量的1/3为宜,用2/3张含钠液补充。在补液过程中易发生低钾、低钙、低镁,应及时补充。营养不良患儿心功能较差,补液速度应稍慢。为补充热量,预防低血糖,可用10%~15%的葡萄糖溶液配制液体。

五、小儿液体疗法的护理

(一)补液前的准备阶段

1. 补液前全面了解患儿的病史、病情、补液目的及其临床意义。
2. 熟悉常用液体的种类、成分及配制方法。
3. 做好家长工作,取得配合,对于病儿也要做好鼓励与解释,以消除其恐惧心理,不合作病儿加以适当的约束或给予镇静药。

(二)输液过程中的注意事项

1. 按医嘱要求全面安排24h的液体总量,并本着急需先补、先快后慢、先浓后淡、先盐后糖、见尿补钾的原则分批输入。

2. 掌握输液速度,明确每小时应输入量,计算出每分钟输液滴数,并随时观察,防止输液速度过快发生心力衰竭及肺水肿,过慢脱水不能及时纠正,最好使用输液泵调节速度。

3. 认真观察病情,细心做好护理。

(1)观察生命体征:若出现烦躁不安、脉率增快、呼吸加快等,应警惕是否因输液量过多或输液速度太快而发生心力衰竭和肺水肿。

(2)观察脱水情况:注意病儿的神志状态,有无口渴、皮肤黏膜干燥程度,眼窝及前囟凹陷程度,呕吐及腹泻次数及量,及时记录第一次排尿时间及24h出入量,根据病儿情况调整液体入量及速度。比较治疗前后的变化,若输液合理,一般3~4h应排尿,表明血容量恢复;若病儿皮肤弹性及眼窝凹陷恢复,说明脱水已纠正;若尿量多而脱水未纠正,说明输入的液体中葡萄糖溶液比例过高;若输液后出现眼睑水肿,说明电解质溶液比例过高。

(3)观察酸中毒表现:观察病儿精神状态、面色及呼吸改变。注意酸中毒纠正后,由于血浆稀释、离子钙降低,可出现低钙惊厥。预防碱性液体漏出血管外,引起局部组织坏死。

(4)观察低血钾表现:病儿有无肌张力改变,心音低钝或心律不齐,腹胀,腱反射减弱或消失等低血钾表现。补钾时应按照见尿补钾的原则,严格掌握补钾的浓度和速度。

4. 记录液体出入量。液体入量包括24h口服液体和胃肠道外补液量。液体出量包括尿液、粪便、呕吐和引流液的量。补液过程中,记录24h液体出入量,是液体疗法护理的重要工作内容。婴幼儿大小便不易收集,可用"称尿布法"计算液体排出量。

(三)口服补液盐的护理

1. **服用方法** ORS适用于轻、中度脱水而无严重呕吐者。累积损失量按轻度脱水50ml/kg,中度脱水80~100ml/kg,于4~6h均匀喂服;继续损失量根据排便次数和量而定。一般每1~2min喂5ml(约1小勺),稍大的病儿可以用杯子少量多次饮用。若呕吐,可停10min再喂,每2~3min喂5ml。

2. **注意事项** ①服用ORS液期间应让病儿照常饮水,防止高钠血症的发生;②如果患儿眼睑出现水肿,应停止服用ORS液,改用白开水;③新生儿或心功能不全、肾功能不全、休克及明显腹胀者不宜应用ORS液。

重点提示

1. 脱水程度的辨别及不同性质脱水的特点。
2. 等张碱性液的浓度,乳酸钠不是所有人都可以使用。
3. 2:1液的成分、张力及用途。
4. 口服补液盐的成分和张力及服用注意事项。
5. 补液基本方法,即三定、三先、三补原则。
6. 静脉补钾浓度。

讨论与思考

1. 列表比较三种口炎病原体和临床表现的不同。
2. 说说低钾血症的表现和静脉用钾的注意事项。
3. 说说补液的三定、三先、三补原则。
4. 患儿，12个月，因发热、呕吐、腹泻拟"急性感染性腹泻"收治入院。患儿每日大便6~8次，黄色稀水样，量较多，近1日加重，已12h无尿，精神萎靡，意识模糊，呼吸深快，面色苍白，前囟眼窝明显凹陷，四肢发凉，脉搏细弱。化验：血钠128mmol/L，大便镜检偶见少量白细胞。请讨论
   (1) 请说说该患儿脱水的程度和性质。
   (2) 该患儿的护理诊断有哪些？
   (3) 为该患儿补液时的护理措施有哪些？
5. 请说说口服补液盐的配制方法、适用对象、服用方法以及效果观察。

（胡新燕）

第 8 章

呼吸系统疾病患儿的护理

> **学习要点**
> 1. 小儿呼吸系统解剖、生理特点及免疫功能与临床疾病的关系
> 2. 小儿急性上呼吸道感染、急性支气管炎的临床表现及护理措施
> 3. 小儿肺炎的病因及发病机制、临床表现、辅助检查、护理问题及护理措施
> 4. 小儿急性呼吸衰竭的临床特点,熟悉其急救措施

呼吸系统是小儿时期患病率最高的系统,这与其解剖生理及免疫特点密不可分。那么小儿时期呼吸系统易患哪些疾病呢?针对这些疾病儿科护理工作者的护理任务是什么?我们先通过下面的思维导图了解本章的知识体系,然后循着思维导图的指引去寻找答案(图 8-1)。

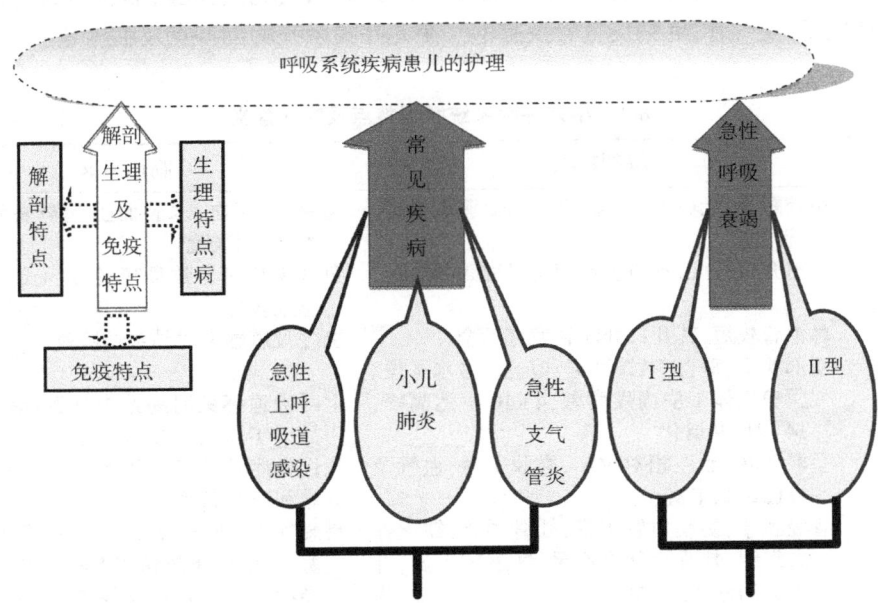

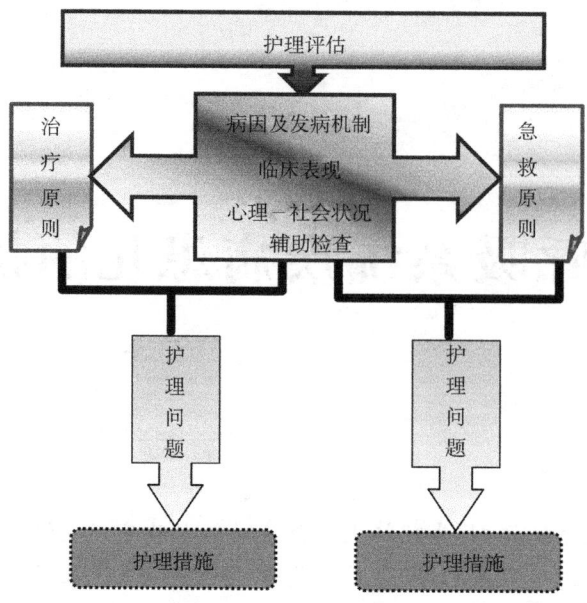

图 8-1 呼吸系统疾病患儿护理思维导图

第一节 小儿呼吸系统解剖生理特点

一、解 剖 特 点

呼吸系统以环状软骨为界分为上、下呼吸道。上呼吸道包括鼻、鼻窦、咽、咽鼓管、会厌及喉,下呼吸道包括气管、支气管、毛细支气管及肺泡。小儿呼吸系统解剖特点及临床意义见表8-1。

表 8-1 小儿呼吸系统解剖特点及临床意义

部位	解剖特点	临床意义
鼻	鼻腔短小、无鼻毛,后鼻道狭窄,黏膜柔嫩,血管丰富	易感染、充血、水肿而引起鼻塞致呼吸困难,影响吸吮
鼻窦	鼻窦开口较大,且鼻窦黏膜与鼻腔黏膜相连	急性炎症时易致鼻窦炎,以上颌窦及筛窦感染多见
鼻泪管	鼻泪管较短,其开口处瓣膜发育不全	上呼吸道感染时易致结膜炎
咽	咽部狭窄、垂直,咽鼓管宽、短、直、呈水平位。腭扁桃体1岁内发育差,4~10岁达高峰,14岁后渐退化	上呼吸道感染时易致中耳炎;扁桃体炎多见于年长儿,1岁内少见
喉	呈漏斗状,喉腔相对狭窄,黏膜柔嫩,血管及淋巴组织丰富	急性炎症时喉部充血、水肿,易引起呼吸困难和声音嘶哑
气管、支气管	管腔狭窄,黏膜血管丰富,软骨柔软,缺乏弹力组织;黏液腺分泌不足,气道较干燥,纤毛运动差,清除能力弱。右支气管粗短,为气管的直接延伸	易患气管、支气管炎,并易引起呼吸道阻塞;感染后痰液黏稠不易咳出;发生气管异物时易进入右支气管,引起右肺不张和肺炎

续表

部位	解剖特点	临床意义
肺	肺弹力组织发育差,血管丰富,毛细血管及淋巴组织之间间隙较成人宽,间质发育旺盛;肺泡小且数量少,肺含血量多而含气量少	肺部易感染,易引起间质性炎症、肺不张或肺气肿
胸廓、纵隔	胸廓呈桶状,肋骨水平位;膈肌位置较高,胸腔较小而肺相对较大,呼吸肌发育差;纵隔相对较大且周围组织松软、富有弹性	肺扩张受一定限制,不能充分通气和换气,患病时易发生呼吸困难而出现缺氧、发绀;胸腔积液或积气时易致纵隔移位

二、生 理 特 点

(一)呼吸频率和节律

小儿代谢旺盛,需氧量高,因其解剖特点使其肺活量受到一定限制,只能通过加快呼吸频率来满足生理需要,故年龄越小呼吸频率越快(各年龄小儿呼吸和脉搏频率比较见表8-2)。同时由于小儿呼吸中枢发育尚未完善,易出现呼吸节律不齐,尤以新生儿明显。

表8-2 各年龄小儿呼吸和脉搏频率比较

年龄	呼吸(次/min)	脉搏(次/min)	脉搏呼吸比
新生儿	40~50	120~140	3:1
1岁以内	30~40	110~130	3~4:1
2~3岁	25~30	100~120	3~4:1
4~7岁	20~25	80~100	4:1
8~14岁	18~20	70~90	4:1

(二)呼吸类型

婴幼儿呼吸肌发育差,呼吸时胸廓活动范围小而膈肌活动明显,呈腹式呼吸。测量呼吸次数时应观察腹部起伏。随着年龄增长及站立、行走,呼吸肌发育渐趋完善,膈肌下降,肋骨由水平位变为斜位,胸廓前后径和横径均增大,渐出现胸腹式呼吸。

(三)呼吸功能

小儿肺活量、潮气量、每分钟通气量和气体弥散量均较成人小,而且小儿气道管径细小,呼吸道阻力较成人大,故小儿呼吸功能的储备能力较低,当患呼吸系统疾病时,易发生呼吸衰竭。

三、免 疫 特 点

小儿呼吸道非特异性免疫和特异性免疫功能均较差,咳嗽反射弱及纤毛运动功能差,不能有效清除吸入的尘埃和异物颗粒。婴幼儿体内免疫球蛋白含量不足,尤以分泌型IgA、IgG为低,肺泡巨噬细胞功能不足,乳铁蛋白、溶菌酶、干扰素、补体等数量和活性都不足,故易发生呼吸系统感染。

> **重点提示**
> 1. 婴幼儿上呼吸道感染时易并发结膜炎、鼻窦炎、中耳炎、气管支气管炎、肺炎。
> 2. 扁桃体炎多见于年长儿。
> 3. 小儿患呼吸道疾病时易发生缺氧、发绀,这与其呼吸道解剖生理特点密切相关。
> 4. 新生儿呼吸频率40~50/min,婴儿呼吸频率30~40/min。呈腹式呼吸。

第二节 急性上呼吸道感染患儿的护理

案例分析

患儿,男,1岁,发热2d来医院就诊。患儿就诊前2d出现发热,体温升高至39.5℃,同时伴有烦躁、食欲差、流涕,曾用过退热药,热退后体温又升高,发病以来睡眠尚可,大小便正常。查体:体温39.3℃,脉搏138/min,呼吸36/min,精神差,面色潮红,咽部充血,扁桃体无肿大,心肺未见异常。辅助检查:血常规:白细胞$8×10^9$/L,中性粒细胞0.31,淋巴细胞0.58。

急性上呼吸道感染是指由各种病原体引起的上呼吸道炎症,简称上感,俗称"感冒",病变主要侵犯鼻、鼻咽和咽部,如某一局部炎症特别突出,即按该炎症部位命名,如急性鼻炎、急性咽炎、急性扁桃体炎等,是小儿时期最常见的疾病,占儿科门诊病人的60%以上。一年四季均可发生,冬春季节和气候骤变时居多,多为散发,偶有流行,主要通过飞沫传播。

一、护理评估

(一)病因及发病机制

1. 易患因素 婴幼儿上呼吸道的解剖和免疫特点是易发本病的内在因素。
2. 感染 各种病毒和细菌均可引起本病,但90%以上为病毒,主要有呼吸道合胞病毒、鼻病毒、流感病毒、副流感病毒、柯萨奇病毒、腺病毒等。病毒感染后可继发细菌感染,常见溶血性链球菌,其次为肺炎链球菌等。
3. 其他 患有营养不良、先天性心脏病、维生素D缺乏性佝偻病、贫血等疾病时更易患本病;气候骤变、空气污浊、护理不当等易诱发本病。

(二)临床表现

1. 一般类型上感

(1)症状:婴幼儿以全身症状为主,多有发热,体温可高达39~40℃,甚至可引起高热惊厥。此外还可出现烦躁不安、头痛、全身不适、乏力等。部分患儿有食欲缺乏、呕吐、腹痛、腹泻等消化道症状,腹痛多为脐周阵发性疼痛,可能为肠痉挛所致,若腹痛持续存在,多为并发肠系膜淋巴结炎。年长儿全身症状轻,轻度发热,主要以局部症状为主,如鼻塞、流涕、喷嚏、干咳、咽部不适和咽痛等。新生儿和小婴儿出现局部症状时可因鼻塞而出现张口呼吸或拒乳。

(2)体征:体检可见咽部充血,扁桃体肿大,也可有下颌和颈部淋巴结大、触痛。肺部听诊正常。若为肠道病毒感染可出现不同形态皮疹。

2. 两种特殊类型的上呼吸道感染

(1) 疱疹性咽峡炎:为柯萨奇 A 组病毒感染所致,好发于夏秋季节。多表现为急起高热、咽痛、流涎、厌食等。体检可见咽部充血,咽峡部黏膜上有数个至数十个 2~4mm 大小灰白色疱疹,周围有红晕,疱疹破溃后形成小溃疡。病程 1 周左右。

(2) 咽结合膜热:病原体为腺病毒,多发生于春夏季,以发热、咽炎和结合膜炎为特征。表现为高热、咽痛、眼部刺痛。体检可见咽部明显充血、一侧或双侧滤泡性眼结合膜炎,结合膜明显充血,但分泌物不多,主要表现为畏光、流泪,颈部及耳后淋巴结肿大。病程 1~2 周。

(三) 并发症

呼吸道感染可累及邻近器官或向下蔓延而并发结膜炎、鼻窦炎、中耳炎、咽后壁脓肿、扁桃体周围脓肿、颌下或颈部淋巴结炎、喉炎、气管炎、支气管炎及肺炎等。病毒性上感还可引起心肌炎、脑炎等;年长儿链球菌感染可引起急性肾炎、风湿热等。

(四) 辅助检查

1. 血常规 病毒性感染患儿白细胞计数正常或偏低,细菌感染患儿白细胞计数增高,主要是中性粒细胞增高。

2. 病原学检查 病毒分离和血清学检查可明确病原。近年来可通过免疫荧光、酶及分子生物学技术作出早期诊断。

> **重点提示**
>
> 1. 原发性上呼吸道感染病原体 90% 以上为病毒。
> 2. 婴幼儿上感以全身症状为主,年长儿上感以呼吸道局部症状为主。
> 3. 上感常见并发症有中耳炎、气管炎、肺炎等。

二、治疗原则

1. 一般治疗 保证居室空气新鲜,注意休息,多饮水,补充大量维生素 C。
2. 抗感染治疗 抗病毒药物常选用利巴韦林、阿昔洛韦等。继发细菌感染或有并发症者可选用抗生素治疗,确定为链球菌感染或既往有风湿热、肾炎病史者用青霉素治疗 10~14d。
3. 对症治疗 发热患儿给予退热,惊厥患儿予以镇静、止惊等处理。

三、护理问题

1. 体温过高 与感染有关。
2. 潜在并发症 高热惊厥等。
3. 知识缺乏 家长缺乏上感的预防及护理知识。

四、护理措施

(一) 维持体温正常

1. 环境及生活护理 维持室温 18~22℃,相对湿度 50%~60%,居室要阳光充足,每日定时开窗通风,保持空气新鲜。衣被厚薄、松紧适宜,出汗后及时擦干汗液,更换汗湿衣服,避免受凉。

2. 密切观察体温　体温>38.5℃时给予物理降温或药物降温。物理降温如头部、腋窝、腹股沟处温水擦浴等,药物降温常选用对乙酰氨基酚或布洛芬。每4h测1次体温并记录,如体温过高或有惊厥史者须1~2h测1次体温。

3. 饮食　大量出汗后应注意补足水分,给予清淡易消化富含维生素的饮食,保证营养和水分摄入。

4. 遵医嘱用药　按照医嘱给予退热药,如口服对乙酰氨基酚等;如持续发热需要重复给退热药时,间隔时间应>4~6h;按照医嘱给抗病毒药,合并细菌感染时给予抗生素等。

(二) 预防高热惊厥

密切观察病情,及时给予降温处理,既往有热性惊厥史的小儿可遵医嘱预防性应用苯巴比妥。出现惊厥先兆时,立即告知医生;发生惊厥时,按惊厥护理。

(三) 健康指导

1. 指导家庭护理　注意居室通风,保持适宜的温湿度。多饮水、给予清淡富含营养及维生素且易消化的流质半流质饮食。注意休息,鼻塞严重时,可在喂乳或临睡前10~15min给0.5%麻黄碱液滴鼻,1~2滴/次,每日2~3次。向家长介绍如何观察并及早发现并发症,如高热持续不退、淋巴结大、咳嗽加重、呼吸困难等应及时与医护人员联系,以便及时处理。

2. 指导口腔护理　婴幼儿可用消毒棉签蘸生理盐水清洁口腔,年长儿用淡盐水或漱口液漱口,咽部明显充血、疼痛或有化脓者给予雾化吸入。

3. 介绍预防知识　提倡母乳喂养,及时添加辅食。加强体格锻炼,提高免疫力,按时进行免疫接种。根据季节适时添减衣物,避免受凉。尽量不带小儿到人多的公共场所去。上感流行季节可用食醋熏蒸法进行室内空气消毒(每立方米用食醋5~10ml,加水2倍,加热熏蒸到全部汽化)。对反复发生上感的患儿应积极治疗原发病,加强营养,提高免疫力。

第三节　急性支气管炎患儿的护理

> **案例分析**
>
> 患儿,女,2岁,因咳嗽伴发热3d入院。患儿于3d前出现阵发性咳嗽,初为干咳,后咳少量黄色痰液,伴有发热,体温最高为39.5℃,无寒战及抽搐,无气喘及吐泻,在家服用"感冒冲剂、清开灵"治疗2d,效果欠佳来医院就诊。查体:体温38.5℃,脉搏116/min,呼吸38/min。发育正常,营养良好,精神尚可,口周无发绀,咽充血,扁桃体Ⅰ°肿大,双肺呼吸音粗,可闻及散在干啰音。血常规:白细胞$14.0×10^9$/L,中性粒细胞0.70,淋巴细胞0.30。胸部X线:双肺纹理增粗。

急性支气管炎是支气管黏膜的急性炎症,常继发于上呼吸道感染或为某些急性传染病的早期表现。气管可同时受累,故又称为急性气管支气管炎。是儿童时期常见的呼吸道疾病,婴幼儿多见。

一、护理评估

(一)病因及发病机制

1. 感染 多继发于上呼吸道感染,凡能引起上呼吸道感染的病原体均可引起本病,多为病毒和细菌的混合感染。

2. 营养障碍性疾病 维生素D缺乏性佝偻病、营养不良、微量元素缺乏等疾病患儿多发。

3. 其他 免疫功能低下、特应性体质、支气管结构异常、气候变化、空气污染、化学因素刺激等均为本病的诱因。

上述因素导致气管支气管黏膜上皮细胞变性坏死和炎性细胞浸润,黏膜下充血、水肿,腺体增生,黏液分泌增多。气管腔狭窄甚至堵塞,导致肺气肿或肺不张,出现通气和换气功能障碍。

(二)临床表现

一般先有上呼吸道感染症状,随后以咳嗽为主,初为刺激性干咳,以后有痰。婴幼儿常有发热、食欲差、乏力、呕吐、腹泻等。听诊双肺呼吸音粗糙,可闻及不固定的散在的干啰音和粗中湿啰音,啰音常在体位变化或咳嗽后减少或消失。一般无气促和发绀。

哮喘性支气管炎,又称为喘息性支气管炎,是指婴幼儿时期以喘息为突出表现的急性支气管炎。是婴幼儿时期的一种特殊类型的支气管炎。除上述气管炎的临床表现外,其主要特点为:①多见于3岁以下、有湿疹或过敏史的婴幼儿;②有呼气性呼吸困难伴喘息,肺部叩诊呈鼓音,听诊两肺布满哮鸣音及少许粗湿啰音;③反复发作,复发多与感染有关;④预后大多良好,3~4岁后发作次数减少,多在6岁后自愈,但少数病例可发展为支气管哮喘。

(三)心理-社会状况

本病易反复发作,尤其是哮喘性支气管炎,患儿呼吸困难而烦躁不安,常需住院治疗。家长因缺乏对本病的了解,担心患儿会发展成为支气管哮喘而产生恐惧与担忧。

(四)辅助检查

1. 血常规检查 病毒感染者白细胞计数正常或偏低;细菌感染者白细胞总数及中性粒细胞增高。

2. 胸部X线检查 多无异常改变或仅有肺纹理增粗。

二、治疗原则

1. 一般治疗 经常变换体位,多饮水,使呼吸道分泌物易于排出。

2. 抗感染治疗 病毒感染者给予抗病毒药物;疑有细菌感染或混合感染者可用抗生素,首选青霉素类;如系支原体感染,则给予大环内酯类抗生素。

3. 对症治疗

(1)化痰止咳:不宜单独使用镇咳药,以免抑制咳嗽反射而影响痰液排出。常用祛痰药如急支糖浆或沐舒坦、枇杷露、复方甘草合剂等。

(2)止喘:对哮喘性支气管炎可口服氨茶碱;喘憋严重者,可加用肾上腺皮质激素,如地塞米松。

三、护理问题

1. 清理呼吸道无效 与分泌物过多痰液黏稠不易咳出有关。

2. 知识缺乏　家长缺乏急性支气管炎的有关知识。

四、护理措施

(一)保持呼吸道通畅

1. 保持室内空气清新,维持室温 18~22℃,相对湿度 55%~65%,避免剧烈活动和游戏以免咳嗽加重。

2. 供给充足水分　给患儿多饮水以稀释痰液利于痰液排出。

3. 经常变换体位,教会患儿有效咳嗽,定时为患儿拍背以利痰液排出。

4. 雾化吸入采用超声雾化或蒸汽雾化吸入,每天 1~2 次,每次 20min,湿化气道促进排痰。

5. 对哮喘性支气管炎患儿,应注意有无缺氧症状,必要时吸氧。

6. 遵医嘱应用抗生素及止咳化痰平喘药物,并注意观察药物的疗效及不良反应。

(二)健康指导

1. 向家长介绍急性支气管炎的常见病因及基本护理知识,阐述哮喘性支气管炎与支气管哮喘的区别,使其认识哮喘性支气管炎是可以治愈的,消除家长的担忧。

2. 告诉家长预防上呼吸道感染是预防本病的关键,如患上感应积极治疗,及时清除感染灶,防止其扩散至气管支气管。合理喂养,积极预防营养障碍性疾病和传染病,按时预防接种。适当进行户外活动,增强体质。居室要经常通风,保持空气清新,避免吸入刺激性气体和有害粉尘等。

第四节　肺炎患儿的护理

> **案例分析**
>
> 患儿,女,6 个月,发热咳嗽6d,加重并出现喘憋2d入院。患儿系人工喂养,平时经常"感冒"。6天前因受凉后出现发热、咳嗽,当地医院给予退热止咳处理后,病情无好转,2d 来病情加重,出现喘憋,急来就诊。护理体检:体温39℃,脉搏168/min,呼吸56/min。呼吸急促、口周青紫,双肺可闻及密集、细小的湿啰音;心率168/min,心律规整,肝肋下 1.5cm。X 线检查见两肺纹理粗乱,并有片状阴影。

肺炎是指不同病原体或其他因素所致的肺部炎症,是婴幼儿时期的常见疾病,也是我国目前住院患儿死亡的第一位原因,其严重威胁小儿健康,被卫生列为儿童保健重点防治的"四病"之一。本病一年四季均可发生,以冬春寒冷季节及气候骤变时多发。临床特征为发热、咳嗽、气促、呼吸困难和肺部固定中、细湿啰音。

一、分类

1. 按病理分类　分为支气管肺炎、大叶性肺炎、间质性肺炎等,小儿以支气管肺炎最常见。

2. 按病因分类　分为感染性肺炎和非感染性肺炎,前者如病毒性肺炎、细菌性肺炎、支原体肺炎、衣原体肺炎、真菌性肺炎等。后者如吸入性肺炎、过敏性肺炎、坠积性肺炎等。

3. 按病程分类　分为急性肺炎(病程<1个月)、迁延性肺炎(病程1~3个月)、慢性肺炎(病程>3个月)。

4. 按病情分类　分为轻症肺炎和重症肺炎。

5. 根据临床表现典型与否分类　分为典型肺炎和非典型肺炎。肺炎链球菌、金黄色葡萄球菌、肺炎杆菌、流感嗜血杆菌、大肠埃希菌等引起的肺炎为典型肺炎;肺炎支原体、衣原体、军团菌、病毒引起的肺炎为非典型肺炎。

临床上若病原体明确则多按病因分类,否则按病理分类。

链　接

非典型肺炎及 SARS

非典型肺炎泛指有肺炎表现及肺部 X 线改变,但病原体不明确、抗生素治疗无反应的不典型肺炎。2002年冬季至2003年春季在我国发生的传染性非典型肺炎,已认定为新型冠状病毒引起,世界卫生组织将其命名为严重急性呼吸道综合征(severe acute respiratory syndrome,SARS),以肺间质病变为主,传染性强,病死率较高(儿童患者临床表现较成人轻,病死率也较低)。SARS 属于非典型肺炎的一种。

二、护理评估

(一)病因及发病机制

1. 病因　肺炎最常见病原体为细菌和病毒,也可有病毒细菌混合感染。发达国家中小儿肺炎以病毒为主,主要是呼吸道合胞病毒,其次是腺病毒、流感病毒、副流感病毒等。发展中国家则以细菌为主,仍以肺炎链球菌多见,其次为金黄色葡萄球菌。近年来肺炎支原体、衣原体和流感嗜血杆菌所致肺炎有增加趋势。患有营养不良、维生素 D 缺乏性佝偻病,先天性心脏病、免疫缺陷等疾病小儿更易患肺炎且病情严重,迁延难愈。

2. 发病机制　病原体常由呼吸道入侵,少数经血行入肺。引起支气管、肺泡、肺间质的炎症。支气管因黏膜充血水肿而管腔变窄导致通气功能障碍;肺泡壁因充血水肿而增厚,肺泡腔内充满炎性渗出物,从而造成换气功能障碍。通气换气功能障碍导致缺氧和二氧化碳潴留。由于病原体毒素的作用,重症患儿常有毒血症,引起不同程度的感染中毒症状。缺氧、二氧化碳潴留及毒血症可造成一系列病理生理改变。出现呼吸功能不全,严重时出现呼吸衰竭;酸碱平衡紊乱及电解质紊乱,如代谢性酸中毒、呼吸性酸中毒,严重时出现混合性酸中毒;循环系统可出现心力衰竭、心肌炎、微循环障碍、休克甚至弥散性血管内凝血;神经系统可出现中毒性脑病、脑水肿;消化系统可出现中毒性肠麻痹、消化道出血等(图8-2)。

重点提示

1. 小儿肺炎的分类中病理分类及病因分类临床常用。
2. 肺炎发病机制中缺氧、二氧化碳潴留是关键。

(二)临床表现

起病大多较急,发病前多有上呼吸道感染。

1. 支气管肺炎

(1)轻症:以呼吸系统症状为主,大多起病较急,主要表现为发热、咳嗽和气促。①呼吸系统症状:a.咳嗽:较频繁,初为刺激性干咳,极期咳嗽反而减轻,恢复期咳嗽有痰;b.气促:多在发热、咳嗽后出现;c.呼吸频率加快,重者出现点头呼吸。②全身症状:发热,热型不定,多为不规则热,新生儿、重度营养不良患儿可不发热,甚至体温低于正常。患儿精神不振、烦躁不安、食欲减退、轻度腹泻或呕吐。③体征:呼吸增快可达40~80/min,并可出现鼻翼扇动、三凹征。肺部可闻及较固定的中、细湿啰音,以背部两侧下方及脊柱旁较多,于深吸气末更为明显。新生儿及小婴儿症状、体征可不典型。

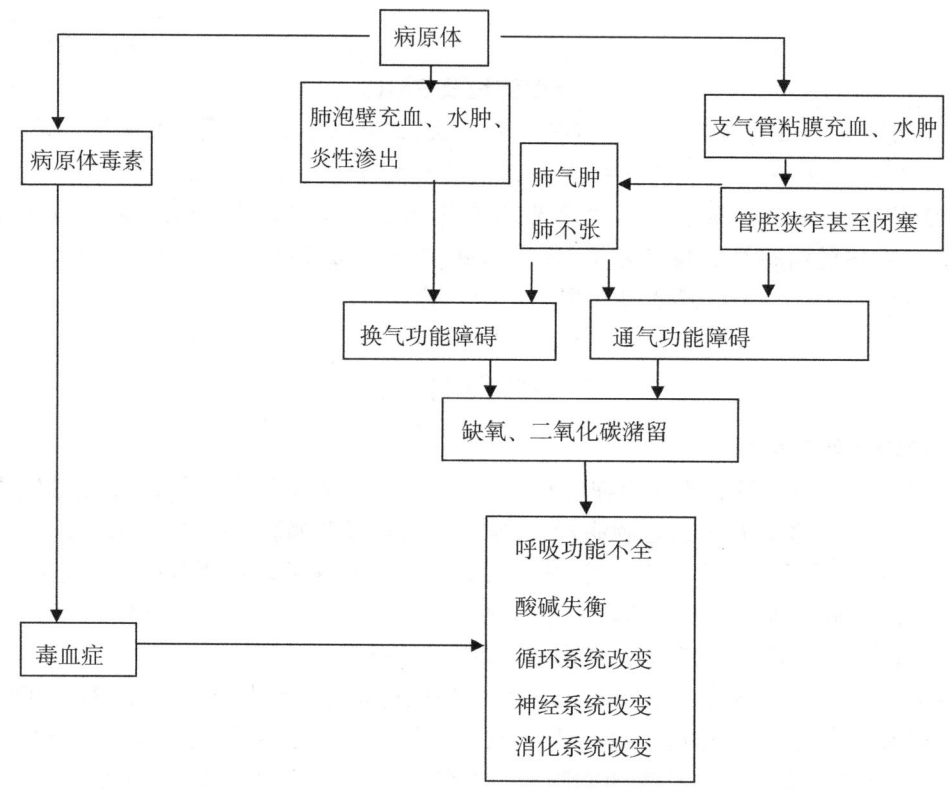

图8-2 支气管肺炎的发病机制

(2)重症:由于严重的缺氧及毒血症,呼吸系统症状加重,可出现口周、鼻唇沟和指(趾)端发绀;全身中毒症状加重;还可出现循环、神经、消化系统的功能障碍。①循环系统:常见心肌炎和心力衰竭。心肌炎表现为面色苍白、心音低钝、心律失常,心电图显示ST段下移和T波低平、倒置。出现心力衰竭时主要表现有:a.呼吸突然加快,安静时>60/min以上;b.心率增快,安静时婴儿>180/min,幼儿>160/min;c 突然烦躁不安,面色苍白或发灰、发绀;d.心音低钝或出现奔马律,颈静脉怒张;e.肝大达右肋下3cm以上,或在短时间内肝迅速增大>1.5cm;f.尿少或无尿,下肢水肿等。②神经系统:轻度缺氧表现为烦躁不安或嗜睡,出现中毒性脑病、脑水肿时可有意识障碍、惊厥、昏迷、前囟隆起、瞳孔对光反射迟钝或消失、呼吸节律不齐甚至停止。③消化系统:表现为食欲减退、呕吐和腹泻,发生中毒性肠麻痹时出现频繁呕吐、严重腹胀、呼吸困难加重、肠鸣音消失;发生消化道出血时可呕吐咖啡样物,粪便隐血试验阳性或柏油样便。

④其他:发生休克及DIC时,表现为血压下降、四肢发冷、脉搏细速以及皮肤、黏膜、胃肠道出血。若诊断延误或病原体致病力强,则可引起脓胸、脓气胸、肺大疱等并发症。脓胸常由金黄色葡萄球菌感染引起,表现为高热不退,呼吸困难加重,患侧呼吸运动受限,叩诊呈浊音,听诊呼吸音减弱。脓气胸表现为突然呼吸困难加剧,剧烈咳嗽,烦躁不安,面色发绀。胸部叩诊积液上方呈鼓音,听诊呼吸音减弱或消失。肺大疱是由于肺泡扩大、破裂而形成,可一个或多个。体积小者无症状,体积大者可引起呼吸困难。

2. 几种不同病原体所致肺炎特点　见表8-3。

表8-3　几种不同病原体所致肺炎特点

	呼吸道合胞病毒肺炎	腺病毒肺炎	金黄色葡萄球菌肺炎	支原体肺炎
好发年龄	2岁以内,2~6个月为多	6个月至2岁	新生儿及婴幼儿	年长儿及婴幼儿
临床特点	突出表现为喘憋。临床上有毛细支气管炎和间质性肺炎两种类型,前者全身中毒症状轻,后者全身中毒症状重。抗生素治疗无效	骤起稽留型高热,中毒症状重,剧咳,喘憋、发绀等。抗生素治疗无效	起病急、多呈弛张热或稽留高热,病情重、发展快。可有皮疹,易复发及出现并发症,如肺脓肿、脓胸、脓气胸、肺大疱等。因病原体较顽固,抗生素治疗疗程较长	刺激性咳嗽为突出表现;常有发热,热程1~3周;咳黏痰,可带血丝;有全身多系统受累表现。红霉素治疗有效
肺部体征	以哮鸣音、呼气性喘鸣为主,肺部可听到细湿啰音	体征出现较晚,发热4~5d后才出现湿啰音	体征出现较早,两肺有中、细湿啰音	体征不明显。婴幼儿呼吸困难、喘憋为突出特点
X线检查	两肺可见小点片状、斑片状阴影,部分患儿有不同程度的肺气肿	出现较早,大小不等的片状阴影或融合成大病灶	变化快,有小片状浸润影,迅速形成多发性小脓肿、肺大疱、脓胸等	呈支气管肺炎的改变,常为单侧性,以右肺下野多见;也可为间质性肺炎改变
白细胞数	正常或降低	正常或降低	明显增高,核左移	正常或偏高
病程	<1周	3~4周或更长	数周至数月	2~4周

> **重点提示**
> 1. 轻症肺炎与重症肺炎的区别是有无出现循环系统、神经系统、消化系统功能障碍。
> 2. 重症肺炎伴心力衰竭的临床表现是护理观察的重点。

(三) 心理-社会状况

本病病情较重,多需住院治疗。患儿可因发热、缺氧、咳嗽等不适以及环境改变、害怕打针等,产生焦虑、恐惧心理。常出现烦躁不安、哭闹、易怒及不合作等。家长因患儿住院时间长、家庭的正常生活秩序被打乱,同时缺乏肺炎的预防、保健和护理知识等,可产生焦虑、自责、急躁等心理反应,表现为焦虑或不知所措以及四处求医、乱用药等。

(四) 辅助检查

1. 血常规　病毒感染者白细胞计数正常或偏低；细菌感染者白细胞计数增高，中性粒细胞增高，并有核左移。

2. X线检查　早期肺纹理增粗，后渐出现大小不等的斑片状阴影或融合成片，可伴有肺气肿或肺不张。

3. 病原学检查　取鼻咽拭子或气管分泌物做病毒分离；取气管分泌物、胸腔积液及血液等做细菌培养或免疫学方法，进行细菌抗原监测可以明确致病菌。

三、治疗原则

主要为控制感染、改善肺的通气功能、对症治疗、防治并发症。

1. 一般治疗　室内温度湿度适宜。给予营养丰富易消化的饮食，进食困难的重症患儿，可给予肠道外营养。经常变换体位，促进痰液排出、炎症吸收。

2. 抗感染治疗　明确细菌感染者选用敏感抗生素。肺炎链球菌、金黄色葡萄球菌感染者可选用青霉素类或头孢菌素类；肺炎支原体或衣原体感染者应选用大环内酯类如红霉素、罗红霉素、阿奇霉素；肺炎杆菌、大肠埃希菌、流感嗜血杆菌等感染者可选用头孢曲松、头孢噻肟或阿莫西林加克拉维酸等。使用原则为早期、联合、足量、足疗程，抗生素一般用至体温正常后5~7d或临床症状基本消失后3d。支原体肺炎至少用药2~3周。葡萄球菌肺炎在体温正常后继续用药2~3周，一般总疗程≥6周。抗病毒可选用利巴韦林、干扰素等药物。

3. 对症治疗　祛痰、止咳、平喘，保持呼吸道畅通，必要时可给予吸氧；及时纠正水、电解质紊乱与酸碱平衡失调。对于中毒性肠麻痹者，应禁食、胃肠减压、注射新斯的明等；若出现心力衰竭应积极处理，保持安静，给予吸氧、强心、利尿、血管活性药物等；若出现严重憋喘或呼吸衰竭、全身中毒症状明显、脑水肿时，可短期使用糖皮质激素，常用地塞米松静脉滴注；脓胸和脓气胸者应及时进行穿刺引流，若脓液黏稠、经反复穿刺抽脓不畅或发生张力性气胸时，宜采用胸腔闭式引流。

四、护理问题

1. 气体交换受损　与肺部炎症有关。
2. 清理呼吸道无效　与呼吸道分泌物过多、痰液黏稠不易排出有关。
3. 体温过高　与肺部感染有关。
4. 营养失调，低于机体需要量　与摄入量不足、消耗增加有关。
5. 潜在并发症　心力衰竭、中毒性脑病、中毒性肠麻痹、脓胸、脓气胸、肺大疱。
6. 知识缺乏　家长缺乏预防及护理肺炎的相关知识。

五、护理措施

(一) 改善呼吸功能

1. 环境与休息　保持室内空气新鲜流通，室温18~22℃，相对湿度在50%~60%。病室要定时通风换气，但要注意避免对流风。保持患儿安静，避免哭闹，以减少耗氧量。患儿取半卧位或头抬高位，以利呼吸，同时应经常更换体位或抱起患儿，以促进痰液排出，减少肺淤血或防止肺不张。被褥要轻软，内衣应宽松，以免影响患儿呼吸。各种操作应集中进行，减少对患儿的刺激,以减少患儿氧的消耗。

2. 遵医嘱给氧 有低氧血症、呼吸困难、喘憋、口唇发绀等情况应立即给氧。年长儿可采用鼻导管给氧(图8-3,彩图11),氧流量0.5~1L/min,氧浓度不超过40%;婴幼儿或鼻腔分泌物多者可用面罩给氧(图8-4,彩图12),氧流量为2~4L/min,氧浓度为50%~60%;重症肺炎缺氧严重者应用头罩给氧(图8-5,彩图13)或氧气帐用氧(图8-6,彩图14)。若出现呼吸衰竭,则使用机械通气正压给氧。

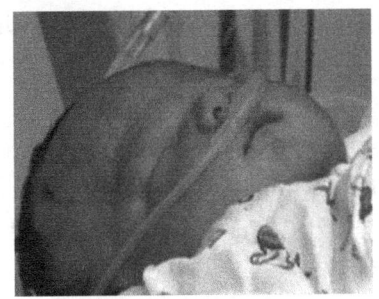

图8-3 鼻导管给氧

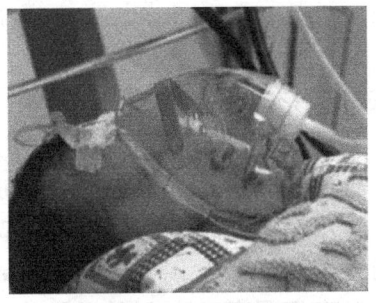

图8-4 面罩给氧

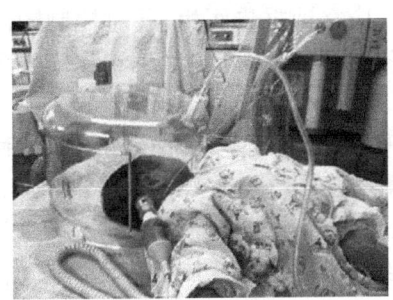

图8-5 头罩给氧

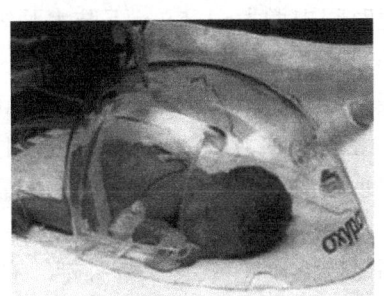

图8-6 氧气帐用氧

吸氧注意事项:①操作前应先清除鼻腔内分泌物;②吸氧过程中应经常检查导管是否通畅;③每日应更换鼻导管1次,两侧鼻孔宜交替使用,以免一侧长时间吸入冷空气,使鼻黏膜干燥出血;④湿化瓶内蒸馏水应每日更换1次,将湿化液加温至37℃,氧气加温、加湿;⑤氧浓度不宜过高,持续时间不宜过长,以免发生晶体后纤维增生造成失明。

3. 抗感染 遵医嘱给予抗生素或抗病毒药物,消除肺部炎症,并注意观察药物疗效及不良反应。

(二)保持呼吸道通畅

1. 调节室内空气的湿度,让患儿多饮水,避免呼吸道干燥。

2. 协助患儿按时更换体位,一般每2h 1次,用手轻拍患儿背部,促使痰液排出。具体方法是五指并拢、掌指关节略屈,由下向上、由外向内轻拍背部,边拍边鼓励患儿咳嗽。若呼吸道分泌物较多而排出不畅时,可进行体位引流,使分泌物借助重力和震动排出。

3. 对痰液黏稠不易咳出者,可遵医嘱给予超声雾化吸入,以稀释痰液利于咳出。雾化吸入器中可加入庆大霉素、利巴韦林、地塞米松、糜蛋白酶等药物,每日2次,每次20min。因雾化吸入必须深呼吸才能达到最佳效果,故应对患儿进行指导。

4. 必要时给予吸痰,吸痰不能过频和过慢(过频可刺激呼吸道使黏液产生过多,过慢可妨碍呼吸使缺氧加重),注意勿损伤黏膜。吸痰宜在哺乳前或哺乳 1h 后进行,以免引起呕吐。因吸痰时刺激,患儿多有咳嗽、烦躁,吸痰后宜立即吸氧。

5. 遵医嘱给予祛痰药促进痰液排出。

(三)维持体温正常

保证患儿摄入充足水分,若体温超过 38.5℃ 时应采取物理降温或遵医嘱给予退热药,密切观察患儿体温变化并警惕热性惊厥的发生(详见本章第二节急性上呼吸道感染患儿的护理)。

(四)营养及水分的补充

1. 给予患儿营养丰富、易消化的半流质饮食,少量多餐,防止过饱而影响呼吸。

2. 鼓励患儿多饮水,以湿润呼吸道黏膜,利于痰液的咳出,并可防止发热导致脱水。

3. 哺喂时将患儿头部抬高或抱起患儿,防止呛入气管发生窒息。重症患儿不能进食时,采取肠道外静脉营养,以保证液体的摄入量,避免呼吸道黏膜干燥、分泌物黏稠。

(五)密切观察病情,防治并发症

1. 如患儿突然出现烦躁不安、面色苍白、气喘加剧,呼吸>60/min、心率>160~180/min、肝脏在短时间内增大>1.5cm,下肢水肿等心力衰竭表现时,应立即报告医生,同时控制输液速度在每小时 5ml/kg 以下,做好给氧、强心、利尿等抢救准备。若患儿口吐粉红色泡沫样痰为肺水肿的表现,可给患儿吸入 20%~30% 乙醇湿化的氧气。

2. 密切观察意识、瞳孔等变化,如患儿出现烦躁或嗜睡、惊厥、昏迷、呼吸不规则、瞳孔不等大提示颅内压增高,可能发生了中毒性脑病,应立即报告医生,配合抢救。

3. 密切观察有无呕吐以及呕吐物的性质,有无腹胀,肠鸣音减弱或消失,有无便血等。若腹胀明显伴低血钾者,遵医嘱补钾。有中毒性肠麻痹时给予腹部按摩、热敷、肛管排气、禁食、胃肠减压等。

4. 若患儿突然出现烦躁不安、剧烈咳嗽、呼吸困难、胸痛、发绀、患侧呼吸运动受限,提示并发了脓胸或脓气胸,应积极配合医生进行胸腔穿刺术或胸腔闭式引流。

(六)健康指导

1. 向家长介绍患儿病情,以取得家长配合,协助观察患儿病情变化。介绍肺炎的临床特点、治疗要点、药物的不良反应等,说明早期规律用药的重要性。讲解肺炎的护理要点,如经常更换体位,多饮水。给家长示范拍背排痰的动作要领。介绍耐心喂养的重要性,强调应少食多餐,避免呛咳。对年长儿应说明住院和积极治疗对疾病痊愈的重要性,鼓励患儿克服暂时的痛苦,与医护人员合作。

2. 积极宣传肺炎预防的相关知识,告诉患儿咳嗽时用手帕或纸捂住嘴,不随地吐痰,防止病原菌污染空气而传染他人。在冬春季节注意居室通风,尽量避免带小儿到人多拥挤的公共场所,必要时用食醋熏蒸进行房间空气消毒,每日 1 次,连续 3~5d。

3. 向家长强调预防本病的关键是合理营养,增强体质,注意体格锻炼;在寒冷季节注意保暖,避免着凉;按时预防接种和进行健康检查,积极防治原发病。

> **重点提示**
> 1. 抗感染治疗中抗生素的应用原则及停药指征是正确应用抗生素的关键。
> 2. 肺炎的主要护理问题是气体交换受损和清理呼吸道无效。
> 3. 改善呼吸功能及保持呼吸道通畅的护理措施是肺炎患儿护理的核心内容。

第五节 急性呼吸衰竭患儿的护理

急性呼吸衰竭是指各种累及呼吸中枢或呼吸器官的疾病导致肺通气和(或)换气功能严重障碍,以致在静息状态下不能进行有效的气体交换,出现低氧血症或低氧血症伴高碳酸血症,从而出现一系列生理功能和代谢紊乱的临床综合征。临床上根据血气分析结果将呼吸衰竭分为两种类型,即Ⅰ型和Ⅱ型。Ⅰ型是单纯的低氧血症,见于呼吸衰竭的早期和轻症;Ⅱ型是低氧血症伴高碳酸血症,见于呼吸衰竭的晚期和重症。

一、护理评估

(一)病因及发病机制

1. **病因** 引起急性呼吸衰竭的病因很多,根据原发病变的部位将病因分为以下两类。

(1)周围性呼吸衰竭:又称肺衰竭,由肺实质病变所致,首先出现低氧血症,二氧化碳分压($PaCO_2$)正常,继而由于气道阻塞或中枢衰竭而出现高碳酸血症。常见疾病有:①上呼吸道感染:如急性感染性喉炎、喉头水肿。②下呼吸道感染:如呼吸窘迫综合征、肺炎、哮喘、肺气肿、肺不张等。③其他:如声带麻痹、喉部异物梗阻、支气管异物等。

(2)中枢性呼吸衰竭:又称泵衰竭,是由于呼吸中枢病变、呼吸肌疲劳或麻痹、胸廓或胸壁病变引起。表现为$PaCO_2$升高,继而出现低氧血症。常见疾病有:①中枢神经系统感染或损伤:如脑炎、脑膜炎、中毒性脑病、颅脑损伤、脑血管疾病等;②脑水肿:如颅内占位性病变;③中毒:如吗啡或巴比妥类药物中毒、一氧化碳中毒;④其他:如急性传染性多发性神经根炎、重症肌无力、脓胸和气胸、胸部创伤等。

2. **发病机制** 缺氧和二氧化碳潴留,是呼吸衰竭最基本的病理生理改变,由此引起低氧血症和高碳酸血症,使机体代谢紊乱和重要脏器功能障碍。

(1)低氧血症严重缺氧时可导致:①糖无氧酵解使乳酸堆积,引起代谢性酸中毒。②早期心率加快,心输出量增加,血压升高。严重时心肌收缩力减弱,心律不齐,心搏出量减少,肺动脉压增高,导致右心衰竭。③由于Na^+向细胞内转移,可出现脑水肿、颅内压增高和脑功能障碍。④肾动脉收缩,肾血流量减少而发生肾功能障碍,甚至肾衰竭;⑤肝细胞功能障碍,严重者可致肝坏死。⑥胃肠道黏膜损伤、消化道出血。

(2)高碳酸血症可导致:①直接抑制大脑皮质,当$PaCO_2>80mmHg$时,可导致二氧化碳麻醉;还可使脑血管扩张,脑血流量增加而致颅内高压。②$PaCO_2$轻度升高可兴奋呼吸中枢,但当$PaCO_2>80mmHg$时反而抑制呼吸。③$PaCO_2$轻度升高可使心率、心排出量增加,血压升高,但在$PaCO_2$严重升高时则心率、心排出量、血压均下降,甚至出现心律不齐。

(二)临床表现

1. 低氧血症表现

(1) 呼吸系统表现:①周围性呼吸衰竭主要表现为呼吸频率改变及呼吸肌活动增强,出现鼻翼扇动及"三凹征"等。由于病变部位不同,呼吸困难的性质各异,如上呼吸道梗阻表现为吸气性呼吸困难;下呼吸道梗阻表现为呼气性呼吸困难;大面积肺内病变则表现为混合型呼吸困难。②中枢性呼吸衰竭主要表现为呼吸节律紊乱,如潮式呼吸、叹息样呼吸、抽泣样及下颌呼吸等,甚至出现呼吸暂停。

(2) 发绀:以口唇、口周及甲床等处较为明显,但在严重贫血(血红蛋白<50g/L)时可不出现发绀。

(3) 消化系统:出现腹胀甚至肠麻痹,部分患儿可出现应激性溃疡。

(4) 循环系统:早期心率较快、血压升高,严重时可出现心律失常,发生心力衰竭或心源性休克等。

(5) 泌尿系统:少尿或无尿,尿中可出现蛋白、红细胞、白细胞及管型,甚至肾衰竭。

(6) 神经系统:早期烦躁、易激惹、视物模糊,继之出现神经抑制症状,如神志淡漠、嗜睡、意识模糊等,严重者可有颅内压增高及脑疝表现。

(7) 出现细胞代谢及电解质紊乱,如酸中毒及高钾血症等。

2. 高碳酸血症表现
早期出现烦躁不安、出汗、意识障碍、皮肤潮红,严重时出现惊厥、昏迷、视盘水肿、呼吸性酸中毒等。

(三)心理-社会状况

患儿常因疾病引起的不适及抢救时气管切开,使其无法表达自己的需要,会产生焦虑和恐惧。家长因患儿病情危重及对本病知识的缺乏,以及高昂的医疗费用给家庭带来沉重负担,有过度焦虑、担忧或放弃治疗。

(四)辅助检查

1. **血气分析** Ⅰ型呼吸衰竭:$PaO_2 \leq 50mmHg$,$PaCO_2$正常。Ⅱ型呼吸衰竭:$PaO_2 \leq 50mmHg$,$PaCO_2 \geq 50mmHg$。

2. **肺功能检测** 呼吸功能测试,能够提示呼吸肌无力的原因和严重程度。

3. **胸部影像学检查** 包括普通X线胸片、胸部CT和放射性核素肺通气/灌注扫描等,有助于分析呼吸衰竭的病因。

二、治疗原则

保持呼吸道通畅,改善呼吸道功能,氧疗,维持重要脏器功能,纠正电解质和酸碱平衡紊乱,治疗原发病,祛除诱发因素。

三、护理问题

1. **气体交换受损** 与肺通气或换气功能障碍有关。
2. **清理呼吸道无效** 与呼吸道分泌物黏稠、无力咳出痰液、呼吸功能受损有关。
3. **有感染的危险** 与使用呼吸机有关。
4. **不能维持自主呼吸** 与呼吸肌麻痹及呼吸中枢功能障碍有关。
5. **知识缺乏** 家长缺乏有关急性呼吸衰竭的护理知识。

四、护理措施

(一)病情监测

严密观察病情,注意呼吸频率、节律、幅度、双肺呼吸音、心率、心律、血压及血气分析的变化,或利用心肺监护仪、血气分析仪、经皮氧分压或血氧饱和度检测仪等监测呼吸及循环功能,发现异常及时报告医生;注意患儿皮肤及口唇颜色、末梢循环、肢体温度变化;准确记录出入液量。遵医嘱采取各种治疗措施,配合抢救。

(二)保持呼吸道通畅,改善呼吸功能

1. 休息及体位 立即将患儿送入重症监护室;取半卧位或坐位休息,以利于膈肌活动;患儿衣服应宽松,被褥要松软、轻、暖,以减轻对呼吸运动的限制。

2. 保持呼吸道通畅 指导并鼓励清醒患儿用力咳嗽,对咳嗽无力或不会咳嗽的年幼患儿,可根据病情定时帮助患儿翻身,并轻拍胸、背部,使分泌物易于排出;遵医嘱给予超声雾化吸入,可在雾化器内加入解痉、化痰和消除炎症的药物,以利于排痰和通气;无力咳嗽、昏迷、气管插管或切开者给予吸痰器吸痰,吸痰前要充分给氧,吸痰时动作轻柔,因频繁地抽吸可刺激黏液产生,故吸痰不可过频,负压不宜过大,吸痰时间不宜过长,吸痰后要做肺部听诊,以观察吸痰效果;遵医嘱应用氨茶碱、地塞米松等解除支气管痉挛。

3. 合理用氧 选择合适给氧方式,一般选择鼻导管、面罩或头罩法等,患儿若需要长期吸氧最好选用面罩法或头罩法,这些方式刺激小,不易出现黏膜损伤,且患儿无明显不适。上述吸氧方式效果不佳时可考虑持续正压给氧;严重缺氧紧急抢救时,可用60%~100%的纯氧,但持续时间最好不超过4~6h;氧疗期间定期做血气分析进行监护,一般要求氧分压维持在65~85mmHg(8.67~11.33kPa)为宜;给氧注意事项见肺炎患儿的护理。

4. 用药护理

(1)遵医嘱应用抗感染药物控制呼吸道感染,注意观察药物的疗效和不良反应,尤其要注意预防长期用药引起的二重感染。

(2)遵医嘱应用呼吸兴奋药物:中枢性呼吸衰竭的患儿可用尼可刹米、洛贝林等药物,注意观察用药后反应,及时调整给药速度和剂量。对烦躁不安患儿,慎用镇静药。同时注意及时纠正酸中毒。

(三)应用辅助呼吸,维持有效通气

1. 人工呼吸 对呼吸即将停止或已经停止,而且不具备抢救条件时,应立即进行胸外按压或口对口人工呼吸。

2. 协助气管插管或切开并做好插管护理 当吸氧的浓度达到60%而动脉血氧分压仍达不到60mmHg时,应及时建立人工气道,进行机械通气。插管前先准备好全套插管用具,根据患儿年龄选择适宜的气管插管;操作前要充分吸氧,并将胃内容物抽空;插管时密切监测患儿呼吸、循环等情况。

3. 做好人工呼吸机辅助呼吸的护理 根据患儿血气分析结果调整呼吸机各项参数,每小时检查并记录1次;注意观察患儿的胸廓起伏、神志、面色、周围循环等,观察有无堵管或脱管现象;保持呼吸道通畅,为患儿翻身、拍背、吸痰等;定期更换或消毒呼吸机管道;遵医嘱做好撤离呼吸机前的准备,如自主呼吸锻炼及抢救物品准备等。

(四)健康指导

关心体贴患儿,耐心向家长介绍病因、诱发因素、主要处理措施、疾病预后等,鼓励家长坚定战胜疾病的信心,配合治疗。指导家长掌握常用的护理方法,使诊疗工作顺利进行。

讨论与思考

1. 如何对上感高热患儿进行降温护理防止热性惊厥的发生?
2. 婴幼儿与年长儿上呼吸道感染时临床表现有何区别?
3. 如何保持急性支气管炎患儿的呼吸道通畅?
4. 肺炎的分类、病因、发病机制、实验室检查及健康教育的要点有哪些?
5. 肺炎的临床表现、护理问题、护理措施各有哪些?

(李砚池)

第 9 章

循环系统疾病患儿的护理

学习要点
1. 小儿心率、血压的特点，胎儿时期血液循环的特点及出生后的改变
2. 先天性心脏病的分型、病因、临床表现及护理措施
3. 充血性心力衰竭的病因、发病机制、临床表现、治疗要点、护理措施

先天性心脏病的发生与胚胎时期胎儿受到某些有害因素的影响有关，是小儿时期发病率最高的循环系统疾病，当遇到某些诱发因素时易并发心力衰竭。护理常见先天性心脏病患儿需要我们掌握哪些知识呢？请参考下面的思维导图（图9-1）。

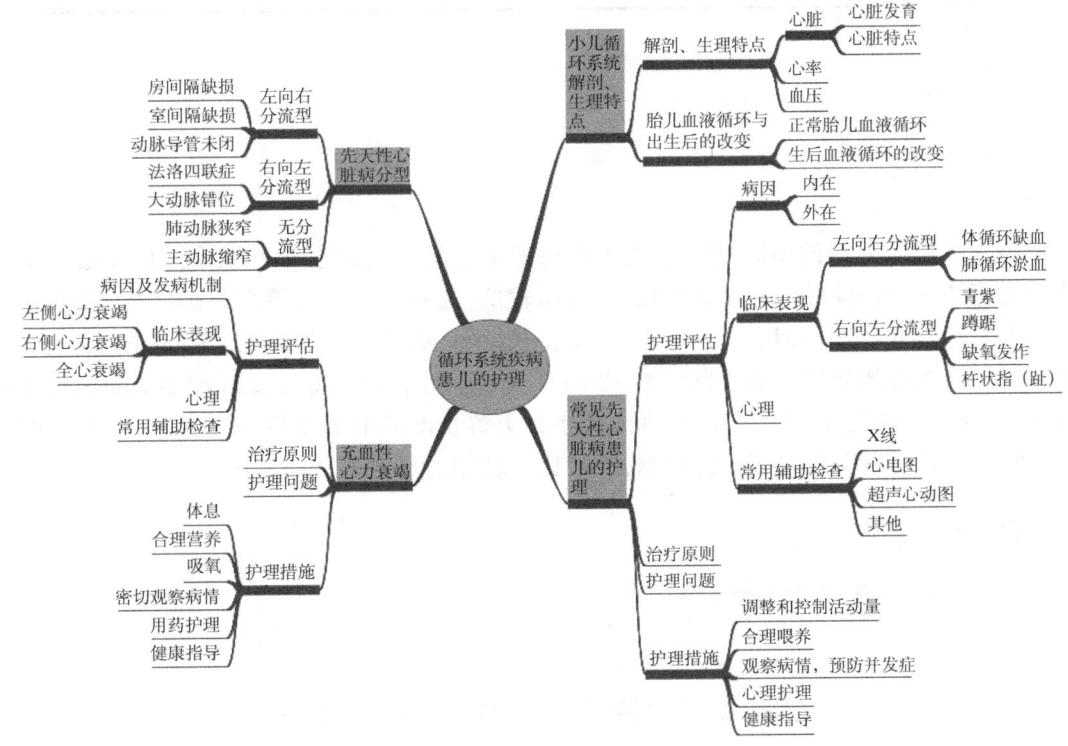

图 9-1 小儿循环系统疾病思维导图

第一节 小儿循环系统解剖生理特点

一、解剖、生理特点

1. 心脏

(1) 心脏发育:原始心脏在胚胎第2周开始形成,约第4周心脏开始有循环作用,到第8周时房室间隔完全形成,从而成为四腔心脏。所以胚胎发育的第2~8周是心脏形成的关键时期,此期间如受到某些有害因素的影响,则易形成先天性心脏病。

(2) 心脏特点:心脏的位置随年龄而变化,新生儿心脏位置较高且呈横位,<2岁的正常小儿,心尖搏动位于左第4肋间,锁骨中线外1cm处。2岁以后,小儿心脏由横位逐渐转成斜位,心尖搏动向下向内移动,5~6岁时在左第5肋间,锁骨中线上。

2. 心率 小儿心率较快,主要是由于新陈代谢旺盛和交感神经兴奋性较高所致。小儿心率较容易受各种因素的影响,如进食、活动、哭闹、发热等,故心率或脉搏的测量应在小儿安静时进行。一般体温每升高1℃,心率增快10~15/min。正常心率随着年龄增长而逐渐减慢,不同年龄段小儿正常心率见表9-1。

表9-1 不同年龄小儿正常心率

年龄	新生儿	<1岁	2~3岁	4~7岁	8~14岁
心率(次/分)	120~140	110~130	100~120	80~100	70~90

> **重点提示**
>
> 不同年龄段小儿的正常心率。

3. 血压 动脉血压的高低主要取决于心每搏输出量和周围血管的阻力。由于婴儿心每搏量少、血管口径相对较粗、动脉壁柔软,故血压较低,随年龄增长而逐渐升高。1岁以内的婴儿收缩压平均为70~80mmHg。2岁以后可按公式计算,收缩压=年龄×2+80mmHg,舒张压=收缩压×2/3。测得的血压若高于此标准20mmHg以上为高血压,低于此标准20mmHg以下为低血压。测量血压时血压计袖带的宽度应为小儿上臂长度的1/2~2/3,过宽测得的血压偏低,过窄则偏高。血压还受测量部位的影响,下肢比上肢的血压约高20mmHg。

> **重点提示**
>
> 不同年龄小儿的正常平均血压。

二、胎儿血液循环与出生后的改变

1. 正常胎儿的血液循环 胎儿时期的营养及气体代谢是经脐血管在胎盘处与母体之间

通过弥散方式进行交换的。从胎盘来的富含氧气和营养物质的动脉血经脐静脉进入胎儿体内,在肝下缘分成2支:一支入肝与肝门静脉汇合,再由肝静脉汇入下腔静脉;另一支通过静脉导管直接进入下腔静脉,和来自下半身的静脉血混合成混合血(以动脉血为主,含氧量较高),共同流入右心房。由于下腔静脉瓣的阻隔,进入右心房的混合血分2支:一支经卵圆孔流入左心房,再经左心室流入升主动脉,主要供应心、脑及上肢的血液;另一支与从上腔静脉回流、来自上半身的绝大部分静脉血一起进入右心室,再进入肺动脉。由于胎儿时期肺处于压缩状态,肺动脉里的血只有少量流入肺经肺静脉回到左心房,而大部分血液则经动脉导管与来自升主动脉的血汇合后,进入降主动脉(以静脉血为主,含氧量较低),从而供应腹腔器官

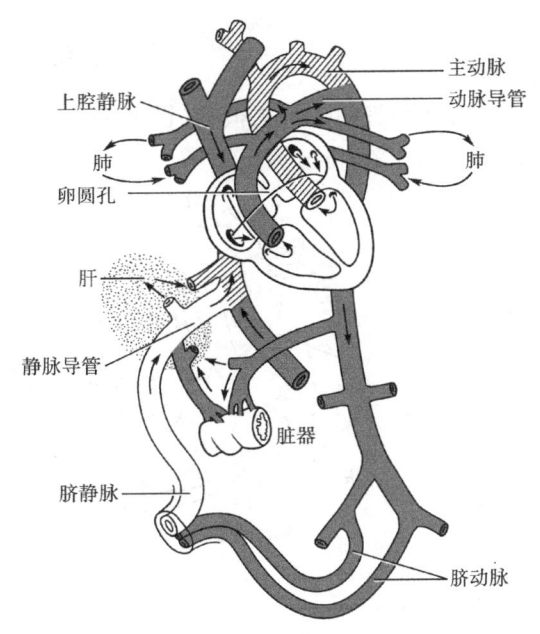

图9-2 正常胎儿的血液循环

及下肢的血液,然后通过脐动脉回到胎盘,进行营养及气体的交换,进入下一次循环(图9-2)。

综上所述,胎儿时期血液循环具有以下特点:胎儿的营养及气体代谢是通过脐血管与胎盘进行交换的;胎儿时期只有体循环而无有效的肺循环;静脉导管、卵圆孔和动脉导管是胎儿时期血液循环的特殊通道;胎儿体内绝大部分是混合血;胎儿体内血氧含量最高的部位是肝,其次是心、脑及上肢,最低的部位是下半身。

2. 出生后血液循环的改变

(1)脐血管关闭:出生后脐带被结扎,脐血管血流停止,6~8周后完全闭锁,形成韧带,脐动脉形成膀胱韧带,脐静脉形成肝圆韧带。

(2)卵圆孔关闭:出生后脐血管被阻断,呼吸建立,肺泡扩张,肺循环压力下降;经肺动脉进入肺的血量增多,使肺静脉回流到左心房的血量也增多,左心房的压力随之逐渐增高。超过右心房压力时,卵圆孔功能性关闭。生后5~7个月时,解剖上大多闭合,留下卵圆窝。

(3)动脉导管关闭:出生后由于肺循环压力降低,体循环压力增高,动脉导管处逆转为左向右分流,形成动脉导管功能性关闭;随着动脉氧分压的增高及出生后体内前列腺素的减少,使动脉导管逐渐收缩、闭塞,最后血液停止,绝大多数小儿于生后1年内形成解剖上关闭。持续不闭者,称为动脉导管未闭。

第二节 先天性心脏病患儿的护理

先天性心脏病又称先心病,是胎儿时期心脏及大血管发育异常而致的先天性畸形,是小儿最常见的心脏病。各类先天性心脏病中以室间隔缺损最多见,其次是房间隔缺损、动脉导管未闭。法洛四联症是存活的发绀型先天性心脏病中最常见的。

一、先天性心脏病的分类

先天性心脏病的种类很多(图9-3),根据心脏左右两侧和大血管之间有无分流、分流方向及临床有无青紫,可分为三大类。

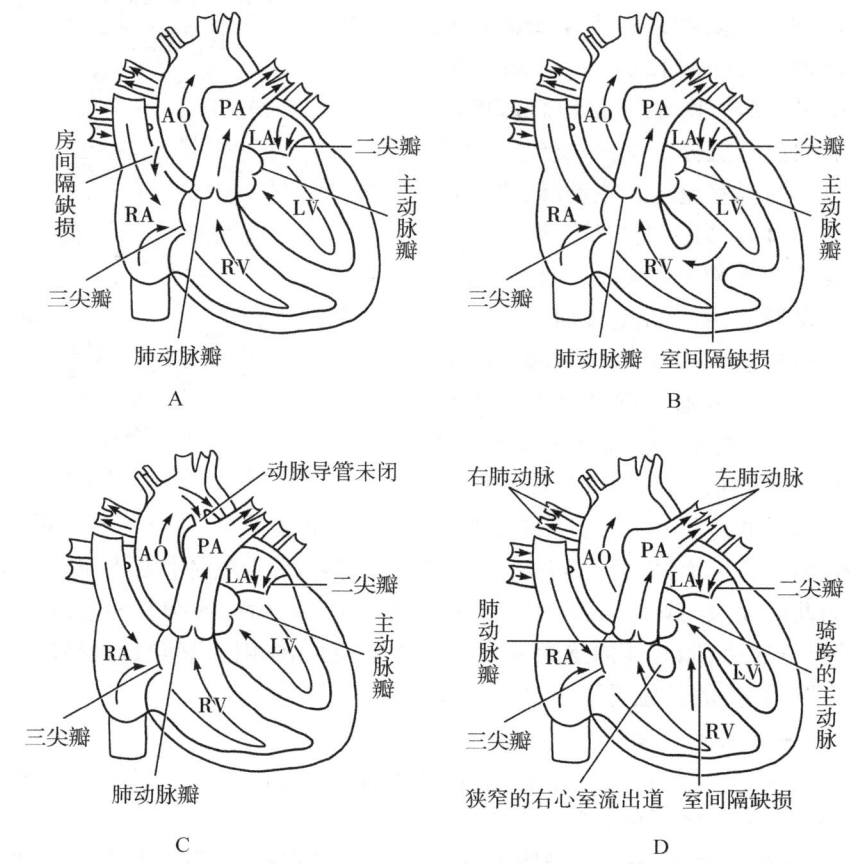

图9-3 几种常见先天性心脏病
A. 房间隔缺损;B. 室间隔缺损;C. 动脉导管未闭;D. 法洛四联症

(一)左向右分流型(潜伏青紫型)

左向右分流型是指在左右心或大血管之间存在异常通道及血液分流,由于正常情况下左心压力高于右心,体循环压力高于肺循环,故血流从左向右分流而不出现青紫。当患儿屏气、剧烈哭闹或任何病理情况下使肺动脉或右心压力增高并超过左心压力时,则使血液从右向左分流而出现暂时性青紫(清除诱因后青紫便消退),所以又称为潜伏青紫型。常见于房间隔缺损、室间隔缺损、动脉导管未闭等。晚期由于肺血管的变化,肺循环阻力进行性增加,形成肺动脉高压,从而导致肺循环压力持续高于体循环,血液从右向左流,出现持续性青紫,即艾森曼格综合征。此时如再手术纠正缺损,右向左分流中止,右心负荷明显加重,将导致右心衰竭,视为手术禁忌证。

> **重点提示**
>
> 艾森曼格综合征的发生机制。

(二)右向左分流型(青紫型)

右向左分流型是先天性心脏病中病情最严重的一类,死亡率高。在左右心或大血管之间存在异常通道及分流,且右心压力高于左心,血液从右向左分流或因大动脉起源异常,使大量静脉血进入体循环而出现持续性青紫。常见于法洛四联症、大动脉转位等。

(三)无分流型(无青紫型)

无分流型是左右心或大血管之间无异常通道或分流,所以不出现青紫。常见于肺动脉狭窄、主动脉缩窄、右位心等。

> **重点提示**
>
> 先天性心脏病的分型。

二、常见先天性心脏病患儿的护理

(一)护理评估

1. **病因** 在胎儿心脏发育时期,任何因素影响了心脏胚胎发育,使心脏某一部分发育异常,便可造成先天性心脏畸形。这类因素很多,大致可分为内因和外因两类,其中又以后者多见。

(1)内在因素:主要与遗传有关,可为染色体异常或多基因突变引起。

(2)外在因素:最主要的是宫内感染,尤其是孕母在妊娠第2~8周患病毒感染,如风疹、流行性感冒、流行性腮腺炎和柯萨奇病毒感染等,其他如孕妇缺乏叶酸,服用药物(抗癌药、抗癫痫药等),接触放射线,患有代谢性疾病(糖尿病、高钙血症等)及各种可致宫内缺氧的慢性疾病均可能与发病有关。因此要加强孕期保健,特别是妊娠早期适量补充叶酸,积极预防风疹、流感等病毒感染,避免与发病有关的因素接触。

2. **临床表现** 不同类型的先天性心脏病临床表现各不一样(表9-2),这主要取决于它们血液循环途径的不同(图9-4,彩图15)。

(1)左向右分流型先天性心脏病:其临床表现主要与缺损的大小及分流量的多少有关,轻者一般可无临床表现,只在体格检查时才发现有心脏杂音;重者则出现临床症状。此型先天性心脏病均可引起肺循环充血和体循环缺血。由于肺循环血量增多而易反复呼吸道感染(如肺炎),严重者易发生心力衰竭、亚急性感染性心内膜炎等。体循环缺血则可引起生长发育落后,活动耐力下降,面色苍白等一系列表现。当出现暂时性青紫或艾森曼格综合征时,动脉导管未闭的患儿表现为差异性青紫,即下半身青紫,左上肢有轻度青紫,右上肢则正常。另外动脉导管未闭者由于脉压增宽,可出现周围血管征:如毛细血管搏动征、水冲脉及股动脉枪击音等。

表 9-2 几种常见先天性心脏病的特点

常见先天性心脏病		房间隔缺损	室间隔缺损	动脉导管未闭	法洛四联症
分型			左向右分流型		右向左分流型
症状		生长发育落后,乏力,活动后气促、心悸、咳嗽,喂养困难,晚期出现持续性青紫	生长发育落后,乏力,活动后气促、心悸、咳嗽,喂养困难,晚期出现持续性青紫	生长发育落后,乏力,活动后气促、心悸、咳嗽,喂养困难,晚期出现持续性青紫(为差异性青紫)	生长发育落后,乏力,青紫明显,喜欢蹲踞,杵状指(趾),可有阵发性昏厥
心脏体征	杂音部位	胸骨左缘第2、3肋间	胸骨左缘第3、4肋间	胸骨左缘第2肋间	胸骨左缘第2~4肋间
	杂音性质及响度	Ⅱ~Ⅲ级收缩期喷射性杂音	Ⅲ~Ⅳ级粗糙的全收缩期杂音	连续性"机器"样杂音	Ⅱ~Ⅲ级粗糙喷射性收缩期杂音
	震颤	无	有	有	可有
	第二心音	亢进、固定分裂	亢进	亢进	减弱
	其他体征	——	——	周围血管征	杵状指(趾)
X线检查	肺动脉段	凸出	凸出	凸出	凹陷
	肺门舞蹈症	有	有	有	无
	肺野	充血	充血	充血	清晰
	房室增大	右心房、右心室	左心室、右心室、左心房	左心房、左心室	右心室肥大

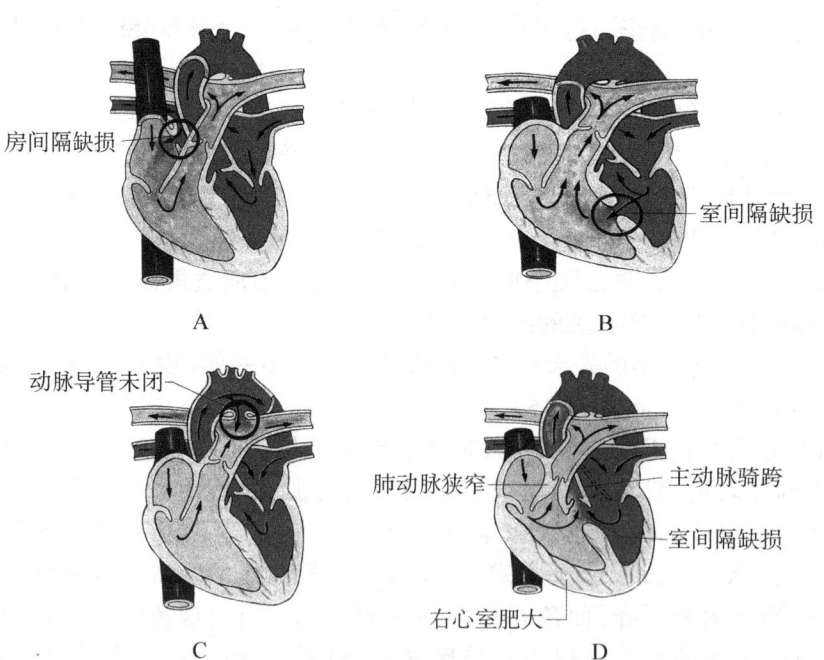

图 9-4 几种常见先天性心脏病的血液循环途径
A. 房间隔缺损;B. 室间隔缺损;C. 动脉导管未闭;D. 法洛四联症

(2)右向左分流型先天性心脏病:主要是法洛四联症,由4种畸形组成:肺动脉狭窄、室间隔缺损、主动脉骑跨和右心室肥厚。其中以肺动脉狭窄最为重要,其狭窄程度决定了临床症状的轻重。青紫是法洛四联症最突出的表现,多见于毛细血管丰富的浅表部位,如唇(图9-5,彩图16)、指(趾)甲床(图9-6,彩图17;图9-7,彩图18)、球结合膜等。患儿多有蹲踞现象,常于行走、游戏时主动蹲下片刻,小婴儿常喜欢大人抱起,双下肢屈曲。这时因下肢屈曲,静脉回心血量减少,同时下肢动脉受压,体循环阻力增加,右向左分流量减少,从而缓解缺氧症状。患

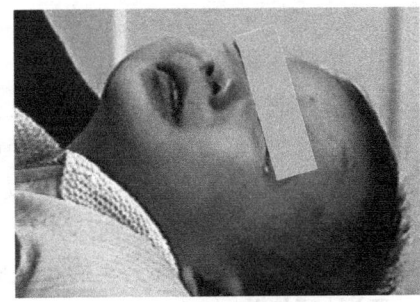

图9-5 口唇青紫

儿由于长期处于缺氧环境中,使指(趾)端毛细血管扩张增生,局部软组织和骨组织也增生肥大,表现为指(趾)端膨大如鼓槌状,即杵状指(趾)。婴儿在哭闹或吃奶时可出现阵发性呼吸困难,严重者可引起突然昏厥、抽搐,甚至死亡。因机体长期缺氧,红细胞代偿性增加,血液黏滞度增高,故易并发脑血栓、脑脓肿及亚急性细菌性心内膜炎等。

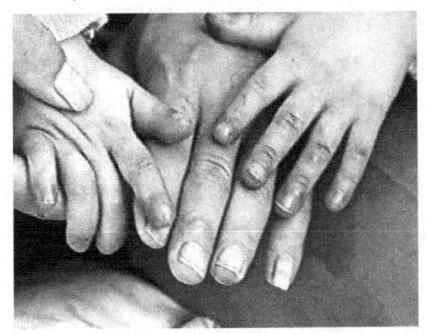

图9-6 指甲床青紫

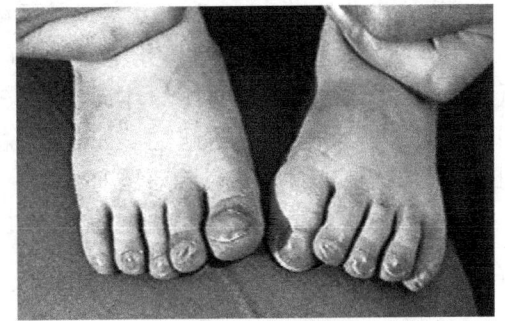

图9-7 趾甲床青紫

3. 心理-社会状况　父母因患儿先天性心脏畸形而感到无限的忧虑和日益加重的压力,加之对疾病知识的缺乏、小儿喂养困难、体弱多病、发育迟缓、活动受限、手术费用昂贵及手术效果的好坏而会产生紧张、焦虑、抱怨及恐惧等心理。患儿因发育落后,不能按时入学,正常的活动受到一定程度的限制,也会出现抑郁、自卑、焦虑、恐惧等心理。另外,如果家长过度呵护患儿,则会使其发展为脆弱、依赖及以自我为中心的个性。

4. 常用的辅助检查
(1)X线检查:见表9-2。
(2)心电图:能反映心脏位置,心房、心室有无肥厚以及心脏传导系统的情况。
(3)超声心动图:是一项无痛、非侵入性检查方法,能精确地显示心脏内部结构,确定缺损部位。
(4)其他检查方法:根据情况可选择心导管、心血管造影及磁共振成像等检查方法。

(二)治疗原则

1. 内科治疗　目的在于防治并发症,维持患儿正常生活,使之能安全达到最佳手术年龄。

2. 外科治疗　大部分常见的左向右分流型及无分流型先天性心脏病可施行根治手术。分流量小的房间隔缺损和动脉导管未闭患儿,可采用心导管介入疗法,疗效较好。手术的适宜年龄应根据患儿心脏畸形的类型、临床症状、精神状态及社会因素等具体条件而定,通常以4~

6岁为宜。右向左分流型先天性心脏病,如法洛四联症患儿,大多数于2岁时施行根治手术。若重度发绀、肺血管发育不良,应先做姑息性分流术,2岁时再做选择性根治术。

(三)护理问题/诊断

1. 活动无耐力　与患儿体循环血量减少或血氧饱和度下降有关。
2. 营养失调,低于机体需要量　与喂养困难及组织缺氧有关。
3. 潜在并发症　呼吸道感染、心力衰竭、感染性心内膜炎、急性脑缺氧发作、脑血栓。
4. 焦虑或恐惧　与家长对手术的担心和患儿喂养困难、体弱多病等有关。
5. 知识缺乏　家长缺乏疾病相关的护理、治疗及预防等知识。

(四)护理措施

1. 调整和控制活动量

(1)制定合理的生活制度:合理安排患儿的作息时间,保证充足的睡眠和休息;根据患儿活动耐力,安排适当的活动量;保持环境安静,多拥抱患儿,减少哭闹及不良刺激,使患儿舒适;护理操作尽量集中进行,避免患儿情绪激动及大哭大闹;重症患儿应卧床休息以减少氧耗,从而减轻患儿的心脏负担。每日测心率或脉搏2~4次。

(2)评估患儿活动耐力:对患儿活动的可耐受程度进行评估,再决定患儿的活动强度和时间。评估方法为活动前先测量患儿生命体征(脉搏、血压、呼吸);活动时应密切观察患儿有无缺氧的表现;活动后立即测量生命体征;休息3min后再次测量生命体征,此时如呼吸、血压恢复到活动前水平,脉率增快不超过6/min,则说明活动适度。如果患儿出现面色苍白、青紫、胸闷、心悸、眩晕等症状时,说明活动强度过大。应立即停止活动,卧床休息,抬高床头并记录。

(3)法洛四联症患儿出现蹲踞时应让患儿自然蹲踞和起立,不要强行拉起。

> **重点提示**
>
> 先天性心脏病患儿活动量的控制和调整。

2. 合理喂养

(1)正确喂养:先天性心脏病婴儿由于体循环血量少或血氧饱和度下降,胃肠黏膜组织缺氧,消化功能降低,食欲下降;活动耐力降低,常于吸吮时出现气促、青紫等症状而被迫暂停哺喂。①必要时哺喂前可先吸氧,将患儿取斜抱位间歇哺乳;②要有耐心和细心,适当延长每次哺乳时间;③奶瓶喂养者,可适当加大奶头孔,亦可采用滴管喂养;④哺喂应少量多餐,不要进食过饱;⑤哺乳后取右侧卧位,以防呕吐而造成窒息。

(2)食物选择:应提供高蛋白、高维生素、易消化吸收的食物,同时给予适量的粗纤维食物,保证大便畅通。食欲差者应经常调换食物品种,以增进食欲。

3. 观察病情,预防并发症

(1)预防感染:将患儿与感染性疾病患儿隔离,避免到人群集中的公共场所,以防交叉感染;根据气候及时增减衣物,避免感冒;小手术(如扁桃体切除术、拔牙等)时,术前、术后应按医嘱给予足量抗生素,并要严格按照无菌技术操作;观察口腔黏膜有无破损、出血,每日进行口腔护理2次;先天性心脏病患儿,除严重心力衰竭者,均需要接受预防接种。发生感染时应积极治疗,感染性心内膜炎者应选有杀菌作用的抗生素,疗程为4~6周。

(2)预防心力衰竭:饮食上应少量多餐,给予适量粗纤维食物,以保持大便通畅,适当限制钠盐的摄入,从而减轻心脏负担;应保持环境安静,避免患儿哭闹,采取半卧位休息;严格控制输液的速度<5ml/(kg·h);密切观察病情,一旦出现烦躁不安、呼吸困难、面色苍白、呼吸和心率明显增快、肝大、尿少等心力衰竭表现时,应立即将患儿置于半卧位,吸氧,及时报告医生。

(3)预防急性脑缺氧的发作:加强对法洛四联症患儿活动的严格管理,尤其注意患儿在哭闹、喂哺、排便时有无青紫、呼吸困难加重而致突然昏迷、惊厥等脑缺氧发作表现。一旦出现,应立即将患儿采取胸膝卧位,吸氧,报告医生,并准备普萘洛尔、吗啡等急救药品。

(4)预防脑血栓:法洛四联症由于血液黏滞度高,患儿发热、呕吐、多汗等情况下水分丢失增多,而易引起脑血栓,所以应注意补充足够的液体。一旦出现偏瘫、失语等脑栓塞表现时,应立即报告医生。

> **重点提示**
>
> 先天性心脏病患儿出现急性脑缺氧发作时的处理。

4. 心理护理 护理人员应有爱心和耐心,多拥抱、抚摸患儿,给予患儿良好的休息环境,建立良好的护患关系,减轻患儿的紧张心理;对家长和年长患儿应解释病情和检查、治疗经过、心脏外科手术的进展及同类疾病治愈的病例,使他们了解本病大多能治愈或部分矫治,并解释对于缺损小的部分可自然闭合,即使不闭合,对患儿生长、学习的影响也不大,以解除其焦虑。

5. 健康指导 指导家长根据患儿不同年龄做好家庭护理。

(1)正确喂养:合理安排患儿饮食,耐心喂养。予以高蛋白质、高维生素、高能量的食物,满足患儿需要。多进食富含膳食纤维的蔬菜、水果等,保证大便通畅,若2d不排便,可给予开塞露通便。注意饮食卫生,避免腹泻、呕吐,尤其是法洛四联症患儿,以防因脱水而诱发脑血栓。喂养时还应注意观察患儿的呼吸、面色、神志改变等。

(2)制定合适的生活制度:合理安排患儿生活,做到劳逸结合。不必严格限制患儿活动,以免引起其心理负担。学龄期患儿可与老师联系,适当限制其活动,不参加剧烈的体育活动。

(3)防止呼吸道感染:注意防寒保暖,心功能好的患儿按期预防接种。

第三节 充血性心力衰竭患儿的护理

> **案例分析**
>
> 患儿,男,5个月,自生后3个月起,哭闹后常出现青紫,安静后缓解。5d前出现阵发性咳嗽,夜间稍多。伴气促,且于安静时也口唇青紫。今起患儿出现烦躁、哭闹,尿量少。否认患儿病前有异物吸入及呛咳史。查体:体温36.5℃,脉搏166/min,呼吸65/min,血压85/59mmHg,体重4.3kg。神志清,哭闹,面色略青灰、口唇发绀。前囟平,颈软,鼻翼扇动,三凹征,两肺呼吸音粗,闻及少许固定湿啰音。心音中,律齐,胸骨左缘3、4肋间可闻及Ⅲ~Ⅳ级收缩期杂音,肺动脉瓣第二心音亢进。腹部软,肝肋下3.5cm,脾肋下刚触及。神经系统检查阴性。

充血性心力衰竭是指某种原因引起心脏泵血功能减退,致使心排血量不能满足全身组织代谢的需要,并出现肺循环和(或)体循环淤血的临床综合征,是小儿时期的危重症之一。

一、护理评估

1. 病因及发病机制

(1) 病因:临床上引起小儿心力衰竭的原因很多,小儿时期心力衰竭以 1 岁以内发病率最高,其中以先天性心脏病引起的最多见;儿童时期以风湿性心脏病和急性肾炎引起的心力衰竭最为多见;另外,病毒性心肌炎、川崎病、严重贫血、营养不良、电解质紊乱、输液或输血过多和过快、心律失常等均是小儿心力衰竭的诱因。

(2) 发病机制:当心脏泵血功能减退时,心脏首先会发生代偿作用,即心脏出现心肌肥厚、心脏扩大及心率增快,但心肌能量消耗增加,心肌血供相对不足,收缩力会减弱,且当心率增快超过一定程度时,舒张期缩短,心排血量反而减少。当心排血量不能满足机体代谢需要时,即出现心力衰竭。心力衰竭时,由于心室排血量减少,心室内残余血量增多,舒张期充盈压力升高,可出现组织缺氧以及心房和静脉淤血,所以左侧心力衰竭会引起肺循环淤血,右侧心力衰竭则引起体循环淤血,从而出现相应的临床表现。

2. 临床表现 年长儿心力衰竭的表现与成人相似。婴幼儿表现多不典型,通常起病急,病情重,进展快。

(1) 左侧心力衰竭:主要表现为肺循环淤血和心排血量降低。①呼吸困难:劳力性呼吸困难是最早出现及最常见的症状,典型者可表现为夜间阵发性呼吸困难,病情如进一步加重,患儿休息时也有肺淤血,不能平卧,需要采取端坐位或半卧位以减轻呼吸困难,称端坐呼吸。②咳嗽、咳痰:咳嗽症状出现较早,夜间多见,初期患儿常咳白色浆液泡沫痰,典型表现者可咳粉红色泡沫痰。③心排血量降低:患儿可出现乏力、头晕、嗜睡、烦躁、尿量减少等症状。④体征:双肺底或全肺可闻及细湿啰音或哮鸣音,啰音的分布可随体位的变化而改变;心率增快,心尖部可闻及舒张期奔马律。

(2) 右侧心力衰竭:主要表现为体循环淤血。消化道症状是最常见的表现,因肠道、肝等脏器淤血而出现食欲缺乏、恶心、呕吐等症状;检查可见心率增快、心音低钝、身体的下垂部位水肿、颈静脉怒张、肝颈反流试验阳性、肝大等。

(3) 全心衰竭:可出现上述两方面表现。

心力衰竭的临床诊断依据:①安静时心率增快且不能用发热或缺氧解释,婴儿>180/min、幼儿>160/min;②呼吸困难、青紫突然加重,安静时呼吸>60/min;③突然出现烦躁不安、面色苍白或发灰,而不能用原发病解释;④心音明显低钝,或出现奔马律;⑤肝大达右肋下 3cm 以上,或在短时间内较前增大;⑥尿少、下肢水肿,排除其他原因造成者。

3. 心理-社会状况 患儿出现明显不适而产生焦虑或恐惧。家长因看到患儿呼吸困难等严重表现,会出现焦虑不安、沮丧等,对医务人员的言行举止和态度比较敏感,渴望得到健康指导及心理支持。

4. 常用的辅助检查

(1) X 线检查:心影多呈普遍性增大,搏动减弱,肺纹理增多,肺部淤血。

(2) 心电图:不能用于心力衰竭的诊断,但可提示心房、心室肥厚和心律变化情况,有助于病因诊断和指导强心苷药物的应用。

(3) 超声心动图:可发现心室腔和心房腔扩大,心室收缩时间期延长,射血分数降低。

二、治疗原则

充血性心力衰竭的治疗原则：积极治疗原发病，去除诱因；改善血流动力学；改善心肌能量代谢，保护心肌细胞。急救的主要措施有吸氧、镇静（地西泮）、强心、利尿、扩张血管。

三、护理问题/诊断

1. 心排血量减少　与心肌收缩力下降有关。
2. 体液过多　与心功能下降、循环淤血有关。
3. 气体交换受损　与肺淤血有关。
4. 焦虑　与疾病的痛苦、病情危重及环境改变有关。
5. 知识缺乏　患儿家长缺乏有关急性心力衰竭的护理及预防知识。

四、护理措施

1. 休息　充分的休息可减轻心脏负担，可取平卧或半卧位。明显左侧心力衰竭时取半卧位或坐位，双腿下垂，从而减少回心血量，降低心脏负荷。但应避免长期卧床，以防静脉血栓等并发症形成。减少对患儿的刺激，避免患儿烦躁、哭闹，必要时可按医嘱使用镇静药。

> **重点提示**
>
> 减轻心力衰竭患儿心脏负荷的措施。

2. 合理营养　患儿食物应为高蛋白、高维生素、清淡、易消化的食物；避免进食胀气及刺激性食物；应少量多餐，防止过饱。婴儿喂奶时奶头也宜稍大，以免吸吮费力，但应注意防止呛咳。限制钠盐的摄入，尽量减少输液或输血，必要时每日输液总量应在 75ml/kg 以下，输液速度宜慢，一般不超过 5ml/(kg·h)。应多吃蔬菜、水果，避免患儿用力排便，经常做腹部顺时针按摩，必要时可使用开塞露或睡前服少量食物油。

3. 吸氧　应及时给予吸氧，因急性心力衰竭时多有肺淤血和肺水肿，造成气体交换受损，而导致缺氧。急性肺水肿吸氧时可给予 20%~30% 乙醇湿化，改善气体交换。

4. 密切观察病情　密切观察生命体征的变化，脉搏必须数满 1min，必要时监测心率；详细记录出入量，定时测体重，了解水肿变化情况。做好水肿部位的皮肤护理，注意观察皮肤水肿部位及受压部位皮肤有无发红、破溃等现象，发生压疮者应积极按常规处理。

5. 用药护理

（1）强心苷：由于强心苷类药物的治疗剂量和中毒剂量比较接近，故易发生中毒。小儿强心苷中毒最常见的表现为心律失常；其次为恶心、呕吐等消化道症状；神经系统症状（如嗜睡、头晕、色视等）较少见。应加强对应用强心苷类药物患儿的护理。①给药前：急性心力衰竭多静脉给药，应保证用药量的精确性，配药时须用 1ml 注射器准确抽取药液，并以 5% 或 10% 葡萄糖液稀释；每次注射前应测患儿脉搏（必要时测心率），若脉率缓慢（年长儿<60/min，婴幼儿<80/min）、脉律不齐、心电监护示 PR 间期较用药前延长 50% 或出现室性早搏时，应立即与医生联系。②给药时：静脉推注速度要慢（不<5min），并密切观察患儿脉搏变化情况；强心苷类药物不能与其他药物混合注射，以防因药物相互作用而引起中毒。③给药后：用药后 1~2h 监

测心率和心律,观察心力衰竭是否改善。④用药期间:多给患儿进食富含钾的食物或按医嘱给予氯化钾,因低钾血症是强心苷中毒较常见的诱因;因钙对强心苷类药物有协同作用,应避免输入钙剂,若必须输入钙剂时,两种药物之间至少间隔4h,并需严密观察心率和心律,暂停进食含钙量高的食物;密切观察患儿情况,一旦出现强心苷中毒反应,应立即报告医生,并按医嘱予以处理。

> **重点提示**
>
> 强心苷类药物的中毒反应。

(2)利尿药:①观察利尿效果。用药前后注意仔细观察患儿水肿变化情况,准确记录24h出入量,定期测体重,以了解利尿效果。②观察利尿药的不良反应。应监测患儿的心率、脉搏、血压、水、电解质等,观察患儿有无乏力、心悸、肠鸣音减弱等低钾血症表现。③利尿药给药时间。应于早晨或日间给药,以免影响夜间睡眠。

(3)血管扩张药:使用硝普钠静脉滴注需注意的事项。①不可与其他药物配伍,应现用现配,配制后在6h内使用;②选用避光输液装置,以免药物遇光分解;③由于硝普钠扩血管作用强烈,起效快,血压波动幅度大,必须严格控制滴速,严密监测血压、心率和硝普钠不良反应(恶心、呕吐、精神不安、肌痉挛、头痛、皮疹、出汗、发热等);④防止药液的外渗,造成组织损伤。

6. 健康指导　向患儿及家长介绍充血性心力衰竭的病因、诱因及防治措施,指导患儿及家长根据病情适当安排休息,避免情绪激动和过度活动;注意营养并防止受凉感冒;指导家长掌握出院后的一般用药和护理的方法。

讨论与思考

1. 先天性心脏病的分类及常见类型?
2. 什么是艾森曼格综合征?
3. 急性充血性心力衰竭的临床诊断依据有哪些?
4. 心力衰竭患儿在应用强心苷药物时用药前、用药时及用药后有哪些注意事项?

(高秋珍)

第10章

泌尿系统疾病患儿的护理

学习要点
1. 小儿泌尿系统解剖生理特点
2. 小儿正常尿量、少尿、无尿的标准。12h尿沉渣(Addis)计数的定义
3. 小儿急性肾小球肾炎、原发性肾病综合征、泌尿道感染的病因、临床表现、辅助检查、护理措施及健康教育

小儿的泌尿系统在解剖及生理方面与成人不尽相同,这就决定了小儿时期泌尿系统的患病特点。下面的知识框架图提示了我们在本章中要学习哪些疾病,这些疾病的哪些护理内容又是我们应该掌握的(图10-1)。

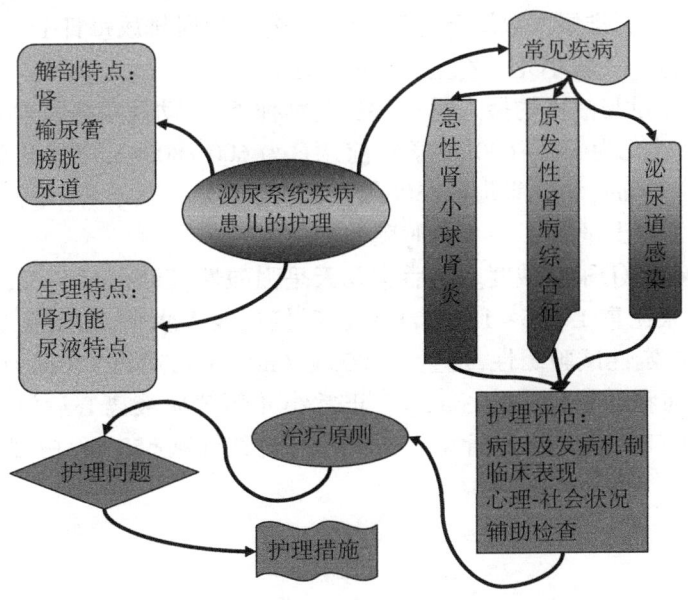

图10-1 泌尿系统疾病患儿护理思维导图

第一节 小儿泌尿系统解剖生理特点

一、解 剖 特 点

1. 肾　小儿年龄越小,肾相对越大,婴儿肾位置较低,其下极可低至髂嵴以下第4腰椎水平,2岁以后才达到髂嵴以上。婴儿肾表面呈分叶状,至2~4岁时分叶消失。

2. 输尿管　婴儿输尿管长而弯曲,管壁肌肉及弹力纤维发育不全,容易受压扭曲而导致梗阻,出现尿潴留,引起泌尿道感染。

3. 膀胱　婴儿膀胱位置相对较高,尿液充盈时,易在腹部触及,随着年龄增长,逐渐降至骨盆内。

4. 尿道　女婴尿道较短,新生儿尿道仅为1cm,尿道外口暴露,且接近肛门,易被粪便污染,故上行感染较男婴多。男婴尿道较长,但常因包皮过长、包茎污垢积聚引起上行感染。

二、生 理 特 点

1. 肾功能　新生儿出生时肾单位数量已达成人水平,但其生理功能尚不完善,新生儿及婴幼儿的肾小球滤过率低,肾血流量、肾小管的重吸收能力及排泄功能均不成熟,表现为排尿次数较多,尿比重低。

2. 尿液特点

(1)外观:正常小儿的尿液为淡黄色。出生后最初几天尿色较深,放置后有红褐色沉淀,为尿酸盐结晶。寒冷季节小儿尿液排出后变为白色浑浊,是尿中盐类结晶析出所致。

(2)排尿次数:新生儿在生后24~48h内排尿。生后最初几天因摄入少,每日排尿4~5次;1周后因摄入量增加,排尿次数增至每日20~25次;1岁时排尿每日15~16次;学龄前和学龄期减至每日6~7次。一般小儿3岁左右已能控制排尿。

(3)尿量:小儿尿量与液体的摄入量、气温、食物种类、活动及精神因素有关。正常婴儿每日尿量400~500ml,幼儿为500~600ml,学龄前儿童为600~800ml,学龄儿童为800~1400ml。若学龄儿每日尿量<400ml,学龄前儿童<300ml,婴幼儿<200ml为少尿。每日尿量<50ml为无尿。当尿量超过正常排出量的2.5~3倍时疑为多尿。

(4)小儿尿液特点:①尿酸碱度。生后头几天呈强酸性,以后pH 5~7,呈弱酸性或中性。②尿比重。新生儿尿比重1.006~1.008,1岁以后接近成人水平,为1.011~1.025。③尿蛋白。正常小儿尿蛋白定性试验阴性,定量≤100mg/(m^2·d),超过150mg/(m^2·d)为异常。④尿沉渣及12h尿细胞计数(Addis count)。正常小儿新鲜尿液离心后沉渣镜检,红细胞<3个/HP,白细胞<5个/HP,偶见透明管型。Addis计数:红细胞<50万,白细胞<100万,管型<5000个。

第二节 急性肾小球肾炎患儿的护理

> **案例分析**
>
> 患儿,男,7岁,2周前患扁桃体炎。近2d来眼睑水肿,尿少,肉眼血尿。查体:血压145/90mmHg,双眼睑水肿,咽稍充血,扁桃体Ⅱ度肿大,双下肢非凹陷性水肿。实验室检查示尿蛋白++,大量红细胞;血红细胞和血红蛋白轻度下降;补体C3下降;抗链球菌溶血素"O"(ASO)800U。

急性肾小球肾炎简称急性肾炎,是一组不同病因所致的感染后免疫反应引起的急性弥漫性肾小球非化脓性炎性病变。为儿科常见疾病,临床上以水肿、少尿、血尿、高血压、蛋白尿为主要表现。本病呈自限性经过,预后良好,极少数发展为慢性肾炎。

一、护理评估

1. **病因** 最常见的是由A组β溶血性链球菌感染后引起的免疫复合物性肾炎。其他如金黄色葡萄球菌、肺炎链球菌、革兰阴性杆菌等也可致病;流感病毒、腮腺炎病毒、柯萨奇病毒和埃可病毒、真菌、钩端螺旋体、立克次体和疟原虫等也可导致急性肾炎。

2. **发病机制** 链球菌菌株的某些抗原刺激机体产生相应抗体,形成抗原抗体复合物,沉积于肾小球基底膜并激活补体,引起一系列免疫损伤和炎症,使肾小球毛细血管管腔变窄、甚至闭塞,导致肾小球血流量减少,肾小球滤过率降低,体内水、钠潴留,导致细胞外液容量扩张,临床上出现少尿、不同程度的水肿、高血压;严重者有循环充血、高血压脑病、急性肾功能不全等症状。免疫损伤使肾小球基底膜破坏,血浆蛋白、红细胞通过肾小球毛细血管壁渗出到肾小球囊内,尿中出现蛋白、红细胞和各种管型。

> **重点提示**
>
> 急性肾小球肾炎最常见的病因是由A组β溶血性链球菌感染后引起。

3. **临床表现** 每年秋、冬是急性肾小球肾炎的发病高峰期,发病前多有呼吸道前驱感染史,尤以咽扁桃体炎常见,感染至肾炎发病为1~2周;夏秋季则为皮肤感染,感染至肾炎发病为2~3周。发病年龄以5~12岁为多见,<2岁者少见。男女性别比为2∶1。起病时可有低热、食欲减退、乏力、腰部钝痛等非特异性症状。

(1)典型表现:①水肿、少尿。为最早出现的症状,病初多从眼睑开始,晨起重,以后发展至下肢或遍及全身。水肿多数为轻、中度,非凹陷性。在水肿严重时尿量明显减少,甚至无尿。②血尿。起病时几乎都有血尿,30%~50%的患儿有肉眼血尿(图10-2,彩图19),呈浓茶色或烟灰水样(酸性尿),也可呈洗肉水样(中性或弱碱性尿);其余表现为镜下血尿。血尿同时常伴有不同程度蛋白尿,一般为轻、中度,少数可达肾病水平。③高血压。30%~70%可有高血压,学龄前小儿>120/80mmHg,学龄儿>130/90mmHg,患儿血压在1~2周内随尿量增多而恢复正常。

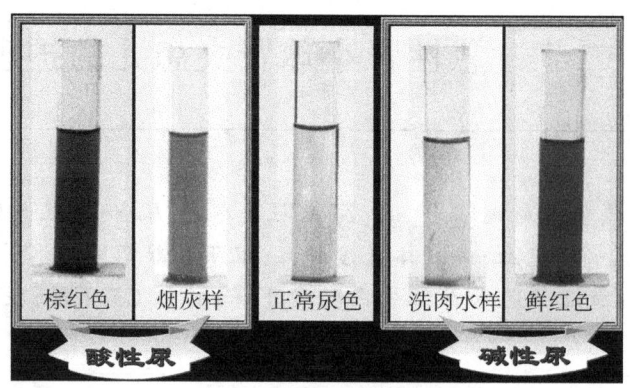

图 10-2 肉眼血尿

(2)严重表现:多发生于起病1~2周内,可危及患儿生命,应早期发现,及时治疗。①严重循环充血。因水、钠潴留导致血容量增加引起循环充血,当肾炎患儿出现呼吸困难和肺部湿啰音时,应怀疑有循环充血的可能。严重者明显水肿、持续少尿乃至无尿,呼吸困难,端坐呼吸、咳嗽、咳粉红色泡沫痰,两肺布满湿啰音、心率增快、心脏扩大,出现奔马律、肝进行性增大。危重患儿可因急性肺水肿于数小时内死亡。②高血压脑病。血压骤升,超过脑血管代偿收缩功能,使脑血流灌注过多而出现脑水肿。表现为血压突然升高(150~160/100~110mmHg以上),患儿诉剧烈头痛、呕吐、视物模糊乃至一过性失明,严重者出现昏迷、惊厥等。③急性肾衰竭。严重少尿或无尿患儿可出现暂时性氮质血症、电解质紊乱和代谢性酸中毒。一般持续3~5d,在尿量逐渐增多后,病情好转。若持续数周不恢复,则预后差。

4. 心理-社会状况 患者大多数为学龄儿,住院后会使患儿的学习受到一定的影响,表现为情绪低落、烦躁。护士应帮助病儿和家长树立战胜疾病的信心,对患儿和蔼可亲,善沟通,消除患儿焦虑和悲观的情绪。本病病程较长,镜下血尿的持续时间迁延数月至1~2年,患儿或其家长缺乏本病的有关知识,担心转为慢性肾炎甚至尿毒症,常有恐惧、忧虑、急躁等情绪。

5. 辅助检查

(1)尿液:尿蛋白+~+++,镜检除见大量红细胞外,可有透明管型、颗粒管型或红细胞管型。

(2)血液:①血常规示红细胞和血红蛋白下降(血液被稀释),白细胞正常或增多;②血沉增快,1~3个月恢复正常;③血清抗链球菌抗体(抗链球菌溶血素"O"、抗脱氧核糖核酸酶、抗透明质酸酶)升高,是诊断链球菌感染后肾炎的依据;④血清总补体CH 50和C 3检查;90%的病儿早期下降,多于6~8周恢复正常;⑤肾功能检查多数正常,但在肾功能不全时有氮质血症、高血钾及酸中毒。

> **重点提示**
>
> 1. 急性肾小球肾炎典型表现有水肿、少尿、血尿、高血压。
> 2. 重症肾小球肾炎多发生于起病1~2周内,应多注意观察病情变化。

二、治疗原则

本病无特异治疗。主要是休息和对症处理,消除病灶,及时治疗严重并发症。

1. 消除病灶 对仍有咽部、皮肤感染灶者应给予青霉素或其他敏感抗生素治疗7~10d。
2. 对症治疗
(1)利尿:经控制水钠入量仍有水肿、少尿者,应给予利尿药。可选用呋塞米利尿。
(2)降压:经休息、控制水钠入量、利尿后血压仍高者,应给予降压药,首选硝苯地平。
3. 严重并发症的治疗
(1)高血压脑病:首选硝普钠,惊厥者同时给予地西泮止惊及呋塞米利尿脱水等。
(2)严重循环充血:应严格限制水、钠入量,尽快使用利尿药,如呋塞米静脉注射。
(3)急性肾功能不全:治疗中使患儿度过少尿期,静注呋塞米,必要时采用透析疗法。

三、护理问题

1. 体液过多 与肾小球滤过率下降有关。
2. 潜在并发症 严重循环充血、高血压脑病、急性肾功能不全。
3. 知识缺乏 与患儿及家长缺乏本病的护理知识有关。

四、护理措施

1. 休息 以减轻心、肾负担,使肾血流量增加,水肿消退。
(1)卧床休息:急性期(起病2周内)需卧床休息,防止并发症的发生。
(2)散步:当肉眼血尿消失,水肿消退,血压正常后可下床轻微活动及户外散步。
(3)上学:2~3个月后,尿中红细胞减少,血沉正常可上学,但应避免剧烈活动。
(4)正常活动:尿液Addis计数正常后方可恢复正常活动。
2. 饮食护理 在水肿、少尿、高血压期间,应适当限制钠盐摄入(低盐饮食1~2g/d),给予高糖、高维生素、适量蛋白质和脂肪的低盐饮食;有氮质血症者应限制蛋白质入量0.5g/(kg·d)。在尿量增加、水肿消退、血压正常后,可恢复正常饮食,以满足患儿生长发育的需要。
3. 用药观察 使用利尿药、降压药前后应观察尿量、体重、水肿的变化,尤其静脉注射呋塞米后,要注意有无大量利尿,有无脱水、低钠血症、低钾血症等现象发生。定时测量血压,观察降压效果,避免患儿突然起立,以防直立性低血压的发生。使用硝普钠注意事项参见心力衰竭的护理。
4. 病情观察
(1)密切观察生命体征变化,遵医嘱测量体温、脉搏、呼吸和血压,并做好记录,警惕严重循环充血的发生。一旦发生循环充血,应立即将患儿半卧位,吸氧,报告医生并按医嘱给予利尿药。
(2)观察尿量、尿色变化,准确记录24h出入量,每周留尿标本送尿常规检查2次。予以1000ml一次性量杯准确测量尿量;对于未有小便训练的患儿,给予一次性尿布,在小便前后称尿布重量,记录结果。若患儿尿量增加,肉眼血尿消失,提示病情好转。当尿量持续减少,病儿若出现头痛、恶心、呕吐等,要警惕急性肾功能不全的发生。
(3)观察患儿水肿增减的情况,每日或隔日测体重1次并做好记录。

(4) 观察血压变化,若出现血压突然升高、剧烈头痛、呕吐、视物模糊等,提示有高血压脑病的可能,应报告医生,按医嘱给予降压、镇静处理,脑水肿时给予脱水药物。

5. 健康教育　向患儿家长及年长儿解释急性肾小球肾炎是自限性疾病,主要是休息及对症治疗,彻底清除感染灶,通过积极治疗,95%的患儿能完全恢复。护士要帮助患儿及家长理解低盐饮食在水肿期间的重要性。讲解注意锻炼身体,增强抵抗疾病的能力,避免上呼吸道感染(急性扁桃体炎)和皮肤感染是预防本病的关键。告知家长痊愈出院后需定期复查尿常规等,随访时间一般为6个月。

> **重点提示**
>
> 急性肾小球肾炎患儿的休息、饮食方面指导。

第三节　原发性肾病综合征患儿的护理

> **案例分析**
>
> 患儿,男,5岁,反复颜面及双下肢水肿、腹胀伴尿少20d。查体:体温36.8℃,脉搏90/min,呼吸26/min,血压90/60mmHg,双眼睑水肿,腹膨隆,移动性浊音阳性,双下肢呈凹陷性水肿。实验室检查示血白细胞$6.63×10^9$/L,尿蛋白++++,血浆清蛋白20g/L,血胆固醇7.6mmol/L,尿素氮3.5mmol/L。血ASO 200U。

小儿肾病综合征是由于多种病因造成肾小球基底膜通透性增高,大量蛋白从尿中丢失的临床综合征。主要特点是大量蛋白尿、低蛋白血症、不同程度的水肿和高胆固醇血症,即"三高一低"四大特征]。按病因可分为先天性、原发性、继发性肾病三大类,小儿时期大多数为原发性肾病,根据其临床表现分为单纯性肾病、肾炎性肾病。其中以单纯性肾病多见。

一、护理评估

1. 病因及发病机制　病因尚未阐明。单纯性肾病可能与T细胞免疫功能紊乱有关。肾炎性肾病患者的肾病变中常可发现免疫球蛋白和补体成分沉积,提示与免疫病理损伤有关。

2. 临床表现

(1)单纯性肾病:单纯性肾病发病年龄多为2~7岁,男女之比为2:1。有三高一低的临床特点。①大量蛋白尿:为肾病最主要的病理生理改变,蛋白尿的形成与基底膜的静电屏障作用受损有关,为选择性蛋白尿,尿蛋白多为+++~++++,定量>0.1g/(kg·d)。②低蛋白血症:是肾病改变的关键环节。大量蛋白从尿中丢失,而导致低蛋白血症。血浆总蛋白<45~50g/L,清蛋白<25g/L,球蛋白相对增加。③水肿:一般认为是低蛋白血症降低血浆胶体渗透压,液体由血管内向组织间隙渗透所致。水肿是最常见的临床表现。水肿始自眼睑、颜面,渐及下肢、全身,呈凹陷性,男孩常有显著的阴囊水肿。严重者可有浆膜腔积液如胸腔积液、腹水,出现呼吸困难,体重增加。水肿同时常有尿量减少。④高胆固醇血症。低蛋白血症促使肝合成蛋白增

加,其中大分子脂蛋白难从肾排出而蓄积于体内,导致高胆固醇血症的发生。血浆胆固醇儿童>5.7mmol/L,婴幼儿>5.2mmol/L。

(2)肾炎性肾病:发病年龄多在学龄期,水肿一般不严重,除具备上述肾病的四大特征外,还有血尿、高血压、氮质血症、血清补体降低等一项或多项。

(3)并发症:①感染。是最常见的并发症和引起死亡的原因。有呼吸道、皮肤、泌尿道感染及腹膜炎等。其中上呼吸道感染占50%。感染又可促使病情反复或加重。②电解质紊乱。常见的有低钠、低钾、低钙血症。③血栓形成。以肾静脉血栓常见,可发生腰痛或腹痛,肉眼血尿或急性肾衰竭。④急性肾衰竭。多数为起病或复发时,低血容量所致的肾前性肾衰竭。⑤生长延迟。见于频繁复发,长期使用激素治疗的患儿。

3. 心理-社会状况 患儿因正常活动不同程度受限,使他们易产生烦躁情绪。家长因患儿住院时间长,病情易复发,影响患儿学习和家长的工作,情绪易波动等。因激素治疗的时间较长,患儿担心激素不良反应如库欣综合征对将来的健康有影响,形象改变产生自卑心理,渴望获得相关知识。护士应多与家长及患儿沟通,讲解有关知识,取得他们的信任,建立良好的护患关系。

4. 辅助检查

(1)尿液检查:尿蛋白明显增多,定性≥+++,24h尿蛋白定量≥0.1g/kg。尿沉渣镜检可见透明管型及少数颗粒管型。肾炎性肾病还可见红细胞。

(2)血液检查:血浆总蛋白低于正常,清蛋白下降更明显,清蛋白、球蛋白比例倒置;血沉增快,血清胆固醇明显增高。肾炎性肾病血清补体降低,有不同程度的氮质血症。

> **重点提示**
> 1. 肾病综合征主要临床特点为大量蛋白尿、低蛋白血症、水肿和高胆固醇血症。
> 2. 肾病综合征患儿最早出现的症状是水肿。
> 3. 感染是肾病综合征患儿最常见的并发症及复发的诱因。

二、治 疗 原 则

1. 一般治疗

(1)休息及饮食:一般不需要严格限制活动,严重水肿或高血压患儿需卧床休息;重度水肿、高血压、尿少时要限制盐的摄入(1~2g/d)。

(2)防治感染:避免到人员密集的地方,发生感染要及时治疗。

2. 利尿治疗 一般对激素治疗敏感的病例,用药7~10d后可出现利尿,不必使用利尿药。水肿较重者可用氢氯噻嗪、螺内酯、呋塞米利尿。

3. 肾上腺糖皮质激素治疗 激素是目前能诱导尿蛋白消失的有效药物,为治疗肾病的首选药。常用泼尼松2mg/(kg·d),根据疾病的类型、患儿对泼尼松的反应等,分别采用8周短疗程、4~6个月的中疗程及9~12个月的长疗程治疗。短疗程用于初治的单纯性肾病,但易复发,中、长疗程用于复治的、多复发的单纯性肾病或肾炎性肾病。

> **链 接**
>
> **激素疗效判断**
> 1. 激素敏感:治疗后8周内尿蛋白转阴,水肿消退。
> 2. 激素部分敏感:治疗8周内水肿消退,但尿蛋白仍+~++。
> 3. 激素耐药:治疗满8周,蛋白尿仍在++以上。
> 4. 激素依赖:激素治疗后尿蛋白转阴,但停药或减量后又出现"+"以上,再次用药或恢复用量后尿蛋白转阴2次以上者(除外感染及其他因素)。

4. 免疫抑制药 激素治疗效果不佳或有严重不良反应的病例可联合使用环磷酰胺、长春新碱等药物治疗。

5. 其他治疗 应用肝素、双嘧达莫(潘生丁)、尿激酶、活血化瘀中药丹参等可防治血栓,减轻尿蛋白。

三、护理问题

1. 体液过多 与低蛋白血症导致的体内水钠潴留有关。
2. 营养失调,低于机体需要量 与大量蛋白自尿中丢失有关。
3. 有感染的危险 与长期使用激素、免疫力低下有关。
4. 潜在并发症 药物不良反应。
5. 焦虑 与病情反复及病程长有关。

四、护理措施

1. 休息 严重水肿和高血压时需卧床休息,一般无需限制其活动,根据病情适当安排活动,使患儿精神愉快,但不要劳累过度,以免复发。

2. 饮食 保证热量,应给予易消化饮食,大量蛋白尿期间蛋白摄入不宜过多,应采用优质蛋白,控制在2g/(kg·d)左右为宜;尿蛋白转阴后要增加蛋白的供给量,明显水肿或高血压时短期限制盐的摄入。在应用激素治疗期间每日给予维生素D 400U及适量钙剂。

3. 预防感染

(1)预防感染的重要性:向患儿及家长解释肾病患儿抵抗力低下,极易感染,感染导致病情加重或复发,甚至危及患儿的生命。

(2)做好保护性隔离:与感染患儿分室,避免接触传染病人,室内要经常通风换气,减少探视人员。病房每日进行空气消毒,外出要戴口罩。

(3)皮肤护理:保持皮肤清洁、干燥,避免擦伤和受压,被褥应松软,保持床铺清洁、整齐,水肿严重时,臀部及四肢受压部位垫软垫,有条件可使用气垫床。水肿的阴囊可用棉垫或吊带托起,皮肤破损处应覆盖消毒敷料,以防感染。

(4)严重水肿者尽量避免肌内注射:因水肿严重常引起药物滞留、吸收不良或注射后针孔药液外渗,导致局部潮湿、糜烂或感染。必须肌内注射时,注意严格消毒,注射后按压时间稍长些,以防药液外渗。

(5)监测体温、血常规等,一旦发现感染灶,按医嘱使用抗生素。

4. 观察药物疗效及不良反应

(1) 激素使用期间应严格遵医嘱发药,保证服药。注意每日血压、尿蛋白变化,按医嘱送检尿液,观察激素不良反应,如库欣综合征、感染、消化性溃疡、高血压、肾上腺皮质功能不全等。

(2) 应用利尿药期间应观察水肿变化,记录24h出入量,每天测体重并记录,有腹水时应测腹围。观察每日尿量变化,尿量过多时与医生联系,注意有否电解质紊乱的发生。

(3) 使用免疫抑制药(如环磷酸胺)治疗时,注意白细胞数下降、脱发、胃肠道反应及出血性膀胱炎等。用药期间要多饮水和定期查血常规。

5. 健康教育　向家长及年长儿讲解激素治疗对本病的重要性,使其主动配合与坚持按计划用药。本病患儿住院时间长,应有计划地安排作息时间,病情缓解后,适当安排一定的学习。注意安全,避免奔跑、患儿之间打闹,以防摔伤、骨折。天气变化要及时增减衣被,避免受凉。告知家长及患儿感染是本病最常见的合并症及复发的诱因,应采取有效措施预防感染。预防接种需要在病情完全缓解且停用激素3个月后进行。

> **重点提示**
> 1. 护士应让患儿及家长知道预防感染对本病的重要性。
> 2. 学会观察激素、利尿药的疗效与不良反应。

第四节　泌尿道感染患儿的护理

> **案例分析**
> 患儿,女,2岁,2d来每日排尿10余次,并在排尿时哭闹,食欲下降。查体:体温38.6℃,精神状态差,心肺未见异常,腹软,肝右肋缘下1cm可触及,质软,脾未触及。实验室检查示尿液浑浊,白细胞10个/HP,血白细胞$12×10^9$/L。

泌尿道感染是指病原体直接侵入尿路而引起炎症损伤。按病原体侵袭的部位不同,分为肾盂肾炎、膀胱炎、尿道炎。由于小儿时期感染很少局限在尿路的某一部位,临床上准确定位较难,故统称为泌尿道感染。无论成人或儿童,女性泌尿道感染的发病率普遍高于男性,但新生儿或婴幼儿早期,男性发病率却高于女性。

一、护 理 评 估

1. 病因及发病机制

(1) 易感因素:小儿输尿管长而弯曲,管壁肌肉、弹力纤维发育不全,易扩张发生尿潴留引起泌尿道感染。女孩尿道短,尿道口与肛门相邻,易受粪便污染。男孩因包茎积垢、包皮过长导致上行感染。

(2) 病原体:引起小儿泌尿道感染的病原菌,以革兰阴性杆菌为主,其中80%以上为大肠埃希菌,少见有变形杆菌、铜绿假单胞菌、金黄色葡萄球菌、肠球菌等,偶见病毒、支原体、真菌所致。

(3)感染途径:上行感染是最常见的途径,尤其是女孩。新生儿和小婴儿的泌尿道感染可以是败血症的一部分,即血行感染。肾周围邻近器官、组织感染也可直接蔓延。

> **重点提示**
> 1. 泌尿道感染主要病原体80%以上为大肠埃希菌。
> 2. 上行感染是泌尿道感染最常见的途径。

2. 临床表现　不同年龄组和急、慢性感染的临床表现差异较大,分述如下。

(1)急性感染:病程多在6个月以内。①新生儿:临床表现不典型,以全身症状为主,膀胱刺激症状不明显,多由血行感染引起。症状轻重不一,可为无症状细菌尿或呈严重的败血症表现,可有发热、体温不升、体重不增、拒奶、腹泻、嗜睡和惊厥等。②婴幼儿:女孩多见,全身症状重,主要表现为发热、呕吐、腹胀、腹泻等。排尿刺激症状不明显,细心观察可发现排尿时哭闹、尿恶臭、夜间遗尿等,可因尿频而致顽固性尿布皮炎。③年长儿:与成人相似,下尿路感染以膀胱刺激症状如尿频、尿急、尿痛为主。上尿路感染以发热、寒战、腰痛、肾区叩击痛等为主。

(2)慢性感染:病程多在6个月以上或反复发作伴有贫血、乏力、发育迟缓、高血压及肾功能减退等。

3. 心理-社会状况　了解患儿及家长对本病的认识程度及卫生习惯,家长面对哭闹、频繁排尿的患儿,出现焦虑、抱怨等情绪,希望能得到护理方面的指导。

4. 辅助检查

(1)尿常规:清晨首次中段尿离心后镜检,白细胞≥5个/HP为异常,如脓细胞成堆或有白细胞管型则诊断价值更大。

(2)尿涂片找细菌:油镜下每视野都能找到1个细菌,说明尿内细胞数≥10^5/ml以上。

(3)中段尿培养:在使用抗生素前做中段尿细菌培养,尿培养菌落计数≥10^5/ml可确诊。菌落计数在10^4~10^5/ml为可疑,菌落计数<10^4/ml为尿液污染。耻骨上膀胱穿刺抽取尿标本,发现有细菌生长,有诊断意义。

(4)影像学检查:X线检查以腹部平片及静脉肾盂造影最常用,以发现有无先天畸形、梗阻部位以及膀胱输尿管反流。

> **重点提示**
> 1. 新生儿泌尿道感染症状极不典型。
> 2. 中段尿细菌培养及菌落计数是诊断尿路感染的主要依据。

二、治疗原则

1. 一般治疗　急性期应卧床休息,多饮水增加尿量,促进细菌毒素和炎症分泌物的排出。

2. 抗菌治疗　及早选用广谱、强效杀菌,在血、尿及肾组织中浓度高、毒性小、不易产生耐药性的抗生素治疗。可选用氨苄西林、头孢噻肟钠、头孢曲松、磺胺类药物。急性感染第1次发作,疗程10~14d,再发性感染,急性发作用药2周左右,然后小剂量维持。

三、护理问题

1. 体温过高　与细菌感染有关。
2. 排尿异常　与膀胱、尿道炎症有关。

四、护理措施

1. 维持体温正常

(1) 休息：急性期应卧床休息，多饮水增加尿量，减少细菌在尿道的停留时间，促进细菌毒素和炎症分泌物的排出。

(2) 饮食：高热时应给予清淡易消化的半流质饮食；无发热者给予富含营养的普通饮食。

(3) 监测体温变化：高热患儿遵医嘱给予物理降温或药物降温。

2. 排尿异常的护理

(1) 保持会阴部清洁，便后清洗臀部，尿布用开水烫洗晒干或煮沸、高压消毒。

(2) 观察患儿的排尿频率、尿量、排尿时的表情及尿液性状并记录。

(3) 按医嘱给予抗菌药物，注意观察药物不良反应。口服抗菌药物可出现恶心、呕吐、食欲减退等现象，饭后服药可减轻胃肠道不良反应；患儿服用磺胺药时应鼓励多喝水，并注意观察有无血尿、尿少、尿闭等症状出现。

(4) 复查尿常规、中段尿培养，观察病情变化和治疗效果。留尿时，常规清洁消毒外阴，取中段尿30min内送检，婴幼儿用无菌尿袋收集尿标本；如疑其结果不可靠可行耻骨上膀胱穿刺抽取尿标本（1~2ml）。

3. 健康教育　指导家长为小婴儿勤换尿布，便后清洗臀部，保持清洁，幼儿不穿开裆裤；女孩清洗外阴时应从前向后擦洗，单独使用洁具，防止细菌引起上行性感染。及时发现和处理男孩包茎、女孩处女膜伞及蛲虫病等。指导按时服药，定期复查，防止复发及再感染。在疗程结束后每月随访1次，复查尿常规、中段尿培养，连续3个月，如无复发可以认为治愈；反复发作者每3~6个月复查1次，共2年或更长时间。

> **重点提示**
>
> 1. 做尿培养检查时要注意留取中段尿。
> 2. 学会对出院患儿及家长进行复查指导。

讨论与思考

1. 小儿尿液有哪些特点？
2. 急性肾小球肾炎典型的临床表现有哪些？
3. 急性肾炎和肾病综合征的休息要求和饮食护理有何不同？
4. 比较肾炎性肾病与单纯性肾病临床表现的异同点。
5. 排尿异常的护理措施有哪些？

（王　玥）

第11章

造血系统疾病患儿的护理

> **学习要点**
> 1. 小儿血液中红细胞数、血红蛋白量、白细胞数及分类的变化规律
> 2. 骨髓外造血、生理性贫血、小儿贫血的定义。小儿贫血的分度及分类
> 3. 小儿营养性缺铁性贫血的病因及发病机制、临床表现、常用辅助检查及护理措施
> 4. 小儿巨幼红细胞性贫血的病因及发病机制、主要临床表现、治疗要点及护理措施

小儿生长发育规律及造血和血液特点决定了一些血液系统疾病的发生。在这一章中我们要学习哪些疾病，重点掌握这些疾病的哪些内容呢，下面的思维导图为我们介绍了本章知识的框架(图11-1)。

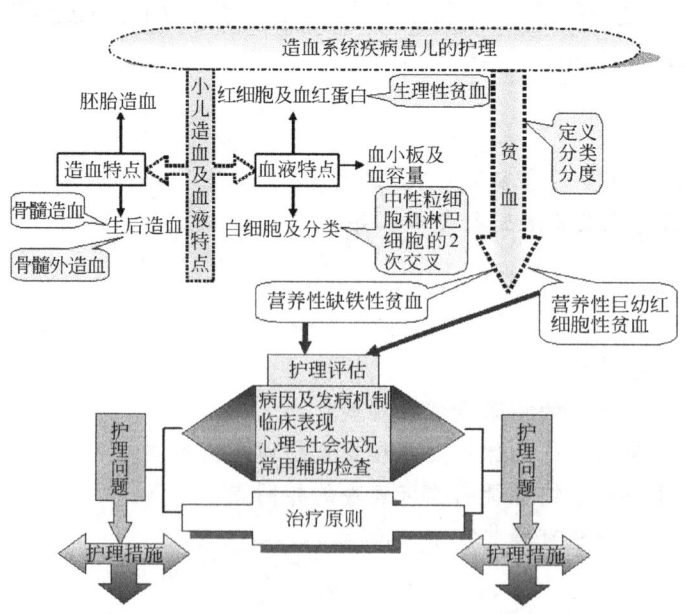

图11-1 造血系统疾病患儿的护理

第一节 小儿造血及血液特点

小儿在不同时期参与造血的器官有所不同,尤其在胎儿期有较多器官参与造血,出生以后随着年龄的增长血象也会发生一些改变。

一、小儿造血特点

1. **胚胎期造血** 主要分为中胚叶造血,肝、脾、淋巴结造血及骨髓造血3个不同时期。

(1)中胚叶造血期:于胚胎第3周卵黄囊的血岛形成原始红细胞开始,至胚胎第6周后造血功能逐渐减退。

(2)肝(脾)造血期:肝造血开始于胚胎第6~8周,胎儿4~5个月时达高峰,至胎儿6个月后,肝造血功能逐渐减退,至生后4~5d完全停止造血。脾造血开始于胚胎第8周,主要产生红细胞、粒细胞、淋巴细胞和单核细胞,至第5个月后脾脏造红细胞和粒细胞功能逐渐减退至消失,仅保留造淋巴细胞的功能。胸腺和淋巴结自胚胎8~11周开始参与造淋巴细胞。

(3)骨髓造血期:在胎儿4~5个月时骨髓开始造血,并迅速成为主要的造血器官,直至生后2~5周骨髓成为唯一的造血器官。

2. **生后造血**

(1)骨髓造血:小儿出生以后主要是骨髓造血。婴儿期所有骨髓均为红骨髓,全部参与造血,以满足小儿生长发育的需要。5~7岁开始,脂肪组织(黄髓)逐渐代替长骨中的造血组织,使红骨髓逐渐减少,当造血需要增加时,黄髓可转变为红骨髓而恢复造血功能。

(2)骨髓外造血:正常情况下,小儿出生2个月以后骨髓外造血停止。但当婴幼儿发生严重感染、贫血、溶血等造血需要增加时,骨髓造血不能完全代偿,肝、脾、淋巴结可恢复到胎儿时期的造血状态,临床上出现肝、脾、淋巴结大,同时外周血中出现有核红细胞和(或)幼稚中性粒细胞,这种现象称为"骨髓外造血"。当病因去除后,肝、脾、淋巴结又恢复至正常状态。

二、小儿血液特点

1. **红细胞数和血红蛋白含量** 由于胎儿时期处于相对的缺氧状态,致使红细胞生成素合成增加,红细胞生成增多,故红细胞数和血红蛋白量均较高。出生时红细胞数为$(5.0~7.0)×10^{12}/L$,血红蛋白量为150~220g/L。出生以后随着自主呼吸建立,血氧含量迅速增高,使红细胞生成素减少,骨髓造血功能暂时降低,胎儿红细胞寿命短,且破坏较多;加之婴儿生长发育迅速,循环血量迅速增加,血液被稀释。以上因素使小儿出生以后红细胞数和血红蛋白量开始下降,2~3个月时红细胞计数降至$3.0×10^{12}/L$,血红蛋白量降至100g/L,出现轻度贫血,称之为"生理性贫血"。以后随着年龄增长,红细胞数和血红蛋白量逐渐上升,至12岁左右达成人水平。

2. **白细胞计数及分类** 小儿出生时白细胞总数为$(15~20)×10^9/L$,以后逐渐上升,生后6~12h可达$(21~28)×10^9/L$,然后逐渐下降,婴儿期白细胞数维持在$(10~12)×10^9/L$,8岁以后接近成人水平。

小儿白细胞分类的主要特点是中性粒细胞与淋巴细胞比例的变化,在变化的过程中,中性粒细胞和淋巴细胞进行了2次交叉。出生时中性粒细胞约占白细胞总数的0.65,淋巴细胞约

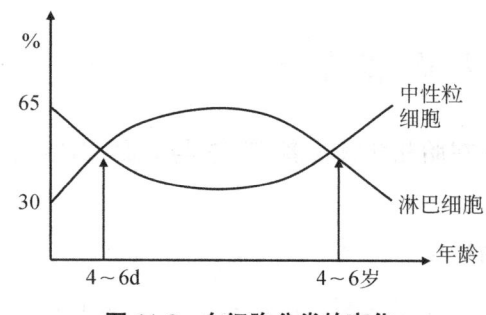

图11-2 白细胞分类的变化

占白细胞总数的0.30,随着白细胞总数的下降,中性粒细胞比例亦相应下降,淋巴细胞比例则上升,至生后4~6d时二者比例相等,称为第1次交叉。之后,淋巴细胞比例继续上升,可达0.60,然后开始下降;中性粒细胞在第1次交叉后比例继续下降,降至0.35左右又开始上升,至4~6岁时,二者比例再次相等,称为第2次交叉。自第2次交叉以后都是中性粒细胞占优势。7岁以后白细胞分类与成人相似,中性粒细胞约占白细胞总数的0.65,淋巴细胞约占白细胞总数的0.30(图11-2)。

3. 血小板 小儿血小板与成人相似,为$(150\sim250)\times10^9/L$。

4. 血容量 小儿血容量相对较成人多,新生儿血容量约占体重的10%,儿童占体重的8%~10%,成人则占体重的6%~8%。

三、小儿贫血分类及分度

贫血是指外周血中单位容积内红细胞数和(或)血红蛋白量低于正常。临床上常采用血红蛋白值为标准。根据世界卫生组织的规定,血红蛋白值6个月至6岁小儿低于110g/L,6~14岁小儿低于120g/L即为贫血。6个月以内的婴儿由于生理性贫血等因素,血红蛋白值变化较大,目前尚无统一标准。我国小儿血液病学会1989年暂定:血红蛋白值在新生儿期<145g/L;1~4个月<90g/L;4~6个月<100g/L即为贫血。

1. 贫血的分类 一般采用病因分类和形态分类两种方法。

(1)病因分类:按病因分类有利于明确贫血的性质,主要分为三大类。

①红细胞和血红蛋白生成不足性贫血:如营养性缺铁性贫血、营养性巨幼红细胞性贫血、维生素B_6缺乏性贫血、再生障碍性贫血及癌症性贫血、慢性肾病性贫血等。

②溶血性贫血:内在因素或外在因素引起的红细胞破坏过多所致,如遗传性球形红细胞增多症、阵发性睡眠性血红蛋白尿、葡萄糖-6-磷酸脱氢酶缺乏症、珠蛋白生成障碍性贫血(地中海贫血)、血红蛋白病、新生儿溶血症,以及药物所致免疫性溶血性贫血及物理、化学、感染等因素引起的贫血等。

③失血性贫血:如创伤性大出血、肠息肉、钩虫病等。

(2)形态分类:根据红细胞平均容积(MCV)、红细胞平均血红蛋白(MCH)、红细胞平均血红蛋白浓度(MCHC),可将贫血分为4类,即大细胞性贫血、正细胞性贫血、单纯小细胞性贫血和小细胞低色素性贫血(表11-1)。该种分类方法有助于推断贫血的病因。

2. 贫血的分度 根据外周血中血红蛋白含量将贫血分为轻、中、重、极重四度。轻度贫血血红蛋白值为120~90g/L;中度贫血为90~60g/L;重度贫血为60~30g/L;极重度贫血为<30g/L。

表 11-1 贫血的形态分类

	MCV(fl)	MCH(pg)	MCHC(%)
正常值	80~94	28~32	32~38
大细胞性贫血	>94	>32	32~38
正细胞性贫血	80~94	28~32	32~38
单纯小细胞性贫血	<80	<28	32~38
小细胞低色素性贫血	<80	<28	<32

重点提示

1. 骨髓造血始于胎儿 4~5 个月时，且是生后主要造血器官。
2. 三个概念：骨髓外造血、生理性贫血、小儿贫血。
3. 中性粒细胞和淋巴细胞的 2 次交叉发生的年龄。
4. 根据血红蛋白含量将贫血分为轻、中、重、极重四度。

第二节 营养性缺铁性贫血患儿的护理

案例分析

患儿，女，11 岁。面色苍白、食欲差，同时有呕吐、腹泻，偶有吃泥土现象。查体：体温 36.5℃，脉搏 100/min，呼吸 26/min，精神较差，面色及口唇黏膜苍白，口腔内有口疮，舌乳头萎缩。心肺未见异常，腹软，肝右肋下 4cm。实验室检查示血红蛋白 70g/L，红细胞 3×10^{12}/L。

营养性缺铁性贫血是由于体内铁缺乏导致血红蛋白合成减少所致，是小儿最常见的一种贫血，临床上以小细胞低色素性贫血、血清铁减少和铁剂治疗有效为特点。任何年龄均可发病，以 6 个月至 2 岁小儿最为多见。本病严重危害小儿健康，被列为我国儿童保健工作重点防治的"四病"之一。

一、护理评估

1. 病因

（1）铁摄入量不足：这是缺铁性贫血的主要原因。人乳、牛乳、谷物中含铁量较低，如果小儿未及时添加含铁丰富的辅食或偏食、挑食等，则容易发生缺铁性贫血。

（2）先天储铁不足：胎儿从母体获得的铁以妊娠最后 3 个月为最多，可用至生后 4~5 个月，故早产、双胎或多胎、胎儿失血和孕母严重缺铁等均可使胎儿储铁减少。

（3）生长发育过快：婴儿期、青春期生长发育速度较快，对铁的需求量相对较多，如不及时添加含铁丰富的食物或补充铁剂，则易导致缺铁性贫血发生。早产儿、低出生体重儿生长发育更快，更易发生缺铁。

（4）铁的吸收障碍或丢失过多：如食物搭配不合理、慢性腹泻、消化道畸形、肠息肉、钩虫病、膈疝、长期食用未经加热的鲜牛乳致婴儿过敏而引起的肠出血等。

2. 发病机制　铁是合成血红蛋白的原料,铁缺乏时血红蛋白合成减少,使新生的红细胞内血红蛋白含量不足,细胞质减少,细胞变小,染色变淡;而缺铁对细胞的分裂、增殖影响较小,故红细胞数量减少的程度不如血红蛋白减少明显,从而形成小细胞低色素性贫血。缺铁不仅使血红蛋白合成减少,同时还可影响肌红蛋白的合成,并可使多种含铁酶(如细胞色素C、单胺氧化酶、核糖核苷酸还原酶等)及铁依赖酶的活性降低,由于这些酶参与机体的多种功能活动,如生物氧化、组织呼吸、神经介质分解与合成等,故当酶的活性降低时,细胞功能发生紊乱,出现一些非造血系统表现,如消化系统功能异常,神经、精神系统异常,皮肤黏膜损害,免疫功能下降等。

> **重点提示**
> 1. 缺铁性贫血的主要病因是铁的摄入不足。
> 2. 缺铁性贫血属于小细胞低色素性贫血。

3. 临床表现

(1)贫血的一般表现:患儿皮肤黏膜逐渐苍白,以唇、口腔黏膜、睑结膜、甲床较明显。易疲乏,不爱活动,年长儿可诉全身无力、头晕、眼前发黑、耳鸣等。

(2)骨髓外造血表现:肝、脾、淋巴结肿大,年龄越小、病程越久、贫血越严重、肝脾肿大越明显。

(3)非造血系统表现:①消化系统。可出现食欲减退、呕吐、腹泻、口腔炎、舌炎或舌乳头萎缩等,少数患儿有异食癖(喜食泥土、墙皮、煤渣等)。②神经系统。可出现烦躁不安、易怒或萎靡不振、注意力不易集中、记忆力减退、甚至出现智能障碍。③心血管系统。明显贫血时可出现心率加快,严重者可有心脏扩大、心前区杂音甚至出现心力衰竭。④免疫系统。免疫功能降低,患儿易合并感染。⑤其他。头发枯黄无光泽,指甲薄脆、有条纹隆起不光滑,甚至出现"反甲"。

4. 心理-社会状况　对于严重贫血患儿,由于其生长发育落后,智力可能低于同龄儿,家长会出现焦虑、内疚、担忧等心理反应。家长知识缺乏,当患儿出现异食癖时,家长往往不能正确对待,过多责备甚至态度粗暴,导致患儿出现自卑心理。贫血的学龄儿童由于注意力不能集中、记忆力下降等,往往使学习成绩下降,使患儿易产生焦虑、自卑、厌学等心理反应。

5. 常用的辅助检查

(1)血常规:血红蛋白降低比红细胞减少明显,呈小细胞低色素性贫血。血涂片可见红细胞大小不等,以小细胞多见,中央淡染区扩大(图11-3,彩图20)。网织红细胞数正常或轻度减少,白细胞、血小板多正常。

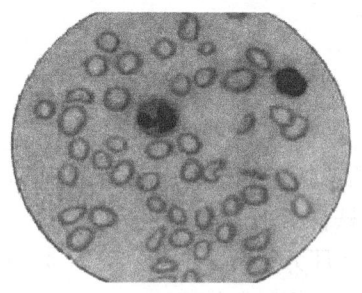

图11-3　缺铁性贫血血涂片

(2)骨髓象:红细胞系增生活跃,以中、晚幼红细胞增生为主,各期红细胞体积均较小,胞质量少,细胞质的发育落后于细胞核。

(3) 铁代谢相关检查：血清铁(SI)减少，总铁结合力(TIBC)增高，血清铁蛋白(SF)降低，转铁蛋白饱和度(TS)降低，红细胞游离原卟啉(FEP)增高。

> **重点提示**
> 1. 缺铁性贫血患儿的临床表现包括贫血一般表现、骨髓外造血表现、非造血系统表现。
> 2. 缺铁性贫血患儿末梢血象中红细胞体积小，中央淡染区扩大。

二、治疗原则

主要原则为祛除病因和铁剂治疗，多食含铁丰富的食物，必要时输血。铁剂的选用以二价铁盐为主，如口服铁剂硫酸亚铁、富马酸亚铁、葡萄糖酸亚铁、多糖铁复合物(力蜚能)等，注射铁剂山梨醇枸橼酸铁复合物(供肌内注射用)、右旋糖酐铁(供肌内注射或静脉注射用)等。

三、护理问题

1. 营养失调　低于机体需要量，与铁缺乏有关。
2. 活动无耐力　与贫血致组织缺氧有关。
3. 有感染的危险　与贫血使机体免疫力下降有关。
4. 潜在并发症　心力衰竭，药物治疗不良反应。
5. 知识缺乏　与家长的防病知识缺乏有关。

四、护理措施

1. 生活护理

(1) 合理安排饮食：因母乳中的铁更易吸收，故应提倡母乳喂养。如果以牛乳喂养，鲜牛乳必须加热处理，以减少因过敏所致肠道出血。及时添加含铁丰富辅食，如鸡蛋黄、动物肝、肾、动物血、豆类制品、瘦肉、木耳等，或补充强化铁食品。协助家长纠正患儿的不良饮食习惯，注意食物的色、香、味，并创造良好的进餐环境，进食前不安排过于剧烈的活动，不进行不舒适的检查及治疗护理操作。按医嘱给患儿服用助消化药物，如乳酶生、胃蛋白酶、多酶片、山楂、神曲、鸡内金等。

(2) 适当安排休息与活动：根据患儿的耐力程度及活动能力安排适当的休息与活动。对于轻、中度贫血的患儿，不必严格限制日常活动量，但应避免参加剧烈的活动。重度贫血的患儿，应卧床休息以减轻心脏负担，定时测量心率，观察有无心悸、呼吸困难等症状，必要时吸氧。对哭闹、烦躁不安的患儿应耐心安抚，由专人看护，将各种治疗护理操作集中进行，以减少对患儿的刺激。

2. 正确应用铁剂

(1) 遵医嘱给予铁剂：铁剂多以口服为主，服用时需注意铁剂对胃肠道的刺激，故应从小剂量开始，逐渐增加至全量，并在两餐之间服用，既可减少对胃的刺激，又可增加铁的吸收；服用铁剂时，同服稀盐酸和(或)维生素C制剂或含维生素C丰富的果汁、水果、蔬菜等可促进铁的吸收，牛奶、钙片、浓茶、咖啡、抗酸药、高磷酸盐食品等可阻碍铁的吸收；为避免服用液体铁剂时牙齿被黑染,可用吸管吸服或服药后漱口。当口服铁剂无效或口服后胃肠道反应严重时,可采取注射给药。注射铁剂时应注意深部肌内注射,每次都要更换注射部位,以减轻疼痛,利于吸收,避免形成硬结或局部组织坏死;抽药和给药时要使用不同的针头,以防铁剂渗入皮下组织,造成注射部位的疼痛及皮肤着色或局部炎症反应;首次注射铁剂后应观察1h,警惕过敏反应的发生。

(2)铁剂疗效的观察:口服铁剂12~24h后,患儿烦躁不安等精神症状减轻,食欲增加。用药3~4d后,网织红细胞开始上升,7~10d达高峰。用药1~2周后血红蛋白逐渐上升,3~4周时达到正常,如治疗3周内血红蛋白上升不足20g/L,应协助医生寻找原因。血红蛋白恢复至正常后应再继续用药2个月左右停药,以增加储存铁。

(3)观察铁剂的不良反应:铁剂口服后,可对胃肠道产生刺激,引起恶心、呕吐、腹痛等反应,还可使大便呈黑色,停药后即可恢复正常,应向家长说明情况,以消除顾虑。

3. 预防感染　患儿病室应安静,阳光充足,空气新鲜,温、湿度适宜,定期消毒。鼓励患儿多饮水,保持口腔清洁,必要时每日进行2次口腔护理。根据气温变化为患儿及时增减衣物,尽量不去人多拥挤的公共场所。对患儿进行保护性隔离,以避免交叉感染。

4. 预防心力衰竭　重度及极重度贫血时易并发心力衰竭,故应减少患儿活动,卧床休息;严格掌握输液的速度和输液量,必要时吸氧;对需要输血治疗的患儿,要少量、多次、缓慢输注;密切监测有无心力衰竭表现,一旦出现应及时报告医生并配合医生进行处理。

5. 健康指导

(1)加强预防宣教:孕妇、哺乳妇女要多吃含铁丰富的食物。婴儿提倡母乳喂养,及时添加含铁丰富的辅助食品,改变不良的饮食习惯。足月儿在生后4个月,早产儿和低出生体重儿在生后2个月可给予铁剂进行预防。

(2)介绍疾病,指导用药:采取适当的方式为患儿或患儿家长介绍本病的病因及早发现、早治疗的重要性,告诉家长正确应用铁剂的方法、疗程及注意事项。

(3)解除思想压力,做好心理护理:患儿生病后家长可能会出现焦虑、内疚、担忧等情绪反应。对有异食癖的患儿,应正确对待,告诉家长不可责备患儿。对由于注意力不能集中,记忆力下降,智力发育受影响等引起学习成绩下降的学龄儿童,护理人员应做好耐心细致的心理工作,多给予关怀、疏导、理解和鼓励,解除家长及患儿的心理压力。

> **重点提示**
>
> 1. 口服补铁要从小剂量开始,于两餐间服用,同服维生素C。
> 2. 铁剂治疗有效时,用药后3~4d网织红细胞开始上升,1~2周后血红蛋白上升,血红蛋白正常2个月后停药。
> 3. 早产儿生后2个月口服铁剂预防缺铁性贫血。

第三节　营养性巨幼红细胞性贫血患儿的护理

> **案例分析**
> 患儿,女,9个月,主因面色发黄1个月前来就诊。该患儿为母乳喂养,未添加辅食,生后4~5个月时会笑,能认识母亲。近1个月来面色发黄,表情渐呆滞,嗜睡,全身可见不自主颤动。查体:生命体征正常,精神萎靡,表情呆滞,面色蜡黄。心肺未见异常,肝肋下3.5cm,脾肋下未触及。辅助检查:血常规示血红蛋白80g/L,红细胞2.5×10^{12}/L,白细胞6×10^9/L,中性粒细胞0.48,淋巴细胞0.50。

营养性巨幼红细胞性贫血是由于缺乏叶酸和(或)维生素B_{12}所致的一种大细胞性贫血。临床上以贫血、神经精神症状、红细胞胞体变大、骨髓中出现巨幼细胞、用叶酸和(或)维生素B_{12}治疗有效为特点。主要见于2岁以内婴幼儿。近年来发病率明显降低。

一、护 理 评 估

1. 病因

(1)摄入量不足:羊乳中叶酸含量低,牛乳经加热处理、蔬菜过度烹调都可使叶酸遭破坏,长期进食这类食物而未及时添加辅食的小儿易致叶酸缺乏。维生素B_{12}主要含于动物性食物中,偏食或仅进食植物性食物可导致维生素B_{12}缺乏。

(2)需要量增加:早产儿、生长发育过快等均可使叶酸和维生素B_{12}需要量增加。

(3)吸收、转运障碍:慢性腹泻、小肠病变、严重营养不良、内因子缺乏等均可导致叶酸和(或)维生素B_{12}吸收、转运障碍。

(4)药物影响:长期应用苯妥英钠、甲氧苄啶、甲氨蝶呤等药物可使叶酸代谢障碍。

2. 发病机制　维生素B_{12}和叶酸参与红细胞DNA的合成,缺乏时可造成红细胞中DNA合成减少,使幼稚红细胞的分裂和增殖时间延长,导致细胞核发育落后于细胞浆的发育,细胞体积变大而形成巨幼红细胞性贫血。维生素B_{12}还参与神经髓鞘脂蛋白的合成,故维生素B_{12}缺乏可导致中枢和周围神经髓鞘受损,因而出现神经精神症状。

3. 临床表现

(1)一般贫血表现:患儿皮肤、面色蜡黄,睑结膜、口唇、指甲等处苍白。虚胖或颜面轻度水肿,毛发稀疏细黄。严重者有出血点或瘀斑。

(2)骨髓外造血表现:肝、脾多轻度肿大。

(3)神经、精神症状:表现为烦躁不安、易怒等。维生素B_{12}缺乏时患儿面无表情,反应迟钝,嗜睡,少哭不笑,哭时无泪,条件反射不易形成,智能、动作发育落后甚至出现倒退现象。重症患儿可出现肢体、头部或全身震颤,甚至抽搐。

4. 心理-社会状况　家长对该病的发生、临床表现、预后及预防知识缺乏足够了解,当患儿贫血持续时间较长,贫血程度较重时,由于其体格发育及智能发育落后甚至倒退,家长可能会出现焦虑、内疚、担忧等心理反应,年长患儿则易产生自卑心理。

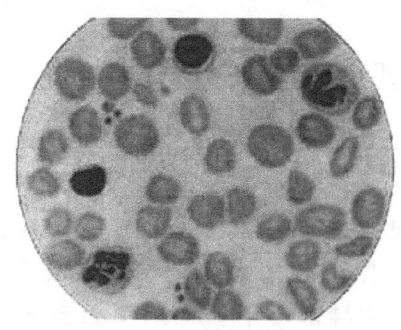

图 11-4 巨幼红细胞性贫血血图片

5. 常用辅助检查

（1）血常规：红细胞数的减少比血红蛋白量降低明显，血涂片可见红细胞大小不等，以大细胞为主，中央淡染区不明显（图11-4，彩图21）；白细胞计数减少，血小板减少，并可见巨大血小板。

（2）骨髓象：骨髓增生活跃，三系细胞巨幼变为主要特点。各期红细胞均出现巨幼变，细胞核发育落后于细胞质。

（3）血清维生素 B_{12} 和叶酸的测定：维生素 B_{12}＜100ng/L（正常200~800ng/L），叶酸＜3μg/L（正常5~6μg/L）。

二、治疗原则

1. 补充叶酸和（或）维生素 B_{12}　叶酸口服，维生素 B_{12} 肌内注射。用至红细胞和血红蛋白恢复正常为止。

2. 对症治疗　有明显神经、精神症状的患儿可酌情使用镇静药；重度贫血者可输注红细胞制剂。

三、护理问题

1. 营养失调，低于机体需要量　与叶酸和（或）维生素 B_{12} 缺乏有关。

2. 活动无耐力　与贫血致组织缺氧有关。

3. 生长发育改变　与营养不足、贫血及维生素 B_{12} 缺乏导致智力、动作发育落后甚至倒退有关。

4. 有受伤的危险　与患儿肢体或全身震颤有关。

5. 知识缺乏　与家长预防、护理本病的知识缺乏有关。

四、护理措施

1. 休息、活动与环境　合理安排患儿休息，一般不需严格卧床，但严重贫血患儿要限制活动。患儿病室应安静，阳光充足，空气新鲜，温、湿度适宜，定期进行消毒。

2. 给予叶酸、维生素 B_{12}

（1）遵医嘱正确使用叶酸及维生素 B_{12}：肌内注射维生素 B_{12}，口服叶酸，同服维生素 C 可促进叶酸吸收，恢复期加用铁剂预防缺铁性贫血。如果因使用抗叶酸代谢药物而致营养性巨幼红细胞性贫血，可用甲酰四氢叶酸治疗。单纯维生素 B_{12} 缺乏时，不宜加用叶酸，以免加重神经系统症状。

（2）合理喂养：乳母多吃含叶酸及维生素 B_{12} 丰富的食物，及时给患儿添加含叶酸和维生素 B_{12} 丰富辅食，如肉类、蛋类、动物肝、肾、绿叶蔬菜等。单纯羊乳喂养者，要及时补充叶酸。纠正小儿偏食、单纯素食或单纯肉食的不良饮食习惯。

3. 注意观察病情，防止患儿受伤　严密观察病情，监测生命体征、生长发育状况及神经精神症状。对有舌震颤或上、下牙齿震颤患儿，可在上、下牙间垫牙垫，防止咬伤舌头。对烦躁、严重震颤、抽搐患儿可遵医嘱给予镇静药。

4. 健康指导

(1) 向家长进行合理喂养、正确添加辅食、培养良好饮食习惯的宣传并给予指导。

(2) 对智力和运动发育落后的患儿,多给予触摸和爱抚,进行相应的感知觉训练。注意监测小儿的生长发育情况,定期进行健康体检。

(3) 由于患儿体格发育受影响及智力发育落后甚至倒退,家长可能会出现焦虑、内疚、担忧等情绪反应,年长患儿则容易产生自卑心理,护理人员应做好心理疏导。

重点提示

1. 叶酸和(或)维生素 B_{12} 缺乏会引起巨幼红细胞性贫血。
2. 单纯维生素 B_{12} 缺乏所致巨幼红细胞性贫血,应补维生素 B_{12},不宜加用叶酸。
3. 维生素 B_{12} 缺乏时患儿会出现神经、精神症状。
4. 巨幼红细胞性贫血红细胞以大细胞多见,中央淡染区不明显。

讨论与思考

1. 什么是骨髓外造血贫血、生理性贫血?
2. 贫血的定义及分度。
3. 简述营养性缺铁性贫血患儿应用铁剂的方法和注意事项。
4. 如何预防营养性缺铁性贫血?
5. 营养性巨幼红细胞性贫血的特征性表现是什么?

(王 玥)

第 12 章

神经系统疾病患儿的护理

学习要点

1. 小儿神经反射特点
2. 小儿惊厥的病因、急救要点与护理措施
3. 颅内压增高症患儿的临床表现、护理措施
4. 化脓性脑膜炎的病因、临床表现及护理措施
5. 化脓性脑膜炎与病毒性脑炎、脑膜炎的脑脊液区别

小儿神经系统的解剖生理特点决定了其易患脑炎、脑膜炎并容易出现一些急症,如惊厥、急性颅内压增高。那么作为中职学生,我们应该学习关于神经系统的哪些知识和技能,才能满足职业能力需要和护士职业资格考试需求,请到下面的思维导图中去寻找答案吧(图 12-1)。

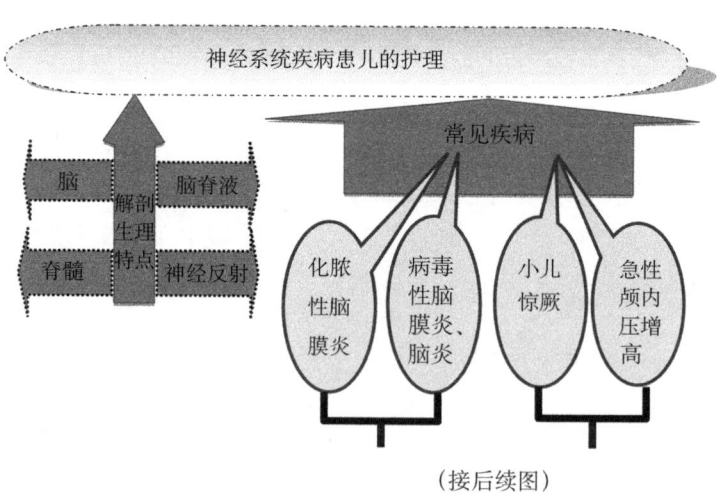

(接后续图)

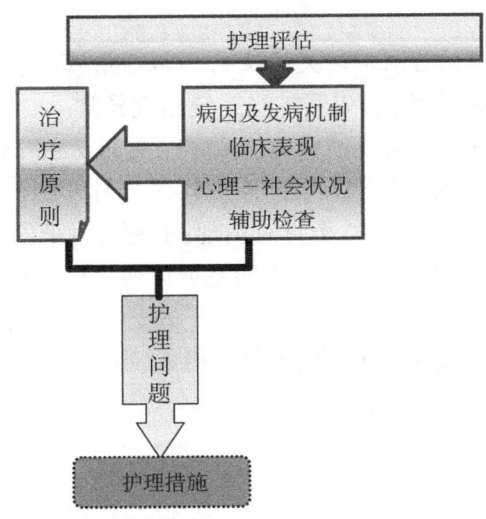

图 12-1 神经系统疾病患儿的护理思维导图

第一节 小儿神经系统解剖生理特点

一、脑

小儿脑相对较大,出生时大脑占体重的 1/9~1/8。脑发育尚未完善,神经细胞分化不成熟,髓鞘形成不全,对外来刺激反应缓慢且易泛化。3 岁时脑细胞的分化基本完成,8 岁时与成人无明显差别。在基础代谢状态下小儿的脑耗氧量占全身总耗氧的 50%,而成人则为 20%,故小儿脑对缺氧的耐受性较成人差。

二、脊 髓

小儿脊髓的发育,在出生时已较为成熟。新生儿脊髓末端位置较低,位于第 3 腰椎水平,4 岁时达第 1~2 腰椎间隙。给婴幼儿做腰椎穿刺时,应在第 4~5 腰椎间隙为宜,以免损伤脊髓。

三、脑 脊 液

新生儿脑脊液量约为 50ml,压力较低,为 3~8cmH$_2$O,随年龄增长脑脊液的量和压力逐渐增高,儿童为 100~150ml,压力为 7~20cmH$_2$O。正常脑脊液外观清亮透明,细胞数<10×10^6/L(新生儿<20×10^6/L),糖类 2.8~4.4mmol/L,氯化物 118~128mmol/L,蛋白质<0.4g/L。

四、神 经 反 射

1. 出生时即存在,但以后会逐渐消失的反射(原始反射) 包括觅食反射、吸吮反射、握持反射、拥抱反射、迈步反射、颈肢反射等。其中觅食、吸吮反射生后 4~7 个月消失;握持反射生后 3~4 个月消失;拥抱反射生后 3~6 个月消失;迈步反射生后 2~3 个月消失;颈肢反射生后 6 个月消失。如果 3 个月内这些反射减弱、不能引出或到该消失的月龄仍然存在,均提示有神经系统异常。

2. **出生时存在,以后永不消失的反射** 包括角膜反射、瞳孔对光反射、咽反射、吞咽反射等。这些反射如减弱或消失,表示神经系统出现异常。

3. **出生时不存在,以后逐渐出现且永不消失的反射** 包括提睾反射、腹壁反射、降落伞反射、平衡反射等。其中提睾反射到出生后4~6个月才明显;腹壁反射1岁以后才比较容易引出;降落伞反射于出生后9~10个月时出现;平衡反射于出生后10~12个月时出现。

4. **病理反射** 2岁以内出现巴宾斯基征阳性、踝阵挛为生理现象。若单侧阳性或2岁以后出现阳性则为病理现象。

5. **脑膜刺激征** 包括颈强直、凯尔尼格征、布鲁津斯基征。由于小婴儿屈肌张力较高,生后3~4个月阳性无临床意义。

> **重点提示**
>
> 小儿原始反射有觅食反射、吸吮反射、握持反射、拥抱反射、迈步反射、颈肢反射等。若3~4个月的小儿这些反射不能引出或减弱,提示脑损伤;若到该消失的月龄仍然存在,提示脑发育落后。

第二节 小儿惊厥的护理

> **案例分析**
>
> 患儿,男,2岁,高热1h,惊厥1次,约3min。体温40℃,咽部充血,心肺未见异常,腹软,肝、脾不大,颈软,凯尔尼格征、布鲁津斯基征阴性。白细胞$16×10^9/L$,中性粒细胞0.75,淋巴细胞0.25。

惊厥是指由于大脑神经元短暂的异常放电导致全身或局部骨骼肌群发生不自主的强直性或阵挛性收缩,同时伴有意识障碍的一种神经系统功能暂时紊乱的状态。惊厥是儿科常见急症,多见于婴幼儿。惊厥反复发作可以引起窒息、缺氧性脑损伤,需要紧急处理。

一、护理评估

(一)病因

1. **感染性疾病** ①颅内感染:各种病原体引起的脑炎、脑膜炎、脑脓肿等;②颅外感染:高热惊厥、各种感染引起的中毒性脑病、破伤风等。

2. **非感染性疾病** ①颅内疾病:癫痫、缺氧缺血性脑病、颅内出血、脑肿瘤、脑积水、脑发育异常、脑退行性病变等;②颅外疾病:药物或毒物中毒、严重心肺疾病、高血压脑病、电解质紊乱、低血糖、遗传性疾病等。

(二)发病机制

婴幼儿由于大脑皮质发育尚未完善,神经元的树突发育不全,轴索髓鞘发育不完善,较弱的刺激即能在大脑皮质形成强烈的兴奋灶,使神经细胞突然异常放电,并迅速扩散,导致神经元功能紊乱,引起惊厥发生。

(三)临床表现

1. 典型表现　突然发生全身肌肉不自主地强直性或阵挛性抽搐,头向后仰,双眼凝视、斜视或上翻,口吐白沫,牙关紧闭,常伴有意识障碍。严重者出现颈项强直,呼吸不整,青紫或大小便失禁。持续时间长短不一,一般在数秒至数分钟,发作后因疲劳而入睡。颅内病变者可以反复发作。若惊厥持续发作30min以上或2次发作间期意识不能恢复,称惊厥持续状态,为惊厥的危重型,可因脑组织缺氧导致脑损伤、脑水肿、颅内压增高。

2. 非典型表现　新生儿和小婴儿惊厥发作临床表现不典型,可以有两眼凝视、口角、眼角抽动,呼吸暂停、发绀、眨眼或单侧肢体抽动。

3. 高热惊厥　高热是小儿惊厥最常见的原因,多由上呼吸道感染引起。典型表现为:①多见于6个月至3岁小儿,男孩多于女孩,有显著遗传倾向;②大多发生于急骤高热开始后12h之内;③发作时多呈全身性,持续时间短,在10min之内,发作后短暂嗜睡;④一次发热性疾病过程中很少连续发作多次,但可以在以后的发热性疾病中再次发作;⑤惊厥缓解后无神经系统异常体征。热退后1周脑电图检查正常。

(四)并发症

惊厥发作伴有呼吸肌痉挛、喉痉挛或分泌物阻塞气道而窒息;因咀嚼肌痉挛牙关紧闭致舌咬伤;突然惊厥发作时意识不清而坠床、跌倒摔伤或家长对患儿肢体约束不当导致脱臼、骨折。

(五)心理-社会状况

年长儿可因反复发作产生紧张、恐惧心理。惊厥发作时,小儿意识丧失,严重者可危及生命,家长多有焦虑和恐惧心理;服用止惊药物控制惊厥反复发作的患儿家长,往往担忧药物会影响小儿智力发育。

(六)辅助检查

可根据病情需要选择血常规、尿常规、大便常规、脑电图、心电图、头颅CT、血液生化及脑脊液检查等,以明确惊厥的病因。

二、治 疗 原 则

1. 迅速控制惊厥　止惊药物首选地西泮静脉注射,也可用10%的水合氯醛灌肠,针刺人中、合谷、十宣、百会、涌泉等穴位。新生儿控制惊厥首选苯巴比妥钠。

2. 对症治疗　颅内压增高时,给予20%甘露醇、呋塞米以降低颅内压;高热者给予物理或药物降温;必要时吸氧。

3. 其他治疗　积极寻找原发疾病,给予病因治疗。

> **重点提示**
>
> 1. 高热惊厥是小儿惊厥最常见的原因。由上呼吸道感染引起的最多见。
> 2. 控制惊厥发作首选药物是地西泮静脉注射。给药速度要慢,不超过1~2mg/min,同时密切观察有无呼吸抑制。

三、护理问题

1. 有窒息的危险　与惊厥发作、咳嗽和呕吐反射减弱、呼吸道堵塞有关。
2. 有受伤的危险　与突然意识障碍,发生跌倒损伤有关。
3. 体温过高　与感染或惊厥持续状态有关。
4. 知识缺乏　家长对惊厥的相关知识缺乏了解。

四、护理措施

1. 预防窒息　惊厥发作时应就地抢救,让患儿去枕仰卧,松解衣扣,头偏向一侧,清除患儿口鼻腔分泌物、呕吐物等,保持呼吸道通畅。
2. 预防外伤　专人守护,保持安静,勿强力摇晃、牵拉、按压患儿肢体,以免骨折或脱臼;防止舌咬伤,必要时在上下臼齿间放置牙垫;移开周围可能伤害患儿的物品,防止坠地跌伤;遵医嘱给予抗惊厥药物。
3. 维持体温正常　监测体温,体温超过38.5℃时,可采取物理降温或药物降温,并保证水分供给。
4. 病情观察　密切观察患儿生命体征、意识及瞳孔变化;观察前囟门、头围,警惕发生颅内压增高。惊厥反复发作或持续时间较长者,应给予吸氧,患儿出现脑水肿时应及时报告医生,遵医嘱应用脱水药。
5. 心理护理　向家长及患儿介绍惊厥的病因、患儿的病情,解释本病的预后,给予患儿及家长心理支持,解除其焦虑和自卑心理,建立战胜疾病的信心。
6. 健康教育　指导家长惊厥时应采取的正确处理方法,就地抢救、保持呼吸道通畅是关键,切忌摇晃呼喊患儿和按压肢体。惊厥缓解后应查明病因。

第三节　急性颅内压增高患儿的护理

案例分析

患儿1岁,因发热、呕吐3d,惊厥2次入院。脑脊液检查诊断为化脓性脑膜炎,入院后患儿意识不清,呕吐频繁,前囟隆起,张力增高,一侧瞳孔扩大,对光反射迟钝,四肢肌张力增高。

急性颅内压增高是由于多种原因引起脑实质体积增大或颅内液体量异常增加导致颅内压力增高的一种临床综合征,简称颅内高压。严重者可引起脑疝而危及生命。

一、护理评估

(一)病因及发病机制

1. 病因

(1)颅内、颅外感染:这是颅内压增高的主要原因。颅内感染如各种病原体引起的脑炎、脑膜炎、脑脓肿;颅外感染如重症肺炎、中毒型细菌性痢疾引起的中毒性脑病等。

(2)脑缺血缺氧:如窒息、休克、心搏骤停、一氧化碳中毒、癫痫持续状态等。

(3) 颅内占位性病变：如脑肿瘤、脑囊虫病、脑出血等。

(4) 脑脊液循环异常：如脑积水。

(5) 其他原因：高血压脑病、颅内出血、药物及食物中毒等。

2. 发病机制　正常情况下，颅内脑实质、脑脊液、脑血流量保持相对恒定，颅内压维持在正常范围内。一旦脑组织容积增大、脑脊液循环障碍或脑血流异常，使密闭的颅腔内压力增高，超过颅内代偿能力时挤压部分脑组织嵌入空隙可形成脑疝，脑疝是颅内压增高的危象和引起死亡的主要原因，常见有小脑幕切迹疝和枕骨大孔疝。

（二）临床表现

1. 头痛　剧烈头痛，进行性加重，清晨尤甚，咳嗽、哭闹、大便用力或低头时加重。婴幼儿常表现为烦躁不安、拍打头部，新生儿可有凝视、脑性尖叫。

2. 呕吐　常无恶心先兆，呈喷射性，常在剧烈头痛时出现，晨起明显，与进食无直接关系。

3. 意识改变　颅内压增高损伤脑干网状结构，产生意识障碍，小儿早期表情淡漠、反应迟钝、烦躁或嗜睡，晚期可发生昏迷。

4. 其他　可出现频繁惊厥、复视、视物模糊等。

5. 体征　婴儿可见前囟隆起、张力增高、颅缝裂开，落日征，早期血压升高，脉搏变慢，严重时呼吸变慢且不规则，甚至暂停。眼底检查可见视盘水肿。

6. 脑疝　严重颅内压增高时引起小脑幕切迹疝或枕骨大孔疝。早期表现为两侧瞳孔大小不等，对光反射消失，意识障碍加重、呼吸节律不整、肌张力增高、惊厥、颈强直等，可发生呼吸、循环衰竭而死亡。

（三）心理-社会状况

本症是一种严重临床综合征，可迅速发展成脑疝而危及生命。家长可产生沮丧、焦虑、自责、绝望等心理反应。

（四）辅助检查

1. 血液　白细胞计数及分类、尿常规、粪便常规检查，了解是否有感染因素，必要时做血液生化、肝功能检查。

2. 脑脊液检查　对颅内感染、颅内出血有诊断价值。但颅内压增高时腰椎穿刺易诱发脑疝，应慎重。必须穿刺时，应先用20%甘露醇降低颅内压后再行穿刺。

3. 影像学检查　头颅CT、头颅B超、磁共振成像等有助于颅内占位性病变的诊断。

二、治疗原则

急性颅内压增高进展迅速，常危及患儿生命，必须早诊断、早治疗。

1. 降低颅内压　首选20%甘露醇0.5~1.0g/kg快速静脉滴注，15~30min滴完。根据病情4~8h可重复一次。呋塞米每次0.5~1.0mg/kg静脉注射，可在两次应用脱水药之间或与脱水药同时应用；地塞米松每次0.1~0.3mg/kg静脉注射，可降低血管通透性，减少渗出，降低颅内压。有脑疝表现者可采用颅骨钻孔减压、硬膜下穿刺、侧脑室引流。

2. 控制惊厥　头部冰袋冷敷，必要时给予亚冬眠疗法，将体温控制在38℃以下。

3. 支持治疗　保持水、电解质、酸碱平衡；保持呼吸道通畅；必要时吸氧。

4. 病因治疗　针对原发病，给予相应治疗。

> **重点提示**
>
> 1. 颅内压增高的临床表现有剧烈头痛、喷射性呕吐、意识障碍、惊厥;前囟隆起、张力增高、颅缝裂开;早期血压升高,脉搏变慢,呼吸变慢且不规则。眼底见视盘水肿。
> 2. 脑疝的早期表现主要有两侧瞳孔大小不等,对光反射消失,意识障碍加重、呼吸节律不整、肌张力增高、惊厥、颈强直等,可发生呼吸、循环衰竭。
> 3. 颅内压增高时腰椎穿刺有诱发脑疝的危险,一定要在降低颅内压后进行。

三、护理问题

1. 舒适的改变　与颅内压增高所致头痛有关。
2. 有窒息的危险　与惊厥及呕吐物吸入有关。
3. 潜在并发症　脑疝。
4. 恐惧　与病情危重,可能危及生命有关。

四、护理措施

1. 一般护理　患儿绝对卧床休息,及时清除患儿口鼻腔分泌物、呕吐物等,保持呼吸道通畅。抬高床头15°~30°,以利于头部血液回流,怀疑有脑疝者以平卧为宜;保持环境安静,避免一切刺激,各种护理及治疗操作尽量集中进行,动作应轻柔。

2. 预防窒息。

3. 病情观察　严密观察病情变化,监测生命体征、瞳孔变化、意识状态,发现两侧瞳孔大小不等、对光反射减弱或消失、意识障碍加重、肌张力增高等脑疝表现时,应立即报告医生,并配合抢救。

4. 用药护理　遵医嘱应用脱水药、利尿药、糖皮质激素等以减轻脑水肿。甘露醇要遵医嘱快速静脉滴注,0.5~1.0g/kg,15~30min滴完。用甘露醇前要检查有无结晶,如有结晶,输注前应加温使药物充分溶解,防止阻塞血管。输注时注意防止药液漏出血管外引起组织缺血、坏死。静脉使用镇静药时速度要缓慢,以免发生呼吸抑制,同时密切观察药物的疗效和不良反应。

5. 心理护理　对患儿及家长给予安慰、关心和爱护,向家长解释本病的病因、预后,给予家长心理支持,增强战胜疾病的信心。

6. 健康教育　为家长讲解护理要点,尤其是保持安静、头肩抬高的意义。用甘露醇治疗期间应适当约束穿刺肢体,以防药液渗出。

> **重点提示**
>
> 降低颅内压首选药物是20%甘露醇,快速静脉滴注,15~30min滴完。如有结晶,输注前应加温使药物充分溶解,输注时注意防止药液外渗。

第四节 化脓性脑膜炎患儿的护理

> **案例分析**
>
> 患儿,女,3岁。主因发热7d伴头痛1d入院。患儿1周前因受凉开始发热、咽痛、轻咳,口服罗红霉素4d无明显好转。3d前出现头痛、呕吐,一天来嗜睡、抽搐2次。查体:体温39.4℃,脉搏128/min,呼吸36/min。脑脊液检查:外观浑浊,压力增高,细胞数$1300×10^6$/L,以中性粒细胞为主,蛋白质明显增高,糖和氯化物减少。

化脓性脑膜炎是指由各种化脓性细菌引起的脑膜的急性炎症,临床表现以发热、头痛、呕吐、意识障碍、脑膜刺激征阳性和脑脊液改变为特征。多见于婴幼儿,病死率达10%,10%~20%的幸存者可遗留各种神经系统后遗症。

一、护理评估

(一)病因与发病机制

1. **病因** 新生儿和2个月以内小婴儿以大肠埃希菌、金黄色葡萄球菌感染多见,发病与季节无关;3个月到3岁则多以肺炎链球菌、流感嗜血杆菌感染为主,冬春季多见;年长儿以脑膜炎奈瑟菌及肺炎链球菌感染多见,且冬春季节发病多,可呈流行趋势。

2. **感染途径** 致病菌可通过多种途径侵入脑膜,最常见的途径是通过血行感染,常见入侵途径有上呼吸道感染、胃肠道感染、皮肤黏膜感染、新生儿脐部感染等。其次为邻近组织器官感染,如中耳炎、乳突炎、鼻窦炎等扩散波及脑膜。少见者有颅骨骨折、皮肤窦道或脑脊髓膜膨出,细菌可直接进入蛛网膜下腔。

3. **发病机制** 在细菌毒素和各种炎症相关细胞因子的作用下,蛛网膜、软脑膜、表层脑组织出现炎症反应,血管充血、渗出,大量中性粒细胞浸润、纤维蛋白渗出。炎性渗出物覆盖在大脑顶部、大脑基底部及脊髓表面,导致颅内压增高。炎症还可以波及脑室内膜,渗出物黏稠,引起粘连,使脑脊液循环受阻,导致硬脑膜下积液、脑积水等。炎症累及脑神经纤维,可导致失明、面瘫、斜视等。

(二)临床表现

大多急性起病。部分患儿病前数日有上呼吸道或消化道感染。90%为5岁以下小儿。

1. **感染中毒症状** 发热、精神不振,面色苍白或发灰,脑膜炎奈瑟菌感染者易有背部、臀部瘀点、瘀斑和休克。

2. **颅内压增高表现** 剧烈头痛、喷射性呕吐,婴儿可有前囟隆起、张力增高。合并脑疝时,则有呼吸不规则、意识障碍加重或瞳孔不等大,对光反射迟钝。

3. **意识障碍** 烦躁不安、谵妄、嗜睡,严重者昏迷。

4. **惊厥** 可以有反复局限性或全身性惊厥发作。

5. **颅神经受损** 患儿可有失明、斜视、面瘫、耳聋等表现。

6. **脑膜刺激征** 以颈强直最常见,凯尔尼格征、布鲁津斯基征可以阳性。

新生儿及3个月以内的小婴儿临床表现多不典型,主要表现在:①发热或体温不升,哭声低弱、呕吐、吸吮无力或拒乳、黄疸、呼吸不规则、发绀、脑性尖叫、凝视;②惊厥可仅有面部、肢体局部抽动;③颅缝裂开、头围增大。由于囟门未闭所起的缓冲作用,脑膜刺激征不明显。

（三）并发症

1. 硬脑膜下积液　最常见,多见于婴儿。表现为经有效治疗后,患儿体温不退或再次升高,颅内压增高症状无好转或加重。头颅 CT 检查和硬膜下穿刺抽液可协助诊断。

2. 脑室管膜炎　患儿经抗生素治疗后症状无好转,颈项强直、角弓反张,侧脑室穿刺抽取脑室内脑脊液有炎性改变可以确诊。

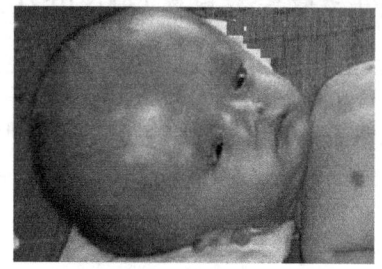

图 12-2　脑积水

3. 脑积水　临床表现为呕吐、惊厥、头颅进行性增大、前囟饱满、骨缝裂开,落日征（图 12-2,彩图 22）、头颅破壶音。头颅 CT 见脑室扩大、积液。

4. 其他　脑性低钠,部分可留有智力低下、癫痫、视力障碍、神经性耳聋等后遗症。

（四）心理-社会状况

由于本病病程和治疗疗程长,对家庭生活和经济有很大影响;且患儿病情重,病死率和后遗症发生率均较高,家长因担心会产生紧张、恐惧、焦虑等心理反应。

（五）辅助检查

1. 周围血象　白细胞总数大多明显增高,可达 $(20\sim40)\times10^9/L$,分类以中性粒细胞为主,可达 80% 以上。但感染严重者,白细胞总数可能减少。

2. 脑脊液检查　是确诊本病的重要依据,也有助于与其他病原体引起的脑膜炎鉴别诊断（表 12-1）。

表 12-1　几种不同病原体所致脑膜炎的脑脊液改变

脑脊液类型	外观	细胞数 ($\times10^6/L$)	蛋白（g/L）	糖（mmol/L）	氯化物（mmol/L）	其他
正常脑脊液	清亮透明	0~10	0.2~0.4	2.2~2.4	118~128	--
化脓性脑膜炎	浑浊	>1000,多核细胞为主	明显增高	明显减低	减少	涂片、培养有致病菌
结核性脑膜炎	微浑,毛玻璃样	50~500,淋巴细胞为主	增高	明显减低	减少	抗酸染色有结核菌
病毒性脑膜炎	清亮	10~300,淋巴细胞为主	正常或轻度增高	正常	正常	病毒抗体阳性

3. 血培养　经血行感染者早期应做血培养,以帮助寻找致病菌。皮肤瘀点、瘀斑涂片染色是发现脑膜炎奈瑟菌重要而简便的方法。

4. 影像学检查　头颅 CT 检查可以发现合并脑积水、脑脓肿、硬脑膜下积液。

> **重点提示**
> 1. 小婴儿患化脓性脑膜炎时，由于囟门未闭所起的缓冲作用，脑膜刺激征不明显。
> 2. 婴儿化脓性脑膜炎最常见的并发症是硬脑膜下积液，注意其表现。
> 3. 化脓性脑膜炎的脑脊液变化特点是确诊的依据，要牢记。

二、治疗原则

1. **控制感染** 使用抗生素，原则是静脉给药、早期、联合、足量、足疗程、选择对病原体敏感且容易透过血脑屏障的药物。肺炎球菌、金黄色葡萄球菌感染选用青霉素或头孢曲松等；流感嗜血杆菌感染应选用氨苄青霉素或头孢三代；脑膜炎奈瑟菌感染选用青霉素、氨苄青霉素或头孢三代；大肠埃希菌感染选用氨苄青霉素或头孢三代。应用抗生素2~3d后复查脑脊液。

2. **对症治疗**
(1) 降低颅内压：20%甘露醇静脉快速滴入，4~8h一次；也可用呋塞米、地塞米松。
(2) 控制惊厥：控制惊厥发作首选地西泮静脉注射，也可给予苯巴比妥钠肌内注射。
(3) 其他：维持水、电解质、酸碱平衡，保证热量和液量供给。

3. **并发症的治疗** 硬脑膜下积液者可行硬膜下穿刺抽液，每次每侧放液量不超过15ml，无效者外科手术引流。脑积水者手术治疗。

三、护理问题

1. 体温过高　与细菌感染有关。
2. 有受伤的危险　与抽搐、意识障碍有关。
3. 营养失调　低于机体需要量，与摄入不足、机体消耗增多有关。
4. 潜在并发症　颅内压增高，水、电解质紊乱，硬脑膜下积液。
5. 知识缺乏　家长对化脓性脑膜炎相关知识缺乏了解。

四、护理措施

1. **高热的护理** 患儿绝对卧床休息，保持病室安静、空气新鲜。每4h测体温1次。体温超过38.5℃时，及时给予物理降温或药物降温。出汗后及时更换衣服，注意保暖。

2. **防受伤护理** 保持口腔清洁，及时清除呕吐物，防止吸入导致窒息。注意患儿安全，防止坠床。做好皮肤护理，保持清洁、干燥，预防压疮的发生。

3. **供给充足热量** 给予高蛋白质、高热量、易消化的流质或半流质饮食。少量多餐，昏迷者给予鼻饲或静脉补充营养。

4. **病情观察** 观察生命体征，若患儿出现意识障碍、瞳孔改变、躁动不安、频繁呕吐、四肢肌张力增高，提示有颅内高压，应积极采取降低颅内压的措施。如患儿发热不退或退而复升，前囟饱满、颅缝裂开、呕吐不止、频繁惊厥，应考虑可能并发了硬脑膜下积液。准备好抢救药品及器械、硬脑膜下穿刺包等。腰椎穿刺之后应去枕平卧位4~6h，以防头痛。

5. **心理护理** 对患儿及家长给予安慰、关心和爱护，增强战胜疾病的信心。

6. **健康教育** 向患儿家长介绍病情，治疗护理方法，使其主动配合治疗；指导家长对恢复期患儿,观察其反应及肢体活动情况、有无智能障碍、肢体瘫痪等后遗症,指导肢体运动、功能锻炼的方法。

第五节　病毒性脑膜炎、脑炎患儿的护理

> **案例分析**
> 患儿,女,5岁,主因高热、头痛3d,惊厥、意识障碍1d就诊。10d前有腹泻病史。咽部无充血、心肺未见异常,肝、脾不大。颈项强直,布鲁津斯基征阳性,右侧巴宾斯基征阳性。脑脊液外观清亮,细胞数200×10^6/L,淋巴细胞为主,糖和氯化物正常。

病毒性脑炎、脑膜炎是指由各种病毒引起的中枢神经系统急性炎症。主要累及脑实质时,为病毒性脑炎,累及脑膜时则为病毒性脑膜炎。

一、护理评估

(一)病因及发病机制

多种病毒均可引起脑膜炎、脑炎。以肠道病毒如柯萨奇病毒、埃可病毒最多见,疱疹病毒、麻疹病毒、水痘病毒、腮腺炎病毒等也可引起。

病毒经肠道或呼吸道进入局部淋巴系统繁殖后进入血液,形成病毒血症,感染某些脏器,此时患者可有发热等全身症状。病毒在脏器内进一步繁殖后可侵入脑组织或脑膜,形成病毒性脑炎或脑膜炎。

病理改变主要与病毒对脑组织的直接破坏和免疫反应有关,导致脑组织、脑膜充血、血管周围淋巴细胞浸润,脑组织局灶性软化、坏死、神经细胞脱髓鞘等。

(二)临床表现

多急性起病,病前1~3周可有病毒感染消化道、呼吸道的症状。病情轻重差异很大,取决于病变主要在脑膜还是脑实质。病毒性脑炎的临床经过较脑膜炎严重,重症脑炎更易发生急性期死亡或后遗症。

1. **病毒性脑膜炎**　主要表现为发热、头痛、呕吐、嗜睡,婴儿有烦躁、惊厥,可有前囟隆起、脑膜刺激征阳性,少数有意识障碍。

2. **病毒性脑炎**　主要表现为:①不同程度的发热;②意识障碍:反应迟钝、淡漠、嗜睡、谵妄或昏迷等;③瘫痪:部分患儿伴肢体瘫痪或不自主运动,可出现病理反射阳性;④精神异常:如躁狂、幻觉、定向力、计算力障碍等;⑤颅内压增高症状。

3. **预后**　多数能完全恢复,少数遗留癫痫、肢体瘫痪、智能障碍等后遗症。

(三)心理-社会状况

本病病情严重,患儿病死率和后遗症发生率均较高,家长会出现焦虑、恐惧或绝望心理,甚至有些家长会遗弃患儿。

(四)辅助检查

1. **脑脊液检查**　外观清亮,压力正常或增高。细胞数$(10\sim300)\times10^6$/L,以淋巴细胞为主,蛋白质正常或轻度增高,糖、氯化物含量正常(表12-1)。

2. **病毒学检查** 部分患儿脑脊液病毒分离及测试特异性抗体阳性。恢复期血清特异性抗体滴度高于急性期 4 倍以上有诊断价值。

3. **脑电图** 以弥漫性或局限性异常慢波为特征。

二、治疗原则

本病缺乏特异性治疗,但由于病程呈自限性,急性期正确的对症治疗与支持治疗是保证病情顺利恢复、降低病死率和致残率的关键。

1. **控制脑水肿** 降低颅内高压,控制惊厥。
2. **保证营养供给** 对进食困难者给予静脉营养,维持水、电解质平衡。
3. **抗病毒治疗** 阿昔洛韦(无环鸟苷)或更昔洛韦(丙氧鸟苷),两种药物均需用药 10~14d,静脉滴注给药,主要用于单纯疱疹病毒所致感染。由柯萨奇病毒或埃可病毒引起的病毒性脑膜炎,一般使用地塞米松静脉滴注以控制炎症反应。
4. **促进脑功能恢复** 可使用胞磷胆碱、能量合剂、吡拉西坦(脑复康)、维生素 B_6 等。

三、护理问题

1. **体温过高** 与病毒感染有关。
2. **营养失调** 低于机体需要量,与摄入不足有关。
3. **急性意识障碍** 与脑实质炎症有关。
4. **躯体移动障碍** 与昏迷、肢体瘫痪有关。
5. **潜在并发症** 颅内压增高。
6. **知识缺乏** 家长对病毒性脑炎、脑膜炎的相关知识缺乏了解。

四、护理措施

1. **发热的护理** 每 4h 监测体温 1 次。体温>38.5℃时给予物理降温或药物降温。
2. **保证营养供应** 给予易消化、富营养的流食或半流食,对昏迷或吞咽困难的患儿,应鼻饲和静脉营养。
3. **观察病情** 密切观察瞳孔、意识及呼吸变化,如果发现瞳孔大小不等或忽大忽小、对光反射迟钝、呼吸节律不整,提示发生了脑疝,立即报告医生,配合采取降低颅内压措施。
4. **呼吸道护理** 保持呼吸道通畅,并给予吸氧。
5. **意识障碍的护理** 可将患儿上半身抬高 15°~30°,利于降低颅内压。一侧背部稍垫高,头偏向一侧,每 2h 翻身、拍背各 1 次,预防发生坠积性肺炎。在易发生压疮部位使用气圈、气垫等,预防压疮发生。协助患儿洗漱、进食、大小便及个人卫生等。
6. **肢体移动障碍的护理** 做好患儿生活护理,并保持瘫痪肢体于功能位置。病情稳定后,协助患儿进行肢体的被动或主动功能锻炼,活动时要循序渐进,加强保护措施,防止外伤。
7. **健康教育** 向患儿及家长介绍病情,减轻其焦虑;提供心理支持,帮助患儿树立战胜疾病的信心。指导家长协助患儿翻身、皮肤护理及功能锻炼的方法。

讨论与思考

1. 小儿有哪些原始反射？何时消失？
2. 什么是化脓性脑膜炎？最常见的感染途径有哪些？脑脊液有哪些改变？
3. 归纳一下所学过的疾病中哪些疾病要求要减少对患儿的刺激？如何实施？
4. 患儿，1岁，因发热、喷射状呕吐、昏迷及抽搐入院，初步诊断为化脓性脑膜炎，体检：体温39℃，脉搏120/min，呼吸35/min，意识模糊，医生欲做脑脊液检查。请回答下述问题：
  (1) 作为护士你应采取哪些护理措施护理该患儿？
  (2) 腰椎穿刺前做哪些准备工作？
  (3) 腰椎穿刺后怎样护理？

（李砚池）

第13章

结缔组织疾病患儿的护理

学习要点
1. 风湿热、过敏性紫癜、川崎病的临床表现、护理诊断、护理措施及健康指导
2. 风湿热、过敏性紫癜、川崎病的辅助检查和治疗要点
3. 风湿热、过敏性紫癜、川崎病的病因和发病机制

结缔组织病是指以结缔组织的发炎、水肿、增生和变性为主要病理变化,出现关节肌肉疼痛或僵硬等症状的一组疾病。发生在儿童期的包括风湿热、类风湿关节炎、强直性脊柱炎、系统性红斑狼疮、过敏性紫癜、川崎病、硬皮病、皮肌炎和混合型结缔组织病等。本章主要讲述风湿热、过敏性紫癜和川崎病。本章主要学习的疾病和内容见思维导图(图13-1)。

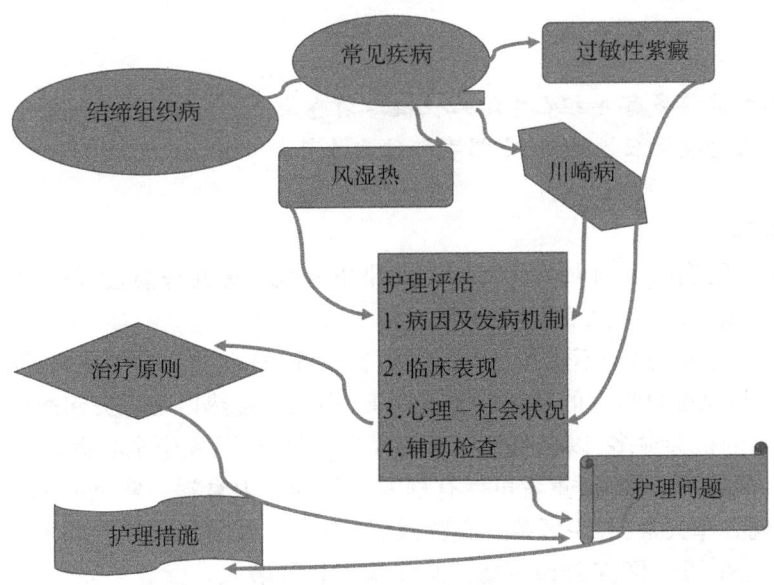

图13-1 结缔组织疾病患儿护理的思维导图

第一节 风湿热患儿的护理

> **案例分析**
> 患儿,女,6岁,因持续发热10d,游走性关节肿痛2周入院。查体:神志清,面色苍白,体温38℃,咽部充血,扁桃体肿大,躯干和四肢可见环形红色斑块,心界扩大,心尖部可闻及Ⅱ级收缩期杂音,肝脾未触及。辅助检查:血沉56mm/h,抗"O"1500U,C反应蛋白阳性,心电图示P-R间期延长,ST段下移。

风湿热是一种与A组乙型溶血性链球菌感染密切相关的免疫炎性疾病。临床表现为发热,多伴有心脏炎、游走性关节炎,比较少见环形红斑、皮下结节或舞蹈症。心脏炎是最严重的临床表现,急性期可危及患儿生命,反复发作可形成永久性心脏瓣膜病变。发病年龄以5~15岁多见,冬春和寒冷、潮湿地区发病率高。近年来风湿热的发病率有回升的趋势,值得重视。

一、护理评估

(一)病因和发病机制

本病的病因和发病机制尚不太清楚,多数认为与A组乙型溶血性链球菌感染后的两种免疫反应有关。①变态反应:某些抗链球菌抗体可与人的组织发生交叉反应,导致Ⅱ型变态反应性组织损伤,还可因链球菌菌体成分及其产物与相应抗体作用形成的免疫复合物沉积在关节、心肌、心瓣膜导致Ⅲ型变态反应性组织损伤;②自身免疫反应:可出现抗心肌抗体,损伤心肌组织发生心脏炎。近年来研究提示该病还可能与遗传、病毒有关。

> **重点提示**
> 1. 风湿热发病前多有A组乙型溶血性链球菌感染史。
> 2. 风湿热为免疫反应性疾病,常损害部位为关节和心脏。

(二)临床表现

约半数病例在发病前1~4周有上呼吸道感染史。大多患儿呈急性起病,而以心脏炎或舞蹈症为初发病者,则往往呈缓慢的发病过程。

1. **一般表现** 发热,热型不规则,有面色苍白、腹痛、食欲差、多汗、疲倦等症状。

2. **心脏炎** 是风湿热唯一的持续性器官损害,小儿风湿热以心脏炎起病占40%~50%,年龄愈小,心脏受累的机会愈多,以心肌炎及心内膜炎多见,亦可发生全心炎。

(1)心肌炎:轻者可无症状,重者可伴有程度不等的心力衰竭。常见心率增快与体温升高不成比例,可出现心律失常,心尖区第一心音减弱,心尖区可闻及吹风样收缩期杂音。心电图示P-R间期延长、ST段下移、T波改变等。X线检查心脏增大。

(2)心内膜炎:主要侵犯部位为二尖瓣,其次为主动脉瓣。二尖瓣关闭不全时,心尖区可闻及Ⅱ~Ⅲ级吹风样全收缩期杂音,并向腋下传导;主动脉瓣关闭不全时,在胸骨左缘第3肋间可闻及舒张期叹气样杂音。如反复风湿活动可使心瓣膜形成永久性瘢痕,导致风湿性心瓣膜病(图13-2,彩图23)。

(3) 心包炎:表现为心前区疼痛、心动过速、呼吸困难,部分患儿心底部可闻及心包摩擦音。部分患儿积液量多时心前区搏动消失,心音遥远,有颈静脉怒张、肝大等心包填塞表现。X线检查心影向两侧扩大,呈烧瓶状,卧位时心腰部增宽。心电图检查早期示低电压、ST段抬高,随后ST段下降,并出现T波改变。

3. 关节炎　年长儿多见,占风湿热患儿的50%~60%,以游走性和多发性为特点,主要累及膝、踝、肩、肘、腕等大关节,局部出现红、肿、热、痛,以疼痛和功能障碍为主,经治疗,关节不留强直或畸形。轻症患儿仅有关节酸痛而无局部红、肿表现。

4. 舞蹈症　女童多见,是一种累及锥体外系的风湿性神经系统疾病,表现为以四肢和面部肌肉为主的轻重程度不同的、不自主、不协调、无目的的快速运动,如耸肩缩颈、伸舌歪嘴、挤眉弄眼、语言障碍、书写困难、精细动作不协调等,在兴奋或注意力集中时加剧,入睡后消失。可单独存在或与其他症状同时并存,约40%伴心脏损害,但伴关节炎者罕见。

5. 皮肤损害

(1) 皮下结节:有5%~10%的风湿热患儿可见,常伴有严重心脏炎,好发在肘、腕、膝、踝等关节伸侧的骨质隆起或肌腱附着处,呈圆形、粟米或豌豆大小的硬结,质硬、无压痛、可活动,常在起病数周后才出现,经2~4周自然消失(图13-3,彩图24)。

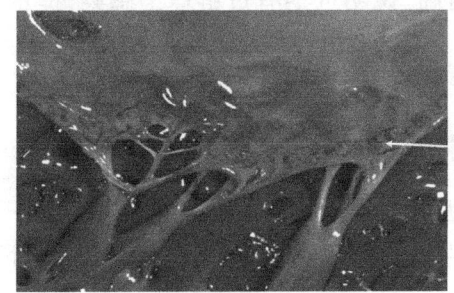

图13-2　瓣膜赘生物(箭头处)

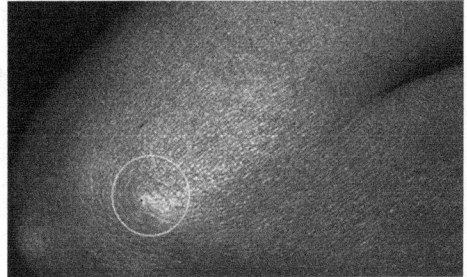

图13-3　皮下小结(标示处)

(2) 环形红斑:较少见,呈环形或半环形,边界明显的淡红或暗红色斑,大小不等,边缘可轻度隆起,中心苍白,多分布于躯干和四肢屈侧,呈一过性,或时隐时现呈迁延性,可持续数周,不留痕迹(图13-4,彩图25)。

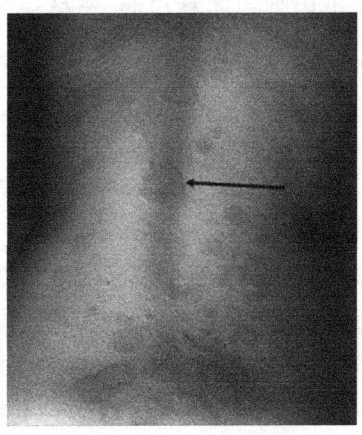

图13-4　环形红斑

> **重点提示**
>
> 1. 心脏炎是风湿热最严重的临床表现。
> 2. 心内膜炎最常累及二尖瓣,其次是主动脉瓣。
> 3. 反复风湿活动可导致风湿性心瓣膜病。

(三) 心理-社会状况

本病容易复发,产生心脏损害,严重影响患儿生命质量。应评估家长有无焦虑、对该病的预后、疾病的治疗、护理方法、药物副作用、复发的预防等方面的认知程度。对年长儿要注意评估有无因长期休学带来的担忧,由于舞蹈症带来自卑等。了解患儿家庭环境及家庭经济情况。

(四) 实验室及其他辅助检查

1. **血常规** 常见轻度贫血,周围血白细胞总数和中性粒细胞增高,伴核左移现象。
2. **风湿热活动指标** 血沉增快,C反应蛋白(CRP)、黏蛋白增高,此为风湿活动的重要标志,但对诊断本病无特异性。
3. **链球菌感染证据** 咽拭子培养可发现A组乙型溶血链球菌,血清抗链球菌溶血素"O"(ASO)、抗链球菌激酶(ASK)和抗透明质酸酶(AH)增高,说明近期有过链球菌感染,提示风湿热可能,不反映风湿热活动。
4. **心电图检查** 可见P-R间期延长、伴有T波低平、ST段改变,或有心律失常等。

二、治 疗 原 则

本病主要是抗链球菌感染、抗风湿、支持疗法和对症治疗。

1. **一般治疗** 卧床休息,其时间取决于心脏受累程度和心功能状态,并应加强营养,补充维生素等。
2. **清除链球菌感染** 大剂量青霉素静脉滴注,持续2~3周。青霉素过敏者改用红霉素。
3. **抗风湿热治疗** 抗风湿热治疗主要选用水杨酸盐或肾上腺皮质激素。心脏炎时宜早期使用肾上腺皮质激素,常用泼尼松或地塞米松,重症可静脉滴注地塞米松,症状好转后逐渐减量至停药,总疗程8~12周。
4. **其他治疗** 无心脏炎患儿可用阿司匹林口服,至体温恢复正常、关节肿痛消失和实验室活动性指标正常后,剂量减半,总疗程4~8周。

> **重点提示**
>
> 治疗原则:清除链球菌、抗风湿治疗、支持疗法和对症治疗。

诊断时必须具备两项主要表现,或一项主要表现伴两项次要表现,同时具备近期有溶血性链球菌感染的证据:①血清抗链球菌溶血素"O"或快速链球菌抗原试验阳性;②咽拭子培养示A组溶血性链球菌或最近有猩红热病史。有下列3种情况可不必严格执行该诊断标准:①舞蹈症;②隐匿发病或缓慢发展的心脏炎;③有风湿病史或现患风湿性心脏病,当再感染A组乙型溶血性链球菌时,只要有一项表现,如发热、关节痛或ESR增快、CRP增高,即提示风湿热复发。

> **链　接**
>
> **风湿热的 Jones 诊断标准**
>
> 目前临床广泛采用的诊断标准见下面的表13-1。
>
> 表13-1　初发风湿热的诊断指标
>
> | 主要表现 | 次要表现 | 前驱的链球菌感染证据 |
> |---|---|---|
> | 心脏炎 | 发热 | 咽拭子培养A组溶血性链球菌阳性 |
> | 多发性关节炎 | 关节酸痛 | 快速链球菌抗原试验阳性 |
> | 舞蹈症 | 血沉增快 | ASO增高 |
> | 环行红斑 | CRP阳性 | |
> | 皮下结节 | P-R间期延长 | |

三、护 理 问 题

1. 心输出量减少　与心脏受损有关。
2. 疼痛　与关节受累有关。
3. 焦虑　与疾病的反复发作有关。
4. 体温过高　与感染有关。
5. 潜在并发症　与药物副作用有关。

四、护 理 措 施

(一) 防止发生严重的心功能损害

1. 观察病情　注意患儿面色、呼吸、心率、心律及心音的变化，如发现烦躁不安、面色苍白、多汗、气急等心力衰竭的表现，及时处理。

2. 限制活动　根据病情限制活动量。急性期卧床休息2周；有心脏炎时，轻者绝对卧床4周，重者6~12周，至急性症状完全消失，血沉接近正常时，方可下床活动；伴心力衰竭者待心功能恢复后再卧床3~4周。活动量应根据心率、心音、呼吸及有无疲劳而调整。一般恢复至正常活动量所需时间是：无心脏受累者1个月，轻度心脏受累者2~3个月，严重心脏炎伴心力衰竭者6个月。

3. 加强饮食管理　给予易消化、富于营养的食物，少量多餐，有心力衰竭者适当地限制盐和水，准确记录出入量，并保持大便通畅。

4. 做好生活护理　保持病室空气新鲜、温度适宜。卧床期间帮助患儿洗漱、进食、大小便及清洁卫生活动等。

5. 药物治疗　遵医嘱抗风湿治疗，有心力衰竭者使用洋地黄制剂，同时吸氧、利尿、维持水电解质平衡等治疗。

(二) 减轻关节疼痛

将疼痛关节放置于功能位，保持体位舒适，避免痛肢受压，移动肢体时动作轻柔，可热敷局部关节以止痛。注意患肢保暖，避免寒冷潮湿，并做好皮肤护理。

(三) 心理护理

关心爱护患儿,耐心解释各项检查、治疗、护理措施的意义,争取合作。及时解除患儿的各种不适感,如发热、出汗、疼痛等,增强患儿战胜疾病的信心。

(四) 降低体温

密切观察体温变化,注意热型、热度及伴随症状。高热时采用物理降温并遵医嘱使用药物降温。

(五) 用药护理

服药期间应注意观察药物副作用,如阿司匹林可引起胃肠道反应、肝功能损害和出血,可饭后服用或同服氢氧化铝减少对胃的刺激,并加用维生素K可防止出血;泼尼松可引起消化道溃疡、肾上腺皮质功能不全、精神症状、血压增高、电解质紊乱、抑制免疫等,应密切观察;心肌炎时对洋地黄敏感且易出现中毒,服药期间应注意有无恶心、呕吐、心律不齐、心动过缓、色视等副作用,并应注意补钾。

(六) 健康教育

向患儿及家长讲解疾病的有关知识和护理要点,使家长学会病情观察、预防感染和防止复发的各种措施;合理安排患儿的日常生活,防止受凉,避免寒冷潮湿,避免去公共场所,不参加剧烈的活动以免过劳,坚持定期门诊复查。让家长及患儿了解治疗计划,使用阿司匹林或泼尼松所必需的疗程和可能出现的不良反应,帮助他们树立信心,能够主动配合坚持治疗。强调预防复发的重要性,预防用药首选肌内注射长效青霉素120万U,每3~4周一次,至少5年,最好坚持至25岁,有风湿性心脏病者,宜终身药物预防。

第二节 过敏性紫癜患儿的护理

> **案例分析**
>
> 患儿,男,9岁,因反复皮肤紫癜6d、膝关节肿痛3d入院。起病前2周曾患上呼吸道感染。入院查体:双下肢及臀部皮肤可见紫红色斑疹,高出皮肤,呈对称分布,压之不褪色,两侧膝关节轻度肿胀、有压痛,脐周有压痛,无腹肌紧张和反跳痛,心肺(-)。

过敏性紫癜,又称亨-舒综合征(Henoch-Schonlein syndrome,HSP),是以小血管炎为主要病变的系统性血管炎。临床特点为皮肤紫癜,常伴有关节肿痛、腹痛、便血和血尿等。主要见于学龄儿童,男孩多于女孩,四季均有发病,春秋季多见。病程有时迁延反复,但预后多良好。

本病主要病理变化为广泛性的急性无菌性血管炎,以毛细血管炎为主,全身小动脉和小静脉均可受累。血管壁可见灶性坏死,纤维沉积,中性粒细胞及嗜酸细胞浸润,周围散在核碎片。间质水肿,有浆液性积液和红细胞渗出。内皮细胞肿胀,可有血栓形成。病变累及皮肤、肾脏、胃肠道和关节,少数涉及心、肺等脏器。重者呈坏死性小动脉炎。

一、护 理 评 估

(一) 病因和发病机制

本病的病因尚未明确,目前认为与某种致敏因素引起的自身免疫反应有关。致敏原可为病原体(细菌、病毒或寄生虫等)、药物(抗生素、磺胺药、异烟肼、水杨酸类、苯巴比妥钠等)、食物(鱼、虾、蟹、蛋、牛奶等)及其他(花粉吸入、昆虫叮咬、疫苗接种等)。发病机制可能为:这些刺激因子,包括感染原和过敏原作用于具有遗传背景的个体,激发B细胞克隆扩增,导致IgA介导的系统性血管炎。

(二)临床表现

多为急性起病,病前1~3周常有上呼吸道感染史。约半数患儿出现不规则低热、乏力、精神萎靡、纳差等全身症状。

1. **皮肤紫癜** 常为首发症状,反复出现皮肤紫癜为本病的典型特征。常见于下肢和臀部,以伸侧为多,对称分布,分批出现,严重者延及上肢、躯干,面部少见(图13-5,彩图26)。

典型紫癜变化为初起出现紫红色斑丘疹及各型红斑,高出皮肤,压之不退色,可有轻度痒感,此后红

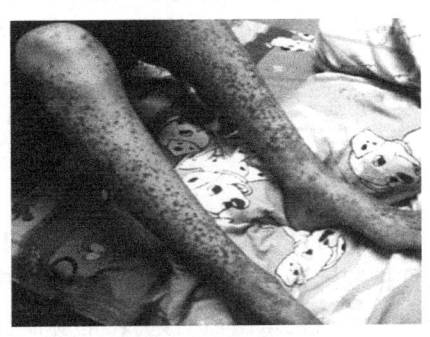

图13-5 皮肤紫癜

斑中心发生点状出血,颜色加深呈暗紫红色,最终呈棕褐色而消退。部分重症紫癜可大片融合成大疱伴出血性坏死。部分病例可有血管神经性水肿和一过性荨麻疹。皮肤紫癜一般在4~6周后消退,部分患儿间隔数周、数月后复发。

> **重点提示**
>
> 皮肤紫癜为本病的典型特征,常见于下肢和臀部,以伸侧为多,对称分布,分批出现。

2. **消化道症状** 约有2/3的患儿可出现消化道症状,多出现在皮疹发生一周内,亦可发生在紫癜出现之前。一般以阵发性剧烈腹痛为主,常位于脐周或下腹部,伴恶心、呕吐或便血,是由于肠道病变引起肠蠕动增强或痉挛所致。偶尔发生肠套叠、肠梗阻、肠穿孔及出血坏死性小肠炎。此型临床亦称为"腹型紫癜"。

3. **关节症状** 约1/3的患儿出现关节肿痛,多累及膝、踝、肘、腕等大关节,可单发亦可多发,呈游走性,表现为关节疼痛、肿胀和活动受限,一般无红、热,关节腔有浆液性积液,常在数日内消失,不遗留关节畸形。偶尔关节炎出现在紫癜前1~2d。此型临床亦称"关节型紫癜"。

4. **肾脏症状** 约半数患儿有肾脏损害的临床表现,尸检发现几乎全部患儿有不同程度的肾病变。多发生在起病1个月内,亦可在其他症状消失后发生,症状轻重不一。多数患儿出现血尿、蛋白尿及管型,伴血压增高和水肿,称为紫癜性肾炎。少数呈肾病综合征表现。一般患儿肾损害较轻,虽然部分患儿的血尿、蛋白尿持续数月甚至数年,但大多数都能完全恢复。个别重症出现大量蛋白尿、氮质血症、高血压或高血压性脑病,极少数因急性肾衰竭死于尿毒症。

5. **其他表现** 中枢神经系统病变是本病潜在威胁之一,患儿偶可因颅内出血导致失语、昏迷、惊厥、瘫痪和肢体麻痹。个别患儿有鼻出血、牙龈出血、咯血等出血表现。

上述症状可单独出现,也可几种同时存在,同时存在两种以上临床表现时,称"混合型紫癜"。

(三)心理-社会状况

评估患儿及家长对本病有关知识,特别是本病易反复发作,并发肾损害的了解程度;对于

年长儿要评估是否因疾病延误学业而出现焦虑;同时应了解患儿的饮食、家庭经济和环境状况。

(四)实验室及其他辅助检查

1. 血象　外周血白细胞数正常或轻度增高,中性和嗜酸性粒细胞可增高。血小板计数、出血和凝血时间、血块退缩试验均正常。部分患儿的毛细血管脆性试验阳性。

2. 尿常规　可有红细胞、蛋白、管型,重症有肉眼血尿。

3. 大便隐血试验　可呈阳性反应。

4. 其他　血沉轻度增快,血清 IgA 浓度往往增高,IgG、IgM 水平正常或轻度升高。

二、治疗原则

该病无特效疗法,主要采取支持和对症治疗。急性发作时应卧床休息,积极寻找和去除病因,如控制感染、补充维生素。有荨麻疹或血管神经性水肿时,可用抗组胺药和钙剂;腹痛时使用解痉药;消化道出血时禁食,静脉滴注西咪替丁。应用糖皮质激素缓解腹痛和关节疼痛,重症可加用免疫抑制药,也可用阿司匹林等抗凝治疗。

> **重点提示**
>
> 急性期卧床休息,积极寻找和去除病因,控制感染。

三、护理问题

1. 皮肤完整性受损　与血管炎有关。
2. 疼痛　与关节和肠道变态反应性炎症有关。
3. 潜在并发症　消化道出血、紫癜性肾炎。

四、护理措施

(一)促进皮肤恢复正常功能

1. 观察皮疹的形态、颜色、分布及数量,是否反复出现,每日详细记录皮疹变化情况。

2. 保持皮肤清洁,防止擦伤和小儿抓伤,如有破溃及时处理,防止感染和出血;衣着宽松、柔软,保持清洁、干燥。

3. 避免接触可能的各种致敏原,指导饮食,遵医嘱使用止血药、脱敏药等。

(二)减轻或消除关节肿痛与腹痛

对关节型病例患儿应观察关节疼痛及肿胀情况,保持患肢功能位置,协助患儿取舒适体位,膝下放一小平枕,使膝关节处于伸展位;根据病情使用热敷或冷敷,教会患儿利用放松、娱乐等方法减轻疼痛。患儿腹痛时应卧床休息,护士应尽量守护在床边,做好日常生活护理。遵医嘱使用药物,以缓解关节痛和腹痛。

(三)密切观察病情

1. 观察有无腹痛、便血等情况,同时注意腹部体征并及时报告和处理。有消化道出血时,应卧床休息,限制饮食,给予无渣流食,出血量多时要考虑输血并禁食,经静脉补充营养。

2. 观察尿色、尿量、尿液性状及尿比重的改变,定时做尿常规检查,若有血尿和蛋白尿,提示紫癜性肾炎,按肾炎护理。

(四)健康教育

过敏性紫癜可反复发作和并发肾损害,给家长和患儿带来不安和痛苦,针对具体情况予以解释和心理支持,帮助家长和患儿树立战胜疾病的信心。做好出院指导,有肾脏及消化道症状者宜在症状消失后3个月复学;同时教会患儿和家长继续观察病情,合理调配饮食;指导其尽量避免接触各种可能的过敏原;定期来院复查,及早发现肾脏并发症。

第三节 川崎病患儿的护理

> **案例分析**
>
> 患儿,男,2岁,发热6d伴皮疹。查体:双眼结膜充血、口唇干裂出血、咽部黏膜弥漫性发红及颈部淋巴结肿大,手足皮肤硬性水肿,听诊心尖部收缩期杂音,心律不齐。

川崎病(Kawasaki disease,KD)又称皮肤黏膜淋巴结综合征(mucocutaneous lymph node syndrome,MCLS),是一种以全身中、小血管炎为主要病变的急性发热出疹性疾病。临床特点为急性发热、皮肤黏膜病变和淋巴结肿大。本病以婴幼儿多见,男孩多于女孩,15%~20%未经治疗的患儿可发生冠状动脉损害。本病呈散发或小流行,四季均可发病。我国近年来该病发病率明显增高,多数自然康复,心肌梗死是主要死因。

川崎病的基本病理改变是全身血管的变态反应性坏死性血管炎,不仅累及冠状动脉,而且全身器官的中小血管均可受累。受累的血管内皮细胞坏死,肌层及外膜有白细胞浸润,内膜层断裂,同时血管扩张、管壁内有血栓形成。由于内皮损伤及炎性细胞浸润引起动脉中层损害,使动脉壁的完整性遭到破坏而形成动脉瘤和(或)内膜增生及纤维化而狭窄。除血管炎外还涉及多种脏器,尤其以间质性心肌炎、心包炎及心内膜炎最显著,并可累及传导系统。

一、护理评估

(一)病因和发病机制

本病病因与发病机制尚不清楚,可能与EB病毒、反转录病毒、链球菌、丙酸杆菌、立克次体、支原体等多种病原体感染有关,但均未得到证实;现研究发现越来越多的是一定易患宿主对多种感染病原触发的一种免疫介导的全身性血管炎。

(二)临床表现

本病病程多为6~8周,有心血管症状时可持续数月至数年。

1. 主要表现

(1)发热:为最早出现的症状,体温达38~40℃,呈稽留热或弛张热型,持续1~2周,抗生素治疗无效。

(2)皮肤表现:常在第1周出现,呈向心性、多形性皮斑和猩红热样皮疹,无水疱或结痂。手足症状为本病特征,在发热早期,手足皮肤硬性水肿(图13-6,彩图27),指(趾)关节呈梭形肿胀,并有疼痛和关节强直,继之掌跖弥漫性红斑,体温渐降时,手足皮疹和硬性水肿也消退,同时出现指(趾)端膜状脱皮(图13-7,彩图28),重者指(趾)甲亦可脱落。

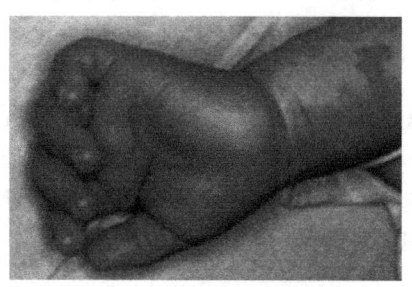

图 13-6 肢端硬性肿胀

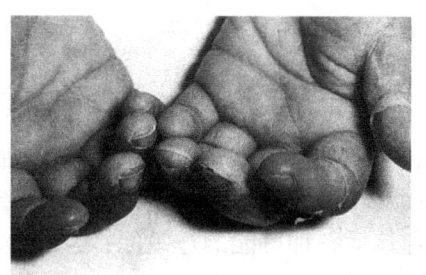

图 13-7 指端膜状脱皮

重点提示

1. 发热早期,手足皮肤硬性水肿。
2. 手足皮疹消退和硬性水肿消退同时出现,指(趾)端膜状脱皮,重者指(趾)甲亦可脱落。

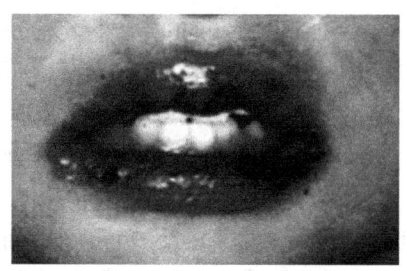

图 13-8 口唇皲裂

(3) 颈淋巴结肿大:一般在发热同时或发热后 3d 出现,常发生在单侧颈部,少数为双侧,质硬,轻压痛,局部皮肤无发红、化脓,热退后消散。

(4) 黏膜表现:于起病 3~4d 双眼出现球结膜充血,但无脓性分泌物或流泪。口腔及咽部黏膜弥漫性充血,舌乳头突起、充血呈杨梅舌。唇红、干燥、皲裂(图 13-8,彩图 29)、出血或结痂。充血症状持续整个发热期。

2. 心血管症状 是川崎病最严重的临床表现。常在发病 1~6 周出现心包炎、心脏炎、心内膜炎、心律失常。冠状动脉损害多发生在病程 2~4 周,也可于亚急性期和恢复期,甚至数年后才发生。约 50% 的病人动脉瘤可在 1 年内消散。心肌梗死和冠状动脉瘤破裂,可致心源性休克甚至猝死。

3. 其他伴随症状 可出现间质性肺炎、无菌性脑膜炎、消化系统症状(呕吐、腹泻、腹痛、肝肿大、轻度黄疸等),关节疼痛和肿胀。

(三) 心理-社会状况

本病虽是自限性疾病,但因病程长,少数可并发心脏损害,注意评估家长对该病的了解程度,有无焦虑;评估患儿对住院及治疗有无恐惧心理。

(四) 实验室及其他辅助检查

1. 血液检查 轻度贫血、外周血白细胞计数升高,以中性粒细胞增高为主,有核左移现象。血沉增快,C 反应蛋白增高,免疫球蛋白增高,为炎症活动指标。

2. 免疫学检测 血清 IgG、IgM、IgA、IgE 和血循环免疫复合物均升高。

3. 心血管系统检查 心电图主要为 ST 段和 T 波改变、P-R 间期和 Q-T 间期延长、低电压、心律失常等。二维超声心动图是诊断及随访冠状动脉病变的最佳方法,必要时行冠状动脉造影。

二、治疗原则

除对症、支持疗法外,应尽早使用阿司匹林和丙种球蛋白,以控制炎症,预防或减轻冠状动脉病变;如有冠状动脉病变时,应延长用药时间,直至冠状动脉病变恢复正常。病情严重者可加用糖皮质激素。血小板显著增多或冠状动脉病变、血栓形成患儿加用双嘧达莫。

> **链 接**
>
> **川崎病的诊断标准**
>
> 发热 5d 以上,伴下列 5 项临床表现中 4 项者,排除其他疾病后,即可诊断。①四肢变化:急性期掌跖红斑,手足硬性水肿;恢复期指(趾)端膜状脱皮;②多形性红斑;③眼结合膜充血,非化脓性;④唇充血皲裂,口腔黏膜弥漫性充血,舌乳头呈草莓舌;⑤颈部淋巴结肿大。
>
> 注:5 项临床表现中不足 4 项者,但超声心动图有冠状动脉损害,亦可确诊为川崎病。

三、护理问题

1. 体温过高　与感染、免疫反应等因素有关。
2. 皮肤完整性受损　与小血管炎有关。
3. 口腔黏膜受损　与小血管炎有关。
4. 潜在并发症　心肌梗死和冠状动脉瘤破裂。

四、护理措施

(一)降低体温

1. 急性期患儿应绝对卧床休息。保证病室适宜的温、湿度。监测体温变化、观察热型、热度及伴随症状,以便及时采取必要的治疗护理措施,警惕高热惊厥的发生。

2. 评估患儿体液状态,给予清淡的高热量、高维生素、高蛋白质的流质或半流质饮食。鼓励患儿多饮水,必要时静脉补液。

3. 配合治疗。遵医嘱用药,注意观察药物的疗效和副作用,注意阿司匹林的出血倾向和丙种球蛋白的过敏反应,一旦发生及时处理。

(二)促进皮肤恢复正常功能

保持皮肤清洁,衣被质地柔软而清洁,以减少对皮肤的刺激;每次便后清洗臀部;勤剪指甲,以免抓伤和擦伤;对半脱的痂皮应用干净剪刀剪除,切忌强行撕脱,防止出血和继发感染。

(三)促进黏膜恢复

评估患儿口腔卫生习惯及进食能力,观察口腔黏膜病损情况,每日口腔护理 2~3 次,保持口腔清洁,防止继发感染以增进食欲;口唇干裂时可涂护唇油;口腔溃疡涂碘甘油以消炎止痛。每日用生理盐水洗眼 1~2 次,也可涂眼膏,以保持眼的清洁,预防感染。

(四)观察病情

密切监测患儿有无心血管损害的症状,如面色、精神状态、心率、心律、心音、心电图改变等,如有以上变化立即进行心电监护,采取相应护理措施,并及时报告医生。

(五)心理护理

家长常因患儿心血管受损,有猝死的危险而产生不安心理,应及时向家长介绍病情,给予帮助和安慰；根据患儿病情，定期复查心电图、超声心动图等，应结合患儿年龄与家庭经济状况进行解释，以取得配合；制定合理的活动与休息计划，给患儿安排一些床上娱乐活动，多给其精神安慰，减少各种不良刺激。

(六) 健康教育

向家长及患儿介绍病情及预后，给予心理支持。指导家长观察病情，定期复查，于出院后1个月、3个月、6个月及1年进行一次全面检查；对于有冠状动脉病变的患儿，密切随访，每3~6个月做一次超声心动图检查。多发或较大冠状动脉瘤尚未闭塞者不宜参加体育活动。

讨论与思考

1. 风湿热的主要临床表现？
2. 风湿热与过敏性紫癜的皮肤改变有何不同？
3. 风湿热与过敏性紫癜的关节改变有何不同？
4. 川崎病皮肤改变特点？

(毛惠芬)

第 14 章

感染性疾病患儿的护理

学习要点
1. 传染病的基本特征、病程发展、流行环节和传染病患儿的一般护理
2. 麻疹、水痘、猩红热、流行性腮腺炎、百日咳、脊髓灰质炎、中毒性细菌性痢疾、手足口病、原发型肺结核、急性粟粒性肺结核、结核性脑膜炎患儿的病因及发病机制、病理改变、临床表现、辅助检查、治疗原则、护理问题和护理措施
3. 结核病患儿的病因及发病机制、辅助检查、预防和治疗原则

由于小儿时期机体免疫力低下,故易导致一些感染性疾病的发生。我们将在本章学习感染性疾病患儿的一般护理和常见感染性疾病患儿的护理,思维导图可以帮助你整体把握本章内容(图14-1)。

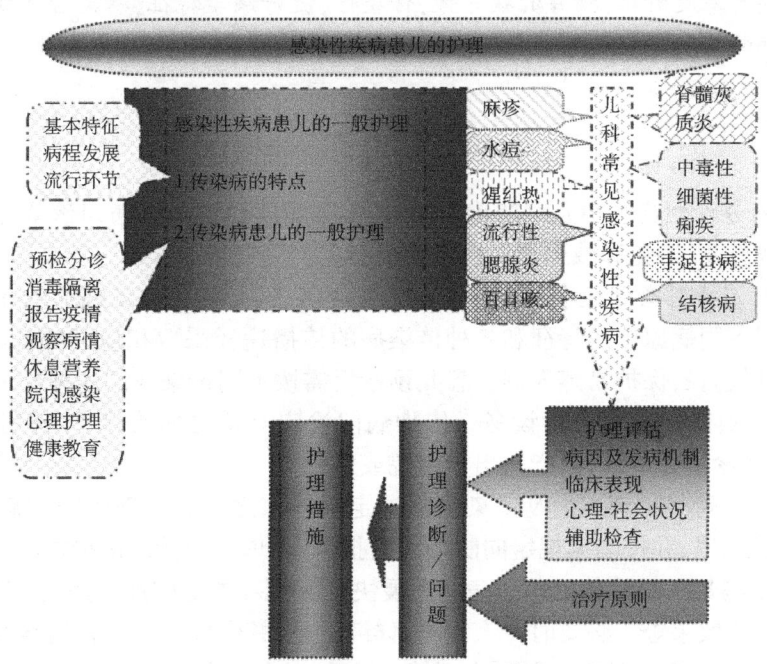

图 14-1　传染病患儿的护理思维导图

第一节　感染性疾病患儿的一般护理

小儿机体免疫功能低下,传染病发病率较成人高,且起病急,症状重,病情复杂多变,容易发生并发症。因此,护士必须熟悉传染病的有关理论知识,以采取适当的预防和支持措施控制传染病。

一、传染病的特点

1. **传染病的基本特征**　①有特异的病原体;②具有传染性;③有流行病学特征,包括流行性、季节性、地方性、周期性,按其强度和广度分为散发、暴发、流行和大流行四种类型;④有感染后免疫性,传染病人痊愈后,大多可获得对该病原体的特异性免疫。

2. **传染病的病程发展**　多数传染病的病程发展具有阶段性,一般都要经过以下几个阶段:①潜伏期:从病原体侵入人体到开始出现临床症状的时期。推算潜伏期对传染病的检疫与诊断有重要意义。②前驱期:从起病至症状明显开始为止的时期。③症状明显期:传染病特有的症状和体征获得充分表达的时期。④恢复期:机体免疫力增强,病原体完全或基本消灭,临床症状、体征基本消失,少数疾病可留有后遗症。

3. **传染病的流行环节**　传染病的流行过程,是指传染病在人群中发生、发展和转归的过程。传染病在人群中传播和流行,必须具备3个基本条件,即传染源、传播途径和人群易感性,通常称为传染病流行三大环节。

> **重点提示**
> 1. 传染病的基本特征:特异的病原体,传染性,流行病学特征,感染后免疫性。
> 2. 传染病的病程要经过潜伏期、症状明显期、前驱期、恢复期四个阶段。

二、传染病患儿的一般护理

1. **建立预检分诊制度**　小儿时期传染病多,传染病门诊应与普通门诊分开。门诊预诊能及早发现传染病患儿,避免和减少交叉感染的机会。

2. **严格执行消毒隔离制度**　隔离与消毒是控制传染源,防止传染病播散和院内感染的重要措施。应根据不同病原体的特征和各种传染病的传播途径采取相应的隔离消毒措施,控制传染源,切断传播途径,保护易感人群。患儿预诊后需按不同传染病的病种分别在指定的诊室进行诊治。诊室内应有洗手、消毒设备。传染病门诊应有单独的治疗室、药房、化验室、留观室、厕所等。患儿诊治完毕后,由指定出口离院或入院。

3. **及时报告疫情**　护理人员是传染病的法定报告人之一。发现传染病病人后及时填写"传染病疫情报告卡",并按国家规定向防疫部门报告,采取相应的隔离措施。

4. **密切观察病情**　急性传染病的病情进展快、变化多,护士应深入病房,密切观察病情变化、服药反应、治疗效果等。必要时专人守护,详细记录,并做好各种抢救的准备工作。

5. **促进休息与营养**　保持病室清洁、安静、舒适,以利患儿休息。传染病的急性期应绝对卧床休息,症状减轻后方可逐渐起床活动。传染病患儿大多有高热、食欲不振,故应给予充足的水分,易消化、营养丰富的流质、半流质饮食,鼓励患儿多饮水,维持水、电解质平衡和促进体内毒素排泄,必要时鼻饲或静脉补液。

6. 预防和控制院内感染　医院内感染是对住院患儿的一大威胁,护士在控制院内感染中起着非常重要的作用。护士和其他医务人员也必须采取预防措施保护自身免受感染。正确洗手和勤洗手是防止微生物传播和预防院内感染最重要的方法。当可能接触血液、体液、分泌物或排泄物时,应戴手套或其他防护用品以免受污染。正确处理废弃物,污染物品要正确清洁与消毒。正确使用抗生素。

7. 加强心理护理　患儿不良的心理反应可促使病情加重,护理人员应多关注、耐心劝导患儿安心休息、配合治疗,使其消除孤独、紧张、恐惧心理。对恢复期患儿应认真安排好教养活动,如游戏、保健操、看电视、复习功课等。鼓励患儿适量活动,保持良好情绪,促进疾病康复。

8. 健康教育　护理人员应针对传染病的特点,通过个别交谈、墙报、宣传画等方式向患儿及其家属进行卫生知识的宣传教育,使他们配合医院的隔离消毒工作及治疗护理,控制院内交叉感染,并按时完成计划免疫。

第二节　麻疹患儿的护理

> **案例分析**
>
> 患儿,男,3岁,因发热、咳嗽、畏光、流泪4d,皮疹1d就诊。查体:体温40.5℃,一般情况可,结膜充血明显,分泌物较多,眼睑水肿,全身皮肤满布红色斑丘疹,部分融合,疹间皮肤正常,双肺无干、湿啰音,心脏无杂音。血常规示白细胞$4.0×10^9$/L,中性粒细胞0.32,淋巴细胞0.68。

麻疹是由麻疹病毒引起的急性出疹性呼吸道传染病,临床以发热、上呼吸道炎(咳嗽、流涕)、结膜炎、口腔麻疹黏膜斑(又称柯氏斑 koplik's spots)、全身斑丘疹及疹退后遗留色素沉着伴糠麸样脱屑为主要特征。麻疹病人是唯一的传染源,主要通过飞沫传播,出疹前后5d均有很强传染性,易并发肺炎。多见于6个月至5岁的小儿,冬春季发病率较高,病后大多可获得终身免疫。随着麻疹减毒活疫苗的普遍接种,麻疹的发病率和病死率显著下降。

一、护理评估

(一)病因及发病机制

1. 病因　麻疹病毒属副黏液病毒,RNA病毒,只有1个血清型,抗原性稳定。病毒不耐热,对紫外线和消毒剂均敏感,在流通的空气或日光中30min即失去活力,但耐低温。

2. 发病机制　麻疹病毒通过鼻咽部进入人体,在呼吸道上皮细胞和局部淋巴组织中繁殖并侵入血液,通过血液的单核细胞向其他器官传播,如脾、肺、肝脏、消化道黏膜、结膜和皮肤,导致全身广泛性损害出现全身症状和皮疹等,此时传染性最强。由于免疫反应受抑制,常并发喉炎、支气管肺炎或导致结核病复燃。

(二) 临床表现

1. 典型麻疹

(1) 潜伏期:一般 6~18d,平均 10d,接种过麻疹减毒活疫苗者可延长至 3~4 周。潜伏期末可有低热、全身不适。

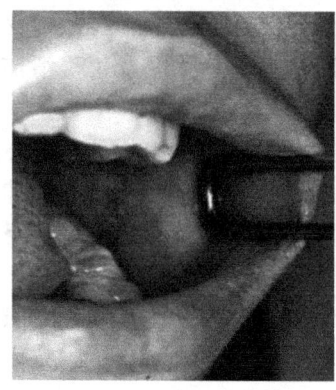

图 14-2 麻疹黏膜斑

(2) 前驱期(出疹前期):一般为 3~4d,主要表现为:①发热:多为中度以上,可高达 39~40℃。②上呼吸道炎:发热同时伴咳嗽、打喷嚏、咽部充血、眼睑水肿、畏光流泪、结膜充血等眼、鼻卡他症状,以眼部症状为本病特点。③麻疹黏膜斑(图 14-2,彩图 30):是早期诊断麻疹的重要依据。出疹前 1~2d 在下磨牙对应的颊黏膜上,可见直径约 1.0mm 的灰白色小点,周围有红晕,常在 1~2d 迅速增多,可累及整个颊黏膜,出疹后 1~2d 迅速消失。④部分病例可有一些非特异性症状,如全身不适、精神不振、食欲减退、呕吐、腹泻等。

(3) 出疹期:一般为 3~5d。多在发热后 3~4d 出疹,体温可高达 40℃,此时呼吸道症状和全身中毒症状逐渐加重并达高峰。皮疹初见于耳后、发际,渐至颜面、颈部、躯干、四肢,最后到手掌、足底。皮疹初为淡红色斑丘疹,压之褪色,疹间皮肤正常,皮疹逐渐增多,部分融合,变为暗红色(图 14-3,彩图 31)。

(4) 恢复期:一般为 3~5d。出疹 3~4d 后皮疹按出疹顺序消退,有糠麸状脱屑和褐色色素沉着,体温下降,其他症状随之好转,一般 7~10d 痊愈。

2. 并发症 可并发肺炎、心肌炎、喉炎、麻疹脑炎、营养不良和维生素 A 缺乏等,并可使结核病恶化。其中肺炎是麻疹最常见的并发症,亦是患儿死亡主要原因。

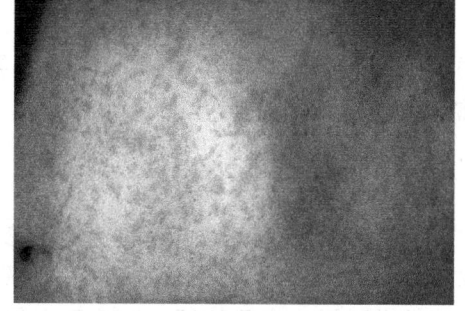

图 14-3 麻疹皮疹

(三) 心理-社会状况

麻疹传染性极强,患儿需隔离治疗,少数患儿可产生并发症,患儿及家长可能产生孤独、焦虑、恐惧情绪;曾经与患儿密切接触过的小儿及家长也会担心受到传染。

(四) 辅助检查

1. **血常规** 血白细胞总数减少,淋巴细胞相对增多。若淋巴细胞严重减少提示预后不良;如中性粒细胞增多提示继发细菌感染。

2. **多核巨细胞检查** 于出疹前 2d 至出疹后 1d,取患者鼻咽部、眼分泌物或尿沉渣涂片染色镜检,可见多核巨细胞或包涵体细胞,阳性率高,有早期诊断价值。

3. **血清学检查** 检测病人血清麻疹 IgM 抗体,有早期诊断价值。

4. **病原学检查** 呼吸道分泌物检测出或分离到麻疹病毒均可做出特异性诊断。

> **重点提示**
> 1. 麻疹的主要传播途径是飞沫传播。
> 2. 麻疹患者的传染期是出疹前 5d 至出疹后 5d。
> 3. 麻疹患者发热与出疹的关系是发热后 3~4d 出疹,体温可高达 40℃。
> 4. 麻疹的出疹顺序是耳后、发际→颜面、颈部→躯干、四肢→手掌、足底。

二、治疗原则

目前尚无治疗麻疹的特效药物,主要为加强护理、对症治疗和防治并发症。

三、护理诊断/问题

1. 体温过高　与病毒血症、继发感染有关。
2. 有皮肤完整性受损的危险　与皮疹并有瘙痒有关。
3. 营养失调,营养低于机体需要量　与高热、消化功能紊乱有关。
4. 有传播感染的危险　与呼吸道排出病毒有关。
5. 潜在并发症　肺炎、喉炎、心肌炎、脑炎等。

四、护理措施

1. 维持正常体温　保持室内空气新鲜,体温不超过 40℃者一般不需退热。若体温>40℃伴有惊厥或过去有高热惊厥史者可适当降温。忌用乙醇擦浴和冷敷,慎用退热药,以免影响透疹而加重病情。体温>40℃时可温水擦浴或小剂量退热药降温。

2. 保持皮肤完整性　①保持皮肤清洁,勤换内衣,剪短指甲,防止抓伤皮肤导致继发感染。及时评估患儿的出疹情况,如出疹不畅,可用中药煎服或温水擦浴以利透疹。②保持眼、耳、鼻、口腔的清洁。及时用生理盐水清洗眼部分泌物,遵医嘱应用抗生素眼药水或眼膏,加服维生素 A 预防干眼症;防止眼泪或呕吐物流入耳道引起中耳炎;及时清除鼻痂,保持鼻腔通畅;多喂白开水,常用生理盐水或 2% 硼酸溶液洗漱,保持口腔清洁舒适。

3. 保证营养供给　给予易消化的流质、半流质饮食,少量多餐;鼓励多饮水,利于排毒、退热和透疹。呕吐、腹泻严重、摄入过少者给予静脉输液。恢复期予以高蛋白、高能量及富含维生素的饮食。

4. 密切观察病情变化　如患儿出现咳嗽明显加重、持续高热、呼吸困难、肺部湿啰音增多等为并发肺炎的表现;当患儿出现声音嘶哑、犬吠样咳嗽、吸气性呼吸困难等,提示并发了喉炎;如患儿嗜睡、惊厥、昏迷、脑膜刺激征等提示并发脑炎;麻疹还可使结核病复发和恶化。观察出现上述情况应予以相应护理,并及时报告医生,协助救治。

5. 预防感染传播

(1)控制传染源:隔离患儿至出疹后 5d,合并肺炎者延长至出疹后 10d。接触麻疹的易感儿应隔离检疫 3 周。

(2)切断传播途径:病室每日紫外线消毒或通风半小时。患儿衣被及使用物品要在阳光下暴晒 2h,减少不必要的探视。医护人员接触患儿前后应洗手、更换隔离衣或在空气流通处停留30min。麻疹流行期间不带易感儿到公共场所。

（3）保护易感人群：①主动免疫,采用麻疹减毒活疫苗预防接种；②被动免疫,易感儿接触麻疹后5d内立即注射免疫血清球蛋白。被动免疫只能维持3~8周。

6. 健康指导　无并发症者无需住院,可以在家进行治疗护理。指导患儿家长有关麻疹的消毒隔离、发热的护理、皮肤黏膜护理、病情观察等知识。讲解协助透疹的方法和空气清新、流通的重要性。

> **重点提示**
> 1. 麻疹患儿不宜急于降温以免影响透疹而加重病情。
> 2. 接种麻疹减毒活疫苗的初种年龄是在8个月,7岁时复种1次。

第三节　水痘患儿的护理

> **案例分析**
> 患儿,男,5岁,因低热、咳嗽3d,皮疹2d来院就诊。查体:体温37.7℃,脉搏92次/分,呼吸22次/分,神志清,精神可,躯干部见较多红色斑丘疹,3~5mm椭圆形清亮小水疱,周围有红晕,部分结痂,伴瘙痒,四肢皮疹少,双肺无干、湿啰音,心率92次/分,律齐,未闻及杂音,肝、脾肋下未触及,腹部无压痛,神经系统检查未见异常。血常规示白细胞$7.0×10^9$/L,中性粒细胞0.52,淋巴细胞0.48。

水痘是由水痘-带状疱疹病毒引起的小儿常见的急性出疹性传染病,临床特点为皮肤黏膜相继出现和同时存在斑疹、丘疹、疱疹和结痂,全身症状轻微。水痘病人是唯一的传染源,主要通过飞沫或直接接触传播,出疹前24h至疱疹结痂为止均有很强传染性。冬春季节多发,病后可获得持久免疫,但以后可以发生带状疱疹。

一、护理评估

（一）病因及发病机制

1. 病因　水痘-带状疱疹病毒为DNA病毒,仅1个血清型。该病毒在体外抵抗力弱,对乙醚敏感,不耐热和酸,在痂皮中不能存活。感染后,病毒可长期潜伏在脊髓后根神经节或脑神经的感觉神经节内,少数人在青春期或成年后,机体抵抗力低下时,病毒被再次激活,引起带状疱疹。

2. 发病机制　水痘病毒经上呼吸道侵入人体,在局部黏膜及淋巴组织内繁殖,然后侵入血液,形成病毒血症,如患者的免疫能力不能清除病毒,则病毒可到达单核-吞噬细胞系统内再次增殖后入血,引起各器官病变。主要损害部位在皮肤、黏膜,偶尔累及内脏。皮疹分批出现与间歇性病毒血症有关。

> **重点提示**
> 1. 水痘的病原体是水痘-带状疱疹病毒。
> 2. 水痘的传播途径是呼吸道飞沫和接触传播。

(二) 临床表现

1. **典型水痘**

(1) 潜伏期：潜伏期 10~21d，一般 2 周。

(2) 前驱期：仅 1d 左右，表现为低热、全身不适、头痛、食欲缺乏、流涕、咳嗽等。

(3) 出疹期：发热同时或 1~2d 后出现皮疹，其特点为：①呈向心性分布，首发于头、面和躯干，继而扩散到四肢，末端较少。②皮疹分批出现，初始为红色斑丘疹或斑疹，迅速发展为清亮、卵圆形或泪滴状小水疱，周围有红晕。24h 后水疱内容物变浑浊且中央凹陷，易破溃，伴痒感，2~3d 开始干枯结痂。疾病高峰期可见斑疹、丘疹、疱疹和结痂同时存在，是水痘皮疹的重要特点（图 14-4，彩图 32）。③黏膜皮疹可出现在口腔、眼结膜、生殖器等处，易破溃形成浅溃疡。如无感染，痊愈后不留瘢痕。

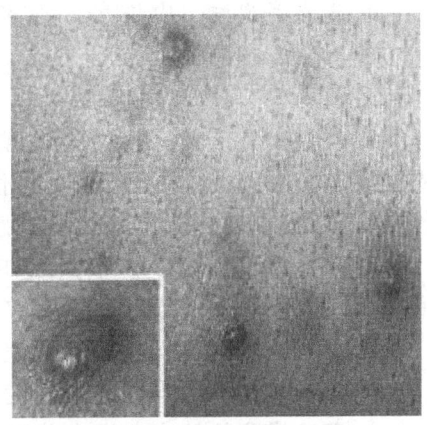

图 14-4　水痘皮疹

2. **重型水痘**　多发生于免疫功能低下或恶性疾病小儿，高热、皮疹分布广泛，常融合成大疱型疱疹或出血性皮疹，可继发感染，病死率高。

3. **并发症**　最常见为皮肤继发细菌感染可出现脓疱疮、丹毒、蜂窝织炎，甚至败血症等；亦可并发水痘肺炎、脑炎、心肌炎等。

(三) 心理-社会状况

缺乏水痘的相应知识和护理技能，容易出现紧张、焦虑情绪；评估患儿及家长对本病的认识程度、防治态度，护理人员予以指导以提高家庭护理水平。

(四) 辅助检查

1. **血常规**　白细胞总数一般正常，继发细菌感染时可增高。

2. **血清学检查**　双份血清特异性 IgG 抗体滴度增高 4 倍以上可明确诊断。

3. **疱疹刮片**　刮取新鲜疱疹基底组织和疱疹液涂片，瑞氏染色可见多核巨细胞，苏木素-伊红染色查见核内包涵体，直接荧光抗体染色查病毒抗原简捷有效。

> **重点提示**
> 水痘的皮疹特点为：①呈向心性分布，首发于头、面和躯干，继而扩散到四肢，末端较少。②皮疹分批出现，初始为红色斑丘疹或斑疹，迅速发展为清亮、卵圆形或泪滴状小水疱，周围有红晕。24h 后水疱内容物变浑浊且中央凹陷，易破溃，伴痒感，2~3d 开始干枯结痂。疾病高峰期可见斑疹、丘疹、疱疹和结痂同时存在。

二、治疗原则

主要是对症治疗及预防皮肤继发感染,保持皮肤清洁,减少瘙痒。阿昔洛韦为目前首选抗病毒药物。继发细菌感染时酌情应用抗生素,皮质激素可导致水痘播散,不宜使用。

三、护理诊断/问题

1. 皮肤完整性受损　与水痘病毒感染出现皮疹和继发细菌感染有关。
2. 体温过高　与病毒血症有关。
3. 有传播感染的危险　与患儿排出水痘病毒有关。
4. 潜在并发症　皮肤感染、肺炎、脑炎和心肌炎等。

四、护理措施

1. 减轻皮肤病损,恢复皮肤完整性　保持病房空气新鲜流通,衣被清洁,勤换内衣,保持皮肤清洁、干燥。剪短指甲,防止抓伤皮肤而导致继发感染。皮肤瘙痒者可涂0.25%冰片炉甘石洗剂或5%碳酸氢钠溶液,继发感染者遵医嘱使用抗生素。

2. 维持正常体温　监测体温,如有高热可用物理降温或适量退热剂,忌用阿司匹林,以免增加Reye综合征的危险。供给足够水分和易消化食物。

3. 观察病情　水痘一般预后良好,偶有播散性水痘,并发肺炎、脑炎。观察患儿生命体征、神志、皮疹情况,及早发现并发症,予以相应处理。

4. 预防感染传播　水痘患儿要隔离至疱疹全部结痂为止,易感儿接触后应隔离观察3周。保持室内空气新鲜,托幼机构做好晨间检查、采用紫外线空气消毒。易感者避免接触水痘患儿,若已接触,72h内肌内注射水痘-带状疱疹免疫球蛋白能预防或减轻症状。近年来使用水痘-带状疱疹病毒减毒活疫苗可有效预防水痘。

5. 健康指导　水痘多为自限性疾病,预后良好,一般10d左右自愈。无并发症者可在家进行隔离护理。向家长和患儿介绍隔离时间、护理方法,以免引起紧张、焦虑情绪。如果患儿神志、体温、呼吸、皮疹情况出现异常改变,应立即就医。水痘流行期间易感儿不宜到公共场所。

> **重点提示**
>
> 水痘患儿的隔离期是出疹前24h至疱疹全部结痂。

第四节　猩红热患儿的护理

> **案例分析**
>
> 患儿,女,10岁,因高热、全身皮疹3d来院就诊。查体:体温40℃,脉搏120/min,呼吸20/min,血压98/65mmHg,急性病容,颜面及周身皮肤出现潮红及鸡皮样充血疹,双侧球结膜充血、水肿,杨梅舌,咽部充血,扁桃体Ⅱ度肿大,双肺无干、湿啰音,心率120/min,律齐,未闻及杂音,腹部无压痛,神经系统检查未见异常。血常规检查示白细胞$15.0×10^9$/L,中性粒细胞0.85,淋巴细胞0.15。

猩红热是由A组乙型溶血性链球菌感染引起的急性呼吸道传染病,临床以发热、咽炎、草莓舌、全身弥漫性鲜红色皮疹和疹退后脱屑为特征。猩红热病人和带菌者为主要传染源,主要通过呼吸道飞沫传播,自发热前24h至出疹期传染性最强,人群普遍易感。冬春季发病率较高。少数病例可于起病后1~5周发生变态反应性风湿病和急性肾小球肾炎。

一、护 理 评 估

(一)病因及发病机制

1. **病因** A组乙型溶血性链球菌是本病的致病菌,在痰液及脓液中可成活数周,对热及干燥环境抵抗力弱,加热30min或用一般消毒剂均可将其杀灭。

2. **发病机制** 溶血性链球菌侵入咽部后引起咽峡炎、扁桃体炎,并向周围组织扩散,少数可引起败血症。链球菌产生的多种外毒素具有发热作用和细胞毒性作用,可使皮肤、黏膜的血管弥漫性充血,形成点状充血样皮疹,最后表皮死亡、脱落而脱皮。这类毒素还可增强内毒素的作用,引起中毒性休克。

> **重点提示**
> 1. 猩红热的病原体是A组乙型溶血性链球菌。
> 2. 猩红热患儿传染性最强的时间是发热前24h至出疹期。

(二)临床表现

1. **典型病例**

(1)潜伏期:1~12d,一般2~5d。

(2)前驱期:起病急,畏寒、高热,多为持续性,常伴头痛、恶心呕吐、全身不适、咽部红肿、扁桃体发生化脓性炎症。

(3)出疹期:①皮疹多在发热后第2天出现,始于耳后、颈部及上胸部,24h左右迅速波及全身。皮疹特点为全身弥漫性充血的皮肤上出现分布均匀的针尖大小的丘疹,压之褪色,触之有砂纸感,疹间无正常皮肤,伴有痒感。皮疹约48h达高峰,然后体温下降、皮疹按出疹顺序2~4d消失。②特殊体征:腋窝、肘窝、腹股沟处可见皮疹密集并伴出血点,呈线状,称为帕氏线(Pastia's line)。面部潮红,有少量皮疹,口鼻周围无皮疹,略显苍白,称为"口周苍白圈"。"杨梅舌"是指病初舌被覆白苔,3~4d后白苔脱落,舌乳头红肿突起(图14-5,彩图33)。

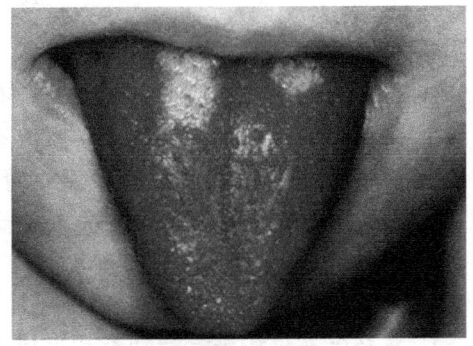

图14-5 杨梅舌

(4)脱屑期:多数病人于病后1周末,按出疹顺序开始脱屑,躯干为糠皮样脱屑,手掌、足底可见大片状脱皮,呈"手套"、"袜套"状。脱皮持续1~2周。无色素沉着。

2. **并发症** 为变态反应性疾病,多发生于病程的2~3周,主要有急性肾小球肾炎、风湿病、关节炎等。

> **重点提示**
>
> 1. 猩红热皮疹多在发热后第2天开始出疹,始于耳后、颈部、上胸部,迅速波及全身。皮疹特点为全身弥漫性充血的皮肤上出现分布均匀的针尖大小的丘疹,压之褪色,触之有砂纸感,疹间无正常皮肤,伴有痒感。
> 2. "杨梅舌"是猩红热的特征性表现之一。

(三) 心理-社会状况

患儿病情较重,且常并发急性肾小球肾炎和风湿热,患儿及家长可能产生焦虑、恐惧情绪;家长缺乏相关的护理和康复知识而出现急躁、退缩等。

(四) 辅助检查

1. **血常规** 白细胞总数增高,可达$(10\sim20)\times10^9/L$,中性粒细胞占0.80以上。
2. **病原学检查** 咽拭子或其他病灶分泌物培养,可得A组乙型溶血性链球菌。

二、治疗原则

首选青霉素G,疗程7~10d。青霉素过敏者可用红霉素。中毒症状重或伴休克症状者,应给予相应处理,防治并发症。

> **重点提示**
>
> 1. 治疗猩红热首选青霉素G。
> 2. 猩红热患儿常见的并发症是急性肾小球肾炎和风湿热。

三、护理诊断/问题

1. **疼痛** 与咽喉部炎症有关。
2. **体温过高** 与溶血性链球菌感染有关。
3. **皮肤完整性受损** 与皮疹和脱皮有关。
4. **潜在并发症** 化脓性感染、急性肾小球肾炎、风湿热。
5. **有传播感染的危险** 与对患儿隔离不当、对污染物消毒不严有关。

四、护理措施

1. **减轻疼痛** 积极治疗咽炎和扁桃体炎,咽喉肿痛时,予以清淡、流质、半流质软食。遵医嘱使用解热止痛药。
2. **维持正常体温** 病室通风,保持适宜的温度、湿度,卧床休息。监测体温变化,鼓励患儿多饮水,高热者给予物理或药物降温。
3. **皮肤护理** 观察皮疹及脱皮情况,保持皮肤清洁,可用温水清洗皮肤,禁用肥皂水。剪短患儿指甲,避免抓破皮肤;皮肤瘙痒者可涂0.25%冰片炉甘石洗剂。脱皮时勿用手撕扯,可用消毒剪刀修剪,以防感染。
4. **密切观察病情** 观察患儿有无耳痛、耳道流脓,有无发热、咳嗽、气促等表现,及时发现中耳炎、肺炎发生;密切观察患儿排尿的变化,以及尿色,留取尿标本化验检查,警惕急性肾炎的发生;观察患儿有无关节疼痛、心肌炎表现,及时发现风湿热并采取措施。

5. 预防感染传播

(1)控制传染源:呼吸道隔离至症状消失后1周,连续咽拭子培养3次阴性后即解除隔离。有化脓性并发症者应隔离至治愈为止。

(2)切断传播途径:室内通风换气或用紫外线照射进行消毒,病人鼻咽分泌物须以2%~3%氯胺或漂白粉澄清液消毒,被病人分泌物所污染的物品,如食具、玩具、书籍、衣被褥等,可分别采用消毒液浸泡、擦拭、蒸煮或日光暴晒等。

(3)保护易感人群:对密切接触者应检疫7d,并可口服磺胺类药物或红霉素3~5d以预防疾病发生。

6. 健康指导　告知家长急性期患儿应严格卧床休息,讲解皮肤护理的注意事项;详细向患儿家长讲解病情观察的要点,解释定期检查尿液、心脏对及时发现并发症如急性肾炎、风湿热的重要性。本病流行时,不要带儿童去公共场所。

> **重点提示**
>
> 猩红热患儿的隔离时间是呼吸道隔离至症状消失后1周,连续3次咽拭子培养阴性。

第五节　流行性腮腺炎患儿的护理

> **案例分析**
>
> 患儿,男,8岁,因发热、左腮部疼痛3d来院就诊。查体:体温38.7℃,脉搏85次/分,呼吸22/min,神志清,精神稍差,右耳后部肿胀,轻压痛,咽无充血,右上颌第二磨牙旁可见红肿的腮腺导管,牙龈不肿,双肺无干、湿啰音,心率85/min,律齐,未闻及杂音,肝、脾肋下未触及,腹部无压痛,睾丸无肿胀及压痛,神经系统检查未见异常。血常规检查示白细胞5.0×10^9/L,中性粒细胞0.42,淋巴细胞0.58。

流行性腮腺炎是由腮腺炎病毒引起的小儿时期常见的急性呼吸道传染病,临床上以腮腺的非化脓性肿痛为特征,大多有发热、咀嚼受限,亦可累及各种唾液腺体及其他器官。患者和隐性感染者为传染源,主要通过呼吸道飞沫传播,腮腺肿大前1天至消肿后3天均有传染性。易感儿主要为15岁以下儿童,全年发病,冬春季发病率较高,病后可获得持久免疫。

一、护理评估

(一)病因及发病机制

1. 病因　腮腺炎病毒属副黏液病毒,RNA病毒,仅1个血清型,存在于病人唾液、血液、尿液和脑脊液中。人是病毒唯一宿主。该病毒抵抗力弱,加热55~60℃ 20min或75%乙醇2~5min,紫外线照射30s可将其灭活,但耐低温。

2. 发病机制　腮腺炎病毒经口、鼻黏膜侵入人体,在局部黏膜繁殖,引起局部炎症和免疫反应,进入血液产生病毒血症,侵犯多种腺体(腮腺、颌下腺、舌下腺、胰腺、性腺等)和中枢神经系统,引起多器官的非化脓性炎症。在器官中病毒再度生长繁殖,并入血侵犯第1次病毒血症未受累器官。

> **重点提示**
> 1. 流行性腮腺炎主要通过呼吸道飞沫传播,亦可因唾液污染的食具、玩具等接触传播。
> 2. 流行性腮腺炎患儿的传染期是腮腺肿大前1天至消肿后3天。

(二)临床表现

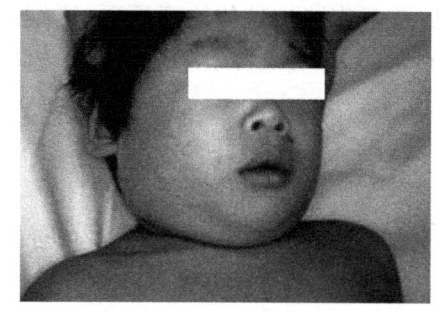

图14-6 流行性腮腺炎

潜伏期12~22d,平均18d。前驱期1~2d,症状轻微,表现为发热、头痛、乏力、食欲减退等。常以腮腺肿大为首发症状,常先见一侧,持续7~10d,2~3d后累及对侧。腮腺肿大以耳垂为中心,向前、后、下发展,边缘不清,表面不红,有轻度压痛,张口和咀嚼时疼痛加剧(图14-6,彩图34)。肿痛3~5d达高峰,1周左右消退;腮腺管口早期可有红肿,但无分泌物。严重者颌下腺、舌下腺、颈淋巴结可同时受累。

脑膜脑炎是常见的并发症,常发生于腮腺肿大前后1周,表现为发热、头痛、呕吐、颈项强直等,大多预后良好,7~10d缓解,重者可留有后遗症或死亡。男孩常发生睾丸炎,多为单侧,睾丸肿胀疼痛,一般不影响生育,女孩可出现卵巢炎。亦可见胰腺炎、心肌炎等。

> **重点提示**
> 流行性腮腺炎患儿腮腺肿大的特点是以耳垂为中心,向前、后、下发展,边缘不清,表面不红,有轻度压痛,张口和咀嚼时疼痛加剧;肿痛3~5d达高峰,1周左右消退。

(三)心理-社会状况

疼痛是主要症状,影响进食、睡眠,易使患儿及家长紧张不安;部分家长担心并发睾丸炎或卵巢炎会影响生育而出现焦虑情绪。

(四)辅助检查

1. 血常规　白细胞总数正常或偏低,淋巴细胞相对增多。
2. 血清和尿淀粉酶测定　增高程度常与腮腺肿胀程度相平行,发病早期血清和尿淀粉酶增高,2周左右恢复正常。
3. 血清抗体检测　血清特异性IgM抗体阳性提示近期感染。
4. 病毒分离　可从唾液、脑脊液、尿或血中分离出病毒。

二、治疗原则

目前无特殊治疗,主要是对症处理和支持治疗。发生脑膜脑炎病例可短期使用肾上腺皮质激素及脱水药。

三、护理诊断/问题

1. 疼痛　与腮腺非化脓性炎症有关。
2. 体温过高　与病毒感染有关。
3. 有传播感染的危险　与对患儿隔离不当、对污染物消毒不严有关。
4. 潜在并发症　脑膜脑炎、睾丸炎等。

四、护理措施

1. 减轻疼痛
(1)保持口腔清洁,勤漱口,多饮水,防止继发感染。
(2)局部外敷,青黛散调醋、如意金黄散调茶水或食醋外敷患处,药物要保持湿润。
(3)进食清淡、易消化的半流质或软食,忌酸、辣、干、硬食物,以减轻疼痛。
2. 降低体温　患儿注意休息,多饮水,高热者给予物理降温或药物降温。
3. 预防感染传播　采取呼吸道隔离措施,患儿隔离至腮腺肿大消退后3d,有接触史的易感儿观察检疫3周。病室保持空气流通,对患儿呼吸道分泌物及污染物进行严格消毒,流行期间应加强托幼机构的晨检。
4. 密切观察病情变化　注意有无持续高热、头痛、呕吐、脑膜刺激征等脑膜炎的可能,应及时发现,做好护理及协助治疗;观察男孩阴囊皮肤有无水肿,有无睾丸肿大、疼痛及触痛,并发睾丸炎出现阴囊水肿者,可用丁字带将阴囊托起或局部冰袋冷敷止痛。
5. 健康指导　无并发症者可在家隔离治疗、护理,向患儿及家长讲解有关腮腺炎的隔离治疗、护理知识,指导用药、饮食,学会观察病情,若出现脑膜脑炎、睾丸炎应及时就医。易感儿可接种疫苗预防。

> **重点提示**
>
> 1. 流行性腮腺炎患儿的隔离期是采取呼吸道隔离至腮腺肿大消退后3d。
> 2. 易感儿接触流行性腮腺炎患儿的检疫期是3周。

第六节　百日咳患儿的护理

> **案例分析**
>
> 患儿,男,3个月。因发热、咳嗽10d,伴反复屏气、发绀7d入院。患儿于10d前开始发热,体温38℃,伴流涕、咳嗽,白天仅咳3~5声,夜间咳10~20声。7d前咳嗽加重,短促咳嗽后伴屏气,面色发绀,发作后呕吐,吐出白色黏痰。查体:体温38.5℃,呼吸50/min,脉搏130/min,精神欠佳,咽部充血,舌系带有破溃,双肺呼吸音粗,心腹及神经系统无异常征。

百日咳是由百日咳嗜血杆菌引起的急性呼吸道传染病,临床以阵发性、痉挛性咳嗽及阵咳终末出现鸡鸣样吼声为特征。因咳嗽症状可持续2~3个月之久,故名"百日咳"。患者为传染源,主要通过飞沫传播,发病的1~3周内,尤以第1周传染性最强。婴幼儿多发,冬春季多见,病后多可获得持久免疫。

一、护 理 评 估

(一)病因及发病机制

1. 病因　百日咳杆菌属鲍特菌属,需氧,无鞭毛及芽胞,需含有血液的培养基才能生长。本菌对外界抵抗力弱,离开人体后不易生存,日光暴晒 1h 即死亡,对一般消毒剂敏感。

2. 发病机制　百日咳杆菌侵入呼吸道后,局部繁殖并产生多种毒素,引起广泛炎症,黏液分泌增多,不易排除,以致黏液刺激呼吸道神经末梢,反射性引起剧烈、连续的痉挛性咳嗽;痉咳时患儿处于呼气状态,同时声门痉挛,痉咳停止时吸入大量气体快速通过痉挛的声门发出高调鸡鸣样吼声。

> **重点提示**
> 1. 百日咳病人是唯一的传染源,主要通过飞沫传播。
> 2. 百日咳的传染期是在发病的 1~3 周,尤以第 1 周传染性最强。

(二)临床表现

1. 典型病例　潜伏期平均为 7~10d。典型临床经过分 3 期。

(1)前驱期(卡他期):出现咳嗽、流涕、打喷嚏、低热、乏力等上呼吸道感染症状,2~3d 后热退,但咳嗽日益加重,尤以夜间为甚,7~10d。

(2)痉咳期:出现典型痉咳状态为进入本期的标志,病期 2~6 周或更长。痉咳表现为突发数十声急促的咳嗽(处于连续地呼气状态),咳至终末方伴一口深长吸气及高调鸡鸣样吼声。痉咳时患儿两眼圆睁、面红耳赤、口唇发绀、舌伸齿外,痉咳随黏液痰咳出或胃内容物呕出而告终。如此反复发作每日数次至数十次,日轻夜重。痉咳常因冷空气刺激、进食、烟熏或情绪波动而诱发。痉咳频繁者出现颜面水肿、球结膜下出血(或鼻出血)、舌系带溃疡等百日咳面容。无炎症并发症时体温始终正常,未并发肺炎者肺部体征阴性。

(3)恢复期:痉咳逐渐减轻至停止、咳嗽消失,此期 2~3 周。有并发症者迁延数周。

2. 并发症　少数患儿可并发支气管肺炎、肺不张、肺气肿、皮下或纵隔气肿及百日咳脑病。

> **重点提示**
> 百日咳患儿出现典型痉咳状态为进入痉咳期的标志,表现为突发数十声急促的咳嗽(处于连续地呼气状态),咳至终末方伴一口深长吸气及高调鸡鸣样吼声。痉咳时患儿两眼圆睁、面红耳赤、口唇发绀、舌伸齿外,痉咳随黏液痰咳出或胃内容物呕出而告终,呈日轻夜重。痉咳频繁者出现颜面水肿、球结膜下出血(或鼻出血)、舌系带溃疡等百日咳面容。

(三)心理-社会状况

了解患儿近期有无上呼吸道感染症状,咳嗽时的特殊表现,白天和夜间有无区别。评估家长对患儿的表现有无焦虑和恐惧,及时给予精神上的安慰。

(四) 辅助检查

周围血白细胞数一般 $(20\sim40)\times10^9/L$，淋巴细胞分类 $0.60\sim0.80$。血清学检测特异性抗体 IgM 有利于早期诊断。可用鼻咽吸出物或鼻咽拭子进行细菌学检查。

二、治疗原则

卡他期应用抗生素可减轻或阻断痉咳，缩短病程。痉咳期可选用红霉素、氨苄西林等，疗程 l4～21d。重症幼婴可用泼尼松，以减轻症状，疗程 3～5d，亦可用高价免疫球蛋白。同时配合对症治疗及并发症治疗。

三、护理诊断/问题

1. 清理呼吸道无效　与黏痰积聚、呼吸道上皮细胞纤毛麻痹和细胞坏死有关。
2. 营养不良，低于机体需要量　与痉咳、害怕呕吐拒食有关。
3. 潜在并发症　支气管肺炎、百日咳脑病。
4. 有传播感染的危险　与机体抵抗力下降有关。

四、护理措施

1. 保持呼吸道通畅　保持室内空气新鲜，注意温度和湿度，减少引起痉咳的诱发因素。痉咳发作时，协助侧卧、坐起或抱起，轻拍背部，助痰排出，随时擦拭口鼻分泌物。痉咳频发伴窒息或抽搐者应专人守护，及时吸痰、给氧。痰稠频咳者用雾化吸入。夜间痉咳影响睡眠可遵医嘱服用镇静药。

2. 保证营养供给　痉咳常导致呕吐，为保证小儿营养供应，须给予营养丰富、易消化、无刺激性、较黏稠的食物，采用少量多餐的办法，痉咳后进食，喂食不能过急，食后少动，以免引起呕吐。

3. 病情观察　密切观察病情变化，若出现持续高热、气促、肺部啰音而阵发性痉咳停止，提示为并发肺炎。若出现意识障碍、反复惊厥、瞳孔和呼吸的改变，提示百日咳脑病的表现，如不及时处理可危及生命，应协助医生给予相应的治疗和护理。

4. 预防感染的传播　对患儿实施呼吸道隔离至痉咳后 3 周。加强通风换气，保持室内空气新鲜。呼吸道分泌物、呕吐物及其污染的物品随时消毒，衣被暴晒。对接触者医学观察 21d，并口服红霉素预防，亦可肌注高价免疫球蛋白，5d 后重复 1 次。目前常用白、百、破三联制剂进行预防，3、4、5 个月各接种 1 次，0.5ml 皮下注射。有效保护期为 4 年，需加强免疫。

5. 健康指导　避免诱发各种痉咳的因素，患儿痉咳时，指导家长拍背或转位，协助痰液排出，如有并发症，及时进行抢救；指导家长耐心喂养患儿，以防长期喂养不当引起营养不良。

> **重点提示**
>
> 百日咳患儿的隔离时间是实施呼吸道隔离至痉咳后 3 周，对接触者医学观察 21d。

第七节 脊髓灰质炎患儿的护理

> **案例分析**
>
> 患儿,女,8个月。患儿未曾服用过脊髓灰质炎疫苗,因发热、多汗、烦躁、头痛、呕吐、下肢肌肉疼痛及肢体感觉过敏就诊。查体:体温37.4℃,右下肢肌力正常,左下肢肌力减低。双侧腹壁不对称,右侧膨隆;左下肢肌力Ⅰ级(近端),右下肢肌力Ⅱ级,双下肢肌张力减低,膝腱反射未引出,巴氏征阴性。实验室检查:血常规示白细胞$10.61×10^9$/L,红细胞$4.17×10^{12}$/L,中性粒细胞0.22,淋巴细胞0.69。脑脊液常规检查示白细胞$52×10^6$/L,多为单核细胞。

脊髓灰质炎又称小儿麻痹症,是由脊髓灰质炎病毒引起的急性传染病,临床以发热、肢体疼痛、不对称的无感觉障碍的弛缓性瘫痪为特征。患者和病毒携带者为传染源,主要通过粪-口途径传播,整个病程均具传染性,潜伏期末和瘫痪前期传染性最强。人群普遍易感,6个月至5岁小儿多见,夏秋季节多发,感染后可获得同型病毒持久的免疫力。

一、护理评估

(一)病因及发病机制

1. **病因** 脊髓灰质炎病毒属于小RNA病毒科的肠道病毒,有3个血清型,以Ⅰ型发病较多,且较易引起瘫痪,各型间较少交叉免疫。该病毒体外生存力强,本病毒耐低温、耐酸、耐碱,不耐高温和干燥,加热56~60℃、紫外线照射可灭活;对2%碘酊、过氧化氢、高锰酸钾较敏感。

2. **发病机制** 脊髓灰质炎病毒经口腔进入机体,在咽部和胃肠道进行初次繁殖,并向外排毒,若机体抵抗力强,患儿可无临床症状,形成隐性感染;少数患者病毒侵入血液引起病毒血症,并侵犯呼吸道、消化道等组织引起前驱症状。此时机体免疫系统能清除病毒则形成顿挫型感染;否则病毒可继续扩散到全身淋巴组织中大量繁殖,并再次入血形成第二次病毒血症。如侵犯神经系统,轻者不发生瘫痪,称无瘫痪型;重者发生瘫痪,称瘫痪型。在此期间,任何使机体抵抗力降低的因素如劳累、感染、局部刺激、手术等可促发瘫痪的发生。

> **重点提示**
>
> 脊髓灰质炎患者和病毒携带者为传染源,主要通过粪-口途径传播,整个病程均具传染性,潜伏期末和瘫痪前期传染性最强。

(二)临床表现

1. **典型病例** 潜伏期一般为5~14d,临床表现轻重悬殊,有无症状型,又称隐性感染,顿挫型,无瘫痪型和瘫痪型。其中瘫痪型为本病的典型表现,可分为以下各期。

(1)前驱期:主要表现为发热、乏力、咽痛、咳嗽等上呼吸道症状,或纳差、恶心、呕吐、腹泻等消化道症状。持续1~4d不再发展而痊愈,即为顿挫型。

(2)瘫痪前期:前驱期热退后1~6d,体温再次上升(呈典型的双峰热型)。患儿出现头痛,颈、背、四肢肌肉疼痛,同时有嗜睡、烦躁、颈强直等中枢神经系统感染的症状和体征。小婴儿拒抱,较大患儿体检可见:①三角架征,患儿坐起时两臂向后伸直以支撑身体;②吻膝试验阳性,患儿坐位时不能自如地弯颈使下颌抵膝;③头下垂征,将手置于患儿肩下,抬起其躯干时,患儿头与躯干不平行。若3~5d后热退,症状消失则为无瘫痪型;如病情继续发展,浅反射和深腱反射逐渐减弱至消失,可能发生瘫痪。

(3)瘫痪期:一般于起病后的2~7d或第二次发热后的1~2d出现不对称性弛缓性瘫痪,随发热而加重,热退后瘫痪不再进展,无感觉障碍。根据病变部位分为四型。①脊髓型:最常见。表现为不对称的单侧下肢瘫痪,近端肌群受累较远端肌群重,不伴感觉障碍。如颈背肌瘫痪可致抬头、起坐和翻身不能;腹肌、肠肌瘫痪出现顽固性便秘。②延髓型:病毒侵犯延髓呼吸中枢、循环中枢和脑神经,可见脑神经麻痹及呼吸、循环受损的表现。③脑型:较少见。呈弥漫性或局灶性脑炎,临床表现与其他病毒性脑炎无异。可有上运动神经元瘫痪。④混合型:同时存在上述两种或两种以上类型的表现。

(4)恢复期:瘫痪后1~2周瘫痪肌肉开始恢复,从肢体远端手足开始而后近端肌肉。

(5)后遗症期:如瘫痪1~2年仍不能恢复则为后遗症,可致肌肉萎缩或畸形,不能站立或跛行。

2. 并发症　病程中可并发支气管炎、肺炎、尿路感染等。

> **重点提示**
>
> 1. 脊髓灰质炎临床分期为潜伏期、前驱期、瘫痪前期、瘫痪期、恢复期、后遗症期。
> 2. 瘫痪前期患儿于前驱期热退后1~6d,体温再次上升(呈本病典型的双峰热型)。出现头痛,颈背、四肢肌肉疼痛,体检可见三角架征、吻膝试验阳性、头下垂征。
> 3. 瘫痪期出现不对称性弛缓性瘫痪,根据病变部位分为脊髓型(最常见)、延髓型、脑型和混合型四种类型。

(三)心理-社会状况

了解患儿家长服用糖丸的情况,评估家长对患儿的表现,如有焦虑或恐惧心理,要适时给予心理安慰。

(四)辅助检查

1. 血常规　白细胞多数正常,在早期及继发感染时可增高,以中性粒细胞为主。急性期血沉增快。

2. 脑脊液　瘫痪前期和瘫痪早期可见细胞数增多,蛋白增加不明显,呈细胞蛋白分离现象,有助于诊断。至瘫痪第3周,细胞数多已恢复正常,而蛋白质仍继续增高,4~6周后方恢复正常。

3. 血清学检查　血及脑脊液中特异性IgM抗体第1~2周即可出现阳性,利于早期诊断。

4. 病毒分离　粪便病毒分离是本病最重要的确诊性检查。早期也可从血液或脑脊液中分离出病毒。

> **重点提示**
> 1. 脊髓灰质炎瘫痪前期和瘫痪早期患儿脑脊液可见细胞数增多,蛋白增加不明显,呈细胞蛋白分离现象,有助于诊断。
> 2. 粪便病毒分离是脊髓灰质炎最重要的确诊性检查。

二、治疗原则

本病尚无特效药物控制瘫痪的发生和发展,主要是对症处理和支持治疗。前驱期和瘫痪前期可用高渗葡萄糖和维生素 C 以减轻细胞水肿;静脉输注丙种球蛋白减轻病情。瘫痪期置瘫痪肢体于功能位,防止畸形;应用促进神经肌肉传导和增强肌肉张力的药物,如地巴唑、加兰他敏,也可用维生素 B_1、维生素 B_{12} 等促进细胞代谢。恢复期和后遗症期采用针灸、按摩及理疗,必要时手术矫正畸形。

三、护理诊断/问题

1. 体温过高　与病毒血症有关。
2. 清理呼吸道无效　与咽部肌肉及呼吸肌瘫痪、呼吸中枢受损有关。
3. 躯体移动障碍　与脊髓受损有关。
4. 有传播感染的危险　与病原体播散有关。

四、护理措施

1. 维持体温正常　监测体温,观察热型,绝对卧床休息直至热退、瘫痪停止进展为止。
2. 保持呼吸道通畅　观察呼吸,注意有无咳嗽无力、呼吸频率及节律改变、发绀、吸气时上腹内凹的反常表现;保持呼吸道通畅,必要时给氧、行气管插管、气管切开、人工呼吸等。
3. 止痛、保持关节功能位　瘫痪前肢体常有感觉异常,肌肉疼痛,应避免刺激和受压,可用局部热敷改善血液循环;对已发生瘫痪的肢体,可用支架保持患肢于功能位,防止足下垂或足外翻;恢复期帮助患儿进行肢体的主动或被动功能锻炼,促进肌肉功能最大程度的恢复,防止挛缩畸形。
4. 日常生活护理　发热期间给予营养丰富的流质或半流质,热退后改用普食。耐心喂养,对吞咽困难者予以鼻饲。保持皮肤清洁,定时更换体位,防止褥疮和坠积性肺炎的发生。观察大小便情况,有便秘或尿潴留时,予以灌肠或导尿。
5. 预防感染的传播
(1)控制传染源:隔离患儿至病后 40d,密切接触者应医学观察 20d。
(2)切断传播途径:患儿的分泌物、排泄物用漂白粉消毒,衣物、被褥日光暴晒。
(3)保护易感人群:5 岁以内未服过疫苗而与患者密切接触者,及时注射丙种球蛋白,每次 0.3~0.5ml/kg,每日 1 次连用 2d,可防治发病或减轻症状。普遍接种疫苗是降低发病率以至消灭本病的主要措施。我国现行口服疫苗程序为 2、3、4 月龄各服 1 次三价疫苗,4 岁时加服一次。
6. 健康指导　对瘫痪肢体尚未完全恢复的患儿,应耐心指导家长做瘫痪肢体的按摩和被动运动。指导家长做好日常生活护理,注意安全,防止意外发生。对后遗症患儿做好自我保健指导,坚持残肢的主动与被动锻炼,树立健康心理,做到人残志坚;坚持与社会的正常交往,以获得更广泛的支持与帮助。

> **重点提示**
> 1. 脊髓灰质炎应隔离患儿至病后40d,密切接触者应医学观察20d。
> 2. 普遍接种疫苗是降低发病率以至消灭本病的主要措施。我国现行口服疫苗程序为2、3、4月龄各服1次三价疫苗。

第八节 中毒性细菌性痢疾患儿的护理

> **案例分析**
> 患儿,男,5岁,因高热4h,抽搐1次来院就诊。查体:体温39.9℃,脉搏100/min,呼吸25/min,血压70/35mmHg,精神萎靡,面色苍白,肢体发冷,皮肤花纹状,双肺无干、湿啰音,心率100/min,律齐,未闻及杂音,肝、脾肋下未触及,双下肢不肿。入院后2h解黏液脓血便1次。血常规检查示白细胞$15.0×10^9$/L,中性粒细胞0.83,淋巴细胞0.17;粪便常规示黏液脓血便,镜检有大量脓细胞、红细胞和吞噬细胞。

中毒性细菌性痢疾是急性细菌性痢疾的危重型,起病急骤,临床主要表现为突发高热、反复惊厥、嗜睡、迅速发生休克、昏迷。人群普遍易感,以2~7岁体质较好的儿童多见。病人和带菌者是传染源,通过粪-口途径传播,发病季节以夏秋多见,病死率高。

一、护 理 评 估

(一)病因及发病机制

1. 病因 病原是痢疾杆菌,属于志贺菌属,有4个亚群,分别为志贺菌、福氏菌、鲍氏菌和宋氏菌。我国以福氏志贺菌多见。痢疾杆菌对外界环境抵抗力较强,耐寒、耐湿,但加热60℃时10min可灭活,对各种消毒剂均敏感。

2. 发病机制 中毒型细菌性痢疾发病机制不十分明确,可能和机体对细菌毒素产生异常强烈的过敏反应有关。志贺菌内毒素从肠壁吸收入血后,引起发热、毒血症及急性微循环障碍。中毒型菌痢可发生脑水肿甚至脑疝,出现昏迷、抽搐及呼吸衰竭,是中毒型菌痢死亡的主要原因。

> **重点提示**
> 中毒型菌痢的传播途径是粪-口途径传播,我国以福氏志贺菌感染多见。

(二)临床表现

潜伏期多数为1~2d,短者数小时。起病急,发展快,高热可>40℃,迅速发生呼吸衰竭、休克或昏迷,肠道症状多不明显甚至无腹痛与腹泻,也有在发热、排便后 2~3d 始发展为中毒型。根据其主要表现又可分为以下几种类型。

1. 休克型(皮肤内脏微循环障碍型)　主要表现为感染性休克,早期为微循环障碍,可见精神萎靡,面色灰白,四肢厥冷,脉细速,呼吸急促,血压正常或偏低,脉压小;后期微循环淤血、缺氧,口唇及甲床发绀,皮肤花斑,血压下降或测不出,可伴心、肺、血液、肾脏等多系统功能障碍。

2. 脑型(脑微循环障碍型)　因脑缺氧、水肿而发生反复惊厥、昏迷和呼吸衰竭。早期有嗜睡、呕吐、头痛、血压偏高、心率相对缓慢。随病情进展很快进入昏迷、频繁或持续惊厥。瞳孔大小不等,对光反射消失,呼吸深浅不匀、节律不整、甚至呼吸停止。此型较严重,病死率高。

3. 肺型(肺微循环障碍型)　又称呼吸窘迫综合征,以肺微循环障碍为主,常在中毒性痢疾脑型或休克型基础上发展而来,病情危重,病死率高。

4. 混合型　上述两型或三型同时或先后出现,是最为凶险的一型,病死率很高。

(三)心理-社会状况

患儿病情重,且可能迅速恶化,家长表现出自责、焦虑、恐惧;疾病使患儿全身不适而出现焦虑、烦躁。

(四)辅助检查

1. 粪便常规　病初可正常,以后出现脓血黏液便,镜检有成堆脓细胞、红细胞和吞噬细胞。

2. 粪便培养　可培养出志贺菌属痢疾杆菌是确诊的最直接证据。

3. 血常规　白细胞总数增高至 $(10\sim20)\times10^9/L$ 以上,中性粒细胞为主,当有 DIC 时,血小板明显减少。

> **重点提示**
>
> 1. 中毒型细菌性痢疾根据主要表现分为休克型(主要表现为感染性休克)、脑型(反复惊厥、昏迷和呼吸衰竭,此型较严重,病死率高)、肺型(以肺微循环障碍为主)和混合型(最为凶险的一型)四组类型。
>
> 2. 中毒型细菌性痢疾粪便的特点是病初可正常,以后出现脓血黏液便,镜检有大量脓细胞、红细胞和吞噬细胞。

二、治疗原则

1. 降温止惊　可使用物理、药物降温或亚冬眠疗法。惊厥不止者,可用地西泮 0.3mg/kg,肌内注射或静脉注射(每次最大剂量≤10mg),或用水合氯醛 40~60mg/kg 保留灌肠,或肌内注射苯巴比妥钠每次 5mg/kg。

2. 治疗循环衰竭　扩充血容量,纠正酸中毒,维持水、电解质平衡,改善微循环,及早应用肾上腺皮质激素。

3. 防治脑水肿和呼吸衰竭　保持呼吸道通畅,给氧。首选 20% 甘露醇,每次剂量为 0.5~1g/kg 静注,每 6~8h 1 次,疗程 3~5d,可与利尿药交替使用。也可短期静脉推注地塞米松。

若出现呼吸衰竭应及早使用呼吸机。

4. 抗菌治疗　可选用阿米卡星、头孢噻肟或头孢曲松钠等敏感的抗生素联合静脉滴注迅速控制感染,但要注意阿米卡星的耳毒性;喹诺酮类药物也是目前较理想的药物,但儿童需慎用。

三、护理诊断/问题

1. 体温过高　与痢疾杆菌毒素有关。
2. 组织灌注流量改变　与机体的高敏状态和毒血症引起微循环障碍有关。
3. 腹泻　与痢疾杆菌肠道感染有关。
4. 有传播感染的危险　与病原体排出有关。
5. 焦虑　与疾病危重有关。

四、护理措施

1. 维持正常体温　绝对卧床休息,监测体温,遵医嘱使用物理降温、药物降温甚至亚冬眠疗法,争取在短时间内将体温维持在37℃左右,防止高热惊厥致脑缺氧、脑水肿加重。

2. 维持有效血容量　患儿取平卧位或中凹体位,注意保温,记24h出入量。密切观察神志、面色、生命体征及瞳孔的改变。对明显尿少者,立即停用肾毒性药物,注意观察药物的不良反应。迅速建立静脉通道,遵医嘱抗休克治疗。

3. 腹泻的护理　评估并记录大便次数、性状及量,估计水分丢失量作为补液参考。供给易消化流质饮食,多饮水,不能进食者静脉补充营养。勤换尿布,便后及时清洗,防臀红发生。准确采集粪便标本送检,常规检查标本应取黏液脓血部分,细菌培养标本应取黏液微带血部分(应在使用抗生素前,不可与尿混合)。

4. 预防感染传播　采取肠道隔离至临床症状消失后1周或2次粪便培养阴性。患儿粪便、便器及尿布要及时消毒处理。向家属解释隔离消毒的重要性,具体指导消毒方法,使其自觉遵守,配合好医院的各项隔离消毒制度。

5. 心理护理　保持病室安静,主动向病人和家属解释病情,提供心理支持,缓解紧张及焦虑心情。

6. 健康指导　对家长及患儿进行卫生教育,讲究饮食卫生,养成饭前便后洗手的良好习惯,提高保健意识。菌痢流行期间口服痢疾减毒活菌苗。有密切接触者应医学观察7d。

> **重点提示**
>
> 1. 中毒型细菌性痢疾高热的护理措施是遵医嘱综合使用物理降温、药物降温甚至亚冬眠疗法,争取在短时间内将体温维持在37℃左右。
>
> 2. 中毒型细菌性痢疾患儿采取肠道隔离至临床症状消失后1周或2次粪便培养阴性,有密切接触者应医学观察7d。

第九节 手足口病患儿的护理

> **案例分析**
>
> 患儿,男,2岁,因发热2d,手、足、口腔疱疹1d来院就诊。查体:体温38.5℃,脉搏110/min,呼吸28/min,精神可;手、足和臀部出现较多斑丘疹、疱疹,疱疹周围可有炎性红晕,疱内液体较少,口腔黏膜出现散在米粒大小疱疹,双肺无干、湿啰音,心率110/min,律齐,未闻及杂音,肝脾肋下未触及,双下肢不肿。血常规检查示白细胞$9.0×10^9/L$,中性粒细胞0.38,淋巴细胞0.62;胸部X线见双肺纹理稍增多。

手足口病是由肠道病毒引起的传染病,多发生于5岁以下儿童,可引起手、足、口腔等部位的疱疹,少数患儿可出现肺水肿、心肌炎、无菌性脑膜炎脑炎等并发症。个别重症患儿可致死亡。

一、护理评估

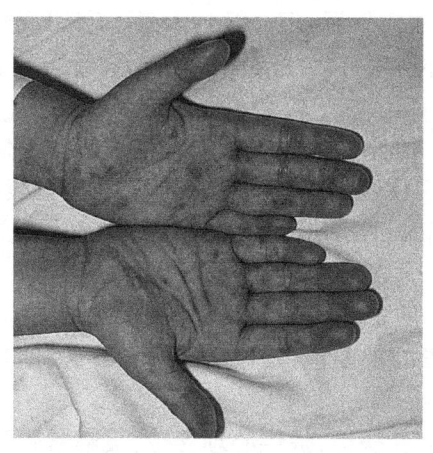

图14-7 手足口病(手部疱疹)

1. **病因** 手足口病由肠道病毒引起,以柯萨奇病毒A16型(CoxA16)和肠道病毒71型(EV71)最为常见。患者、隐性感染者和无症状带毒者为该病主要传染源,其感染途径包括消化道、呼吸道及接触传播。

2. **临床表现** 潜伏期3~7d。急性起病,发热,口腔黏膜出现散在疱疹,米粒大小,疼痛明显;手、足和臀部出现斑丘疹、疱疹,疱疹周围可有炎性红晕,疱内液体较少(图14-7,彩图35;图14-8,彩图36;图14-9,彩图37)。部分患儿可伴有咳嗽、流涕、食欲缺乏、恶心、呕吐、头痛等症状。少数病例(尤其是小于3岁者)可出现脑膜炎、脑炎、脑脊髓炎、肺水肿、循环障碍等,病情凶险,可致死亡,存活病例可留有后遗症。

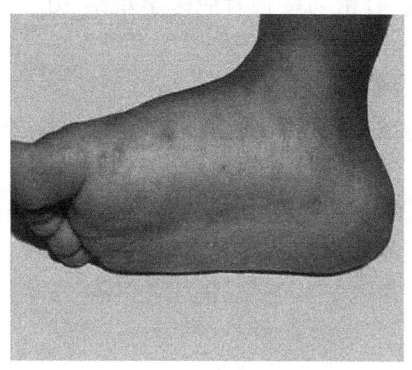

图14-8 手足口病(足部疱疹)

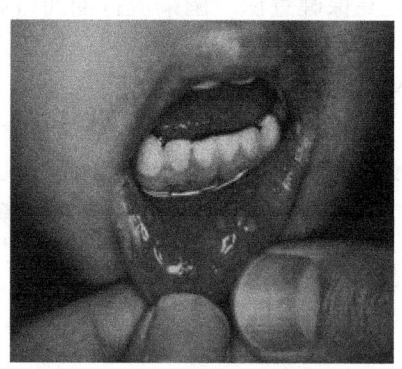

图14-9 手足口病(口腔疱疹)

> **重点提示**
>
> 1. 手足口病的主要临床特征是发热和手、足、口腔等部位的皮疹或疱疹。
> 2. 手足口病的皮疹特点是口腔黏膜出现散在疱疹,米粒大小,疼痛明显;手、足和臀部出现斑丘疹、疱疹,疱疹周围可有炎性红晕,疱内液体较少。

3. **心理-社会状况** 手足口病有传染性,他人对患儿有意的躲避会给患儿及家长带来心理压力。重症病例往往使家长产生恐惧心理。

4. **辅助检查**

(1) 血常规:普通病例白细胞计数正常,重症病例白细胞计数可明显升高。

(2) 心电图:无特异性改变,但可见窦性心动过速或过缓,Q-T 间期延长,ST-T 改变。

(3) 胸部 X 线:双肺纹理增多,网格状、斑片状阴影,重症病例可出现肺水肿、肺出血征象。

(4) 病原学检查:肠道病毒(CoxA16、EV71 等)特异性核酸阳性或分离到肠道病毒。

二、治疗原则

无特殊治疗方法,以对症治疗为主,可选用抗病毒药(如阿昔洛韦、利巴韦林)及中药治疗。注意消毒隔离,避免交叉感染,适当休息,清淡饮食,做好口腔和皮肤护理。重症患儿可静脉注射免疫球蛋白,酌情应用糖皮质激素治疗。

三、护理诊断/问题

1. **有传播感染的危险** 与对患儿隔离不当或对污染物消毒不严有关。
2. **体温过高** 与病毒血症有关。
3. **皮肤完整性受损** 与皮疹有关。
4. **疼痛** 与口腔黏膜疱疹有关。
5. **潜在并发症** 肺水肿、心肌炎、无菌性脑膜炎脑炎等。
6. **焦虑** 与对该病认识不足及疾病危重有关。

四、护理措施

1. **预防感染传播** 严格执行消毒隔离措施,及时发现患儿并隔离 7~10d,至皮损消退为止,以控制流行;密切接触患者的婴幼儿可肌注丙种球蛋白 1.5~3ml,以增强预防能力。

2. **维持正常体温** 监测体温,多饮水。体温≥38.5℃予以温水洗浴等物理方法降温或遵医嘱给予退热药,出汗后及时更换衣服,注意避免受凉。

3. **皮疹护理** 患儿穿着宜宽松、柔软、舒适,勤换内衣,保持皮肤清洁,剪短指甲,戴连指手套,以防抓破皮疹。臀部有皮疹者要及时更换尿布,保持臀部清洁、干燥。手、足部皮疹初期可涂炉甘石洗剂,待疱疹形成或疱疹破溃时可涂 0.5% 碘伏。

4. **口腔护理** 保持患儿口腔清洁,每日清洁口腔 2~4 次,以餐后 1h 为宜,再涂以锡类散、鱼肝油等,以促进溃疡愈合。

5. **饮食护理** 应给予清淡、温热、易消化的流质或半流质饮食,避免冰冷、酸辣、咸等刺激食物,减轻口腔疼痛。对口腔溃疡疼痛不能进食者,要予以补液。

6. 健康指导　本病流行期间不宜带儿童到人群聚集、空气流通差的公共场所,避免接触患病儿童;患儿所用的物品要进行消毒处理。

第十节　结核病患儿的护理

结核病是成人、小儿共患的一种疾病,也是小儿时期的重要传染病。下面的思维导图提示我们关于小儿结核病我们应该学习哪些知识才能满足临床护理的需要(图14-10)。

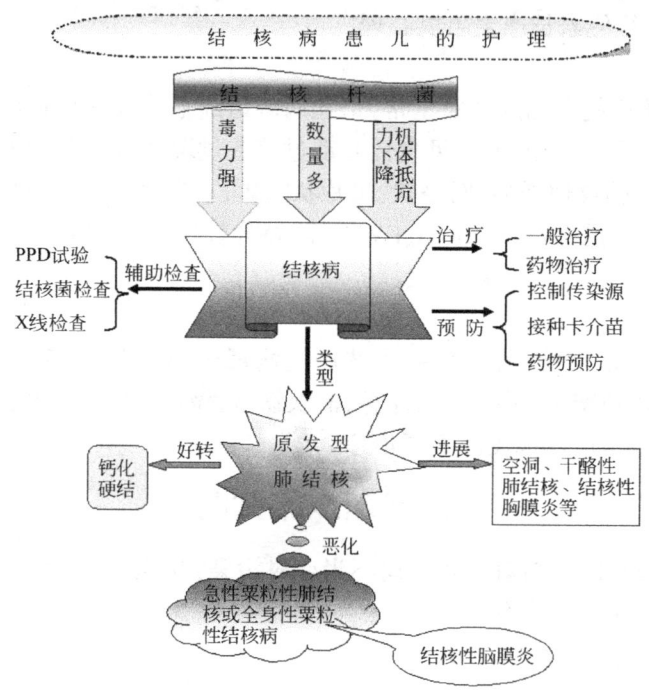

图14-10　结核病患儿护理的思维导图

一、总　　论

结核病是由结核杆菌引起的一种慢性传染病,全身各器官均可受累,以肺结核最常见。病情严重者可引起血行播散发生粟粒性结核或结核性脑膜炎,结核性脑膜炎是小儿结核病死亡的主要原因。

(一)病因及发病机制

1. 病因　结核杆菌属于分枝杆菌,具抗酸性,抗酸染色呈红色,革兰染色阳性。导致人类致病的主要是人型结核杆菌,其次是牛型结核杆菌。结核杆菌的抵抗力较强,在阴湿处可存活5个月以上,冰冻1年后仍保持活力;但对温热有较高的敏感性,65℃时30min可灭活。干热100℃时20min灭活。将痰液吐在纸上直接焚烧是最简易的灭菌方法。

2. 流行病学

(1)传染源:开放性肺结核病人是主要传染源。

(2)传播途径:呼吸道为主要传播途径,少数经消化道传播,经皮肤或胎盘传染者极少。

(3)易感染人群:生活贫困、居住拥挤、营养不良、卫生环境差等是结核病高发的原因,新生儿对结核菌非常易感,属于易感染人群。

3. 发病机制　小儿感染后发病与否主要取决于以下因素。①结核菌的毒力和数量:结核菌毒力强、数量多易导致小儿感染。②机体抵抗力减弱:患麻疹、百日咳、白血病、淋巴瘤或艾滋病等小儿及接受免疫抑制药治疗者尤其好发结核病。③遗传因素:与本病的发生有一定关系。小儿在感染结核菌后,在产生免疫力的同时,也产生变态反应,是同一细胞免疫过程的两种不同表现。

(1)细胞介导的免疫反应:侵入人体的结核菌被吞噬细胞吞噬处理后,将抗原信息传递给T淋巴细胞,经过一系列反应,可最终消灭结核菌,但也可导致宿主细胞和组织破坏。当免疫反应不足以杀灭结核菌时,结核菌可通过巨噬细胞经淋巴管扩散到淋巴结。

(2)迟发型变态反应:是宿主对结核菌及其产物的超常免疫反应。机体初次感染结核菌4~8周后,通过致敏T淋巴细胞产生迟发型变态反应,此时做结核菌素试验可呈阳性反应。

感染结核菌后机体获得免疫力,90%可终生不发病;5%因免疫力低下当即发病,即为原发型肺结核,另外5%仅于日后机体免疫力低下时才发病,称为继发性肺结核,也是成人肺结核的主要类型。

(二)辅助检查

1. 结核菌素试验　小儿受结核菌感染4~8周后,做结核菌素试验即呈阳性反应。

(1)试验方法:常用方法是在左前臂掌侧中下1/3交界处皮内注射结核菌纯蛋白衍生物(PPD)0.1ml(含结核菌素5U),使之形成直径6~10mm的皮丘,48~72h后观测反应结果,测定局部硬结的直径,取纵、横两径的平均值来判断其反应强度。如硬结平均直径<5mm为阴性(-),5~9mm为阳性(+),10~19mm为中度阳性(++),≥20mm为强阳性(+++),局部除硬结外,还可见水疱、破溃、淋巴管炎及双圈反应等为极强阳性反应(++++)。

(2)临床意义:①阳性反应见于以下。接种卡介苗后;3岁以下尤其是1岁以内未接种过卡介苗者,表示体内有新的结核病灶,年龄愈小,活动性结核可能性愈大;儿童无明显症状而呈阳性反应,表示曾感染过结核杆菌;强阳性反应,表示体内有活动性结核病;由阴性转为阳性,或反应强度从原来直径<10mm增至>10mm,且增幅超过6mm时,表示新近有感染。②阴性反应见于以下。未感染过结核;初次感染后4~8周内;假阴性反应,机体免疫功能低下或受抑制所致,如重症结核病、麻疹、水痘、风疹、原发或继发免疫缺陷病、应用糖皮质激素或其他免疫抑制药治疗时;技术误差或结核菌素失效。

2. 实验室检查

(1)结核杆菌检查:从痰液、胃液、脑脊液、浆膜腔液中找到结核杆菌是重要的确诊手段。

(2)免疫学诊断及分子生物学诊断:作为结核病辅助诊断指标或检测结核杆菌方法,如酶联免疫吸附试验、DNA探针等。

(3)血沉:多增快,可判断结核病灶是否具有活动性,但无特异性。

3. 影像学诊断

(1)X线检查:胸部X线检查是筛查小儿结核病的重要手段之一,可了解结核病灶的范围、性质、类型、活动和进展情况,定期复查可观察治疗效果。

(2)计算机断层扫描:胸部CT检查有利于发现隐蔽区病灶。

(三)预防

1. **控制传染源** 结核菌涂片阳性病人是小儿结核病的主要传染源,早期发现并合理治疗结核菌涂片阳性病人,是预防小儿结核病的根本措施。

2. **普及卡介苗接种** 接种卡介苗是预防小儿结核病的有效措施。我国计划免疫接种对象为新生儿和结核菌素试验阴性的小儿,但下列情况禁止接种卡介苗:结核菌素试验阳性者;注射局部有湿疹或患有全身性皮肤病;急性传染病恢复期;先天性胸腺发育不全或严重免疫缺陷患儿。

3. **预防性化疗** 主要用异烟肼10mg/(kg·d),每天不超过300mg,疗程6~9个月;或异烟肼10mg/(kg·d)联合利福平10mg/(kg·d),疗程3个月。

(四)治疗原则

1. **一般治疗** 加强营养,给予高热量、高蛋白和高维生素食物。有明显结核中毒症状及高度衰弱者应卧床休息。居室环境应阳光充足,空气流通。避免接触各种传染病。

2. **抗结核药物用药原则** 早期、联合、规律、适量、全程、分段治疗。

(1)抗结核病药的种类:①杀菌药。全杀菌药有异烟肼(INH)和利福平(RFP),对于细胞内外处于繁殖期的结核菌和干酪病灶内代谢缓慢的结核菌均有杀灭作用,且在酸性和碱性环境中都能发挥作用。半杀菌药有链霉素(SM)和吡嗪酰胺(PZA),链霉素主要能杀灭碱性环境中生长繁殖活跃的细胞外的结核菌,吡嗪酰胺主要能杀灭酸性环境中细胞内的结核菌及干酪病灶内代谢缓慢的结核菌。②抑菌药。乙胺丁醇(EMB)及乙硫异烟胺(ETH)。③几种新型抗结核病药。老药的复合剂型,如Rifamate(内含INH和RFP)和Rifater(内含INH、RFP和PZA);老药的衍生物,如利福喷汀,是利福霉素的衍生物;新的化学制剂,如力排肺疾。

(2)抗结核病药物的不良反应及应用注意事项见表14-1。

表14-1 几种常用抗结核病药物使用简介

药物	每日用量	给药途径	不良反应	注意事项
异烟肼	10~20mg/kg	口服或肌内注射、静脉滴注	周围神经炎、精神症状、肝损害、过敏反应	每100mg异烟肼同时应用维生素B_6 10mg以预防周围神经炎;利福平可增加异烟肼的肝毒性,合用时均以不超过10mg/(kg·d)为宜,每月查肝功能
利福平	10~15mg/kg	口服	肝损害、消化道反应、过敏反应	睡前或清晨空腹顿服。与异烟肼合用可增加肝损害,多在治疗头2个月内出现,每月查肝功能
链霉素	15~20mg/kg	肌内注射	第Ⅷ对脑神经损害、肾损害、过敏反应	密切观察有无耳鸣、眩晕。监测听力;定期查血尿素氮
吡嗪酰胺	20~30mg/kg	口服	肝损害、高尿酸血症、诱发痛风、消化道反应	每月查肝功能、适时查血尿酸

续表

药物	每日用量	给药途径	不良反应	注意事项
乙胺丁醇	15mg/kg	口服	球后视神经炎、胃肠道反应、肝损害	每月查视力、视野及辨色力,视力差者要进行眼底检查
乙硫异烟胺	10~15mg/kg	口服	肝损害、消化道反应、周围神经炎、过敏反应	晨起顿服,每月查肝功能

(3)化疗方案:①标准疗法。一般用于无明显症状的原发型肺结核。每日服用异烟肼、利福平和(或)乙胺丁醇,疗程9~12个月。②两阶段疗法。用于活动性肺结核、急性粟粒性结核病及结核性脑膜炎。分强化治疗阶段和巩固治疗阶段。强化治疗阶段为3~4种杀菌药联合应用,长程化疗时,此阶段一般需3~4个月,短程疗法时为2个月;巩固治疗阶段联用2种抗结核病药,杀灭持续存在的结核菌以巩固疗效,防止复发,长程疗法一般需12~18个月,短程疗法时需4个月。③短程疗法。为结核病现代化疗的重大进展,直接监督下服药与短程化疗是WHO提倡的治愈结核病人的重要策略。有以下几种6个月短程化疗方案,2HRZ/4HR、2SHRZ/4HR和2EHRZ/4HR(数字为月数,H=INH、R=RFP、Z=PZA、S=SM、E=EMB),若无PZA则将疗程延长至9个月。

> **重点提示**
> 1. 基本功:结核菌素试验方法、结果判断。
> 2. 结核菌素试验阳性结果的意义。
> 3. 普及卡介苗接种是预防小儿结核病的有效措施。
> 4. 从痰液、胃液、脑脊液中找到结核菌是重要的确诊手段。
> 5. 抗结核病药应用要早期、联合、全程、规律、适量。

二、原发型肺结核患儿的护理

> **案例分析**
> 患儿,女,5岁,1个月来消瘦,乏力,饮食少,烦躁易哭,时有低热。体检:体温38℃,脉搏90/min,呼吸26/min,面色黄,精神萎靡,颈部淋巴结大,肺部听诊无啰音,肝大,结核菌素试验(++),胸部X线片可见哑铃状阴影。

原发型肺结核为原发性结核病中最常见者,是结核杆菌初次侵入肺部发生的原发感染,是小儿肺结核的主要类型,占儿童各型肺结核总数的85.3%,包括原发综合征和支气管淋巴结结核。

(一)护理评估

1. 发病机制及病理改变 结核菌进入肺,在肺部形成原发病灶,原发病灶多位于右侧,肺上叶底部和下页的上部,近胸膜处。基本病理改变为渗出、增殖、坏死。

典型的原发综合征由三部分组成,即肺部原发病灶、肿大的淋巴结和二者相连的淋巴管炎。支气管淋巴结结核以胸腔内肿大的淋巴结为主。二者除X线表现不同外,在临床上很难区分,故二者并为一型,即原发型肺结核。

原发型肺结核的病理转归:①吸收好转:病变完全吸收,钙化或硬结。此种最常见,是小儿结核病的特点之一。②病变进展:可产生空洞、支气管内膜结核或干酪性肺炎、支气管淋巴结肿大造成肺不张或阻塞性肺气肿、结核性胸膜炎等。③病变恶化:血行播散导致急性粟粒性肺结核或全身性粟粒性结核病。

2. 临床表现　症状轻重不一,一般起病缓慢,可有低热、纳差、消瘦、盗汗、疲乏等结核中毒症状。婴幼儿及症状较重者起病急,表现为急性高热,可达39~40℃,但一般情况尚好,与发热不相称,持续2~3周后转为低热,并伴有结核中毒症状,干咳和轻度呼吸困难是最常见的症状。婴儿可表现为体重不增或生长发育障碍。部分结核变态反应强烈的小儿可出现疱疹性结膜炎、皮肤结节性红斑或多发性一过性关节炎。当有胸内淋巴结高度肿大时,可产生压迫症状,出现百日咳样痉挛性咳嗽、喘鸣、声音嘶哑、一侧或双侧颈静脉怒张等。

体检可见周围淋巴结有不同程度肿大,肺部体征不明显,与肺内病变不一致。婴儿可伴肝脾肿大。

3. 心理-社会状况　结核病有一定的传染性,他人对患儿有意的躲避会给患儿及家长带来心理压力。结核病病程长、消耗大,可能会造成小儿营养不良而影响生长发育。重症患儿活动受限,学龄儿童学业中断,治疗疾病给家庭带来的经济压力,可导致患儿及家长的焦虑。

4. 辅助检查

(1) X线检查:原发综合征X线胸片呈典型哑铃状"双极影"(肺部原发病灶呈小片状阴影,肿大的肺门淋巴结呈团块状阴影,二者相连的淋巴管炎呈条索状阴影)。支气管淋巴结结核表现为肺门淋巴结肿大,边缘模糊称炎症型,边缘清晰呈结节型。

(2) 结核菌素试验:呈强阳性或由阴性转为阳性需做进一步检查。

> **重点提示**
>
> 1. 典型原发综合征由肺部原发病灶、肿大的淋巴结和二者相连的淋巴管炎三部分组成。X线表现为哑铃状"双极影"。
> 2. 原发综合征的基本病理改变为渗出、增殖及坏死。

(二) 治疗原则

杀灭病灶中的结核菌,防止血行播散。无明显症状的原发型肺结核患儿,选用标准疗法以异烟肼为主。活动性原发型肺结核宜采用直接督导下短程化疗(DOTS)。强化治疗阶段宜用3~4种杀菌药。常用方案为2HRZ/4HR。

(三) 护理诊断/问题

1. 营养失调,低于机体需要量　与食欲不振、疾病消耗过多有关。
2. 活动无耐力　与结核菌感染中毒有关。
3. 潜在并发症　药物的不良反应。

4. 有传播感染的可能　与呼吸道排出病原体有关。

5. 焦虑　与病程长,需隔离、长期治疗有关。

(四)护理措施

1. **饮食护理**　应给予患儿高热量、高蛋白、高维生素、富含钙质的易消化食物,以增强机体抵抗力,促进病灶愈合。同时要注意食物的色、香、味,以增加患儿食欲。

2. **生活护理**　居室环境清洁,阳光充足,空气新鲜。为患儿建立合理的生活制度,保证充足睡眠。有发热和中毒症状的患儿应卧床休息,减少体力消耗;病情稳定时可进行适当的户外活动,避免受凉引起呼吸道感染。肺结核患儿出汗多,要注意做好皮肤护理,及时更换衣服及床单。

3. **药物应用护理**　遵医嘱对患儿进行药物治疗,注意正确的给药方法,督促患儿服药。密切观察药物不良反应,如肝、肾功能的变化,有无耳鸣、眩晕、听力下降、视力减退、视野缺损,手、足有无麻木、针刺感或烧灼感,有无出现皮疹、发热等,出现上述症状时要及时报告医生并协助医生进行处理。

4. **预防感染传播**　结核病患儿活动期应采取呼吸道隔离措施。医护人员要穿隔离衣,戴帽子、口罩。指导患儿尽量将痰液吐在卫生纸上,对患儿的呼吸道分泌物、痰杯、餐具及污染的衣物等要进行消毒处理。避免与麻疹、百日咳等急性传染病患儿接触。

5. **心理护理**　多与患儿及家长沟通,了解心理状态,做好心理疏导,减轻家长及患儿的心理压力。

6. **健康指导**

(1)向家长讲解结核病的传播途径、预防措施及消毒隔离的重要性,避免患儿继续与开放性肺结核病人接触。

(2)告诉家长结核病病程长,治疗期长,坚持全程正规服药是治愈结核病的关键。教会家长观察用药后的不良反应,一旦出现要及时与医护人员联系。

(3)指导家长做好患儿的生活护理和饮食护理,充足的营养、必要的休息、新鲜的空气等是患儿康复的重要条件。

(4)定期复查,了解药物治疗效果及疾病恢复情况,以便酌情调整治疗方案。

> **重点提示**
>
> 1. 原发性肺结核抗结核药物治疗以异烟肼为主。
> 2. 全程正规服药是治愈结核病的关键。

原发型肺结核的小结见图14-11。

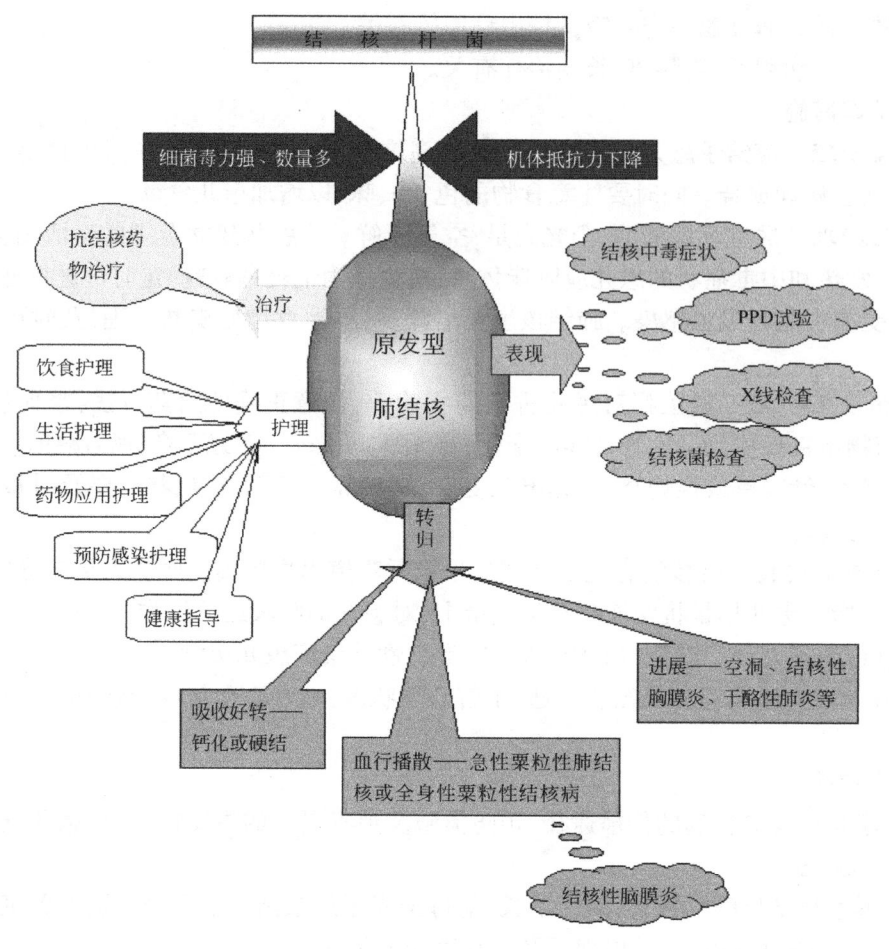

图 14-11 原发型肺结核小结

三、急性粟粒性肺结核患儿的护理

> **案例分析**
>
> 某患儿,男,8个月,因高热、气促、发绀2d入院。患儿母亲有结核病史,患儿近2周来出现低热,体温38.8℃,伴吃奶少,多汗,烦躁、萎靡。昨天开始出现高热,体温达39.8℃,呼吸急促,口唇、指甲发绀。体检:神志清楚,精神萎靡,面色苍白,口唇发绀,双肺未闻及干、湿啰音。脑膜刺激征(—)。胸片:双肺粟粒性结核结节,大小均匀、分布均匀、密度均匀。该患儿诊断为"急性粟粒性肺结核"。

急性粟粒性肺结核或称急性血行播散性肺结核,是结核杆菌经血行播散而引起的肺结核,常是原发综合征恶化的结果。春季发病较多,以3岁以下婴幼儿多见。年龄幼小,患麻疹、百日咳或营养不良,特别是HIV感染时,机体免疫力低下,易诱发本病,婴幼儿易并发结核性脑膜炎。本病早期发现及时治疗预后良好,伴结核性脑膜炎时,预后较差。

(一)护理评估

1. **病因及发病机制** 多在原发感染后 3~6 个月发生。原发灶或淋巴结干酪样坏死发生破溃时,大量结核杆菌侵入血液而引起全身急性粟粒性结核病,可累及肺、脑膜、脑、肝、脾、腹膜、肠、肠系膜淋巴结等脏器。在肺中的结核结节为灰白色半透明或淡黄色不透明,直径 1~2mm,如针尖或粟粒大小,肺上部较多。

2. **临床表现** 起病多急骤,有高热和严重中毒症状,多伴有寒战、盗汗、食欲减退、面色苍白等症状,少数患儿表现为咳嗽、气促、发绀,肺部可听到湿啰音而被误诊为肺炎,约 50% 的患儿同时伴有结核性脑膜炎症状。部分患儿伴有肝、脾及浅表淋巴结大等。

体格检查缺少明显体征,表现为症状和体征与X线不一致性。

全身性粟粒性结核患儿眼底检查可见脉络膜结核结节。

3. **心理-社会状况** 起病急,病情突然加重,家长会产生恐惧、焦虑等心理反应。伴发结核性脑膜炎时担心患儿的预后,疾病的治疗加重家庭经济负担,使家长心理压力增加。

4. **辅助检查**

(1) X 线检查:胸部 X 线对诊断起决定性作用。起病 2~3 周后胸部摄片可发现大小一致、分布均匀的粟粒状阴影,密布于两侧肺野。

(2) 结核菌素试验:呈阳性,重症患儿可呈假阴性。

(3) 实验室检查:痰液或胃液中可查到结核菌。

(二)治疗原则

早期抗结核治疗主张分两个阶段进行,即强化治疗阶段和维持治疗阶段。伴严重中毒症状、呼吸困难和结核性脑膜炎时,在应用足量抗结核病药的同时,可加用糖皮质激素治疗。

(三)护理诊断/问题

1. **体温升高** 与结核菌感染中毒有关。
2. **营养失调,低于机体需要量** 与疾病消耗过多有关。
3. **气体交换受损** 与结核菌感染致换气功能障碍有关。
4. **潜在并发症** 结核性脑膜炎。
5. **焦虑** 与病情重、预后不可预知有关。

(四)护理措施

1. 监测体温变化,高热患儿必要时给予降温对症处理,于降温后 30min 复测体温。
2. 加强饮食护理,给予患儿充足的营养。
3. 卧床休息,保持室内安静,空气新鲜。保持呼吸道通畅,必要时吸氧。
4. 遵医嘱应用抗结核病药,观察药物疗效及不良反应。密切观察病情变化,定时测体温、脉搏、呼吸,观察神志变化,如出现烦躁不安、嗜睡、头痛、呕吐、惊厥等脑膜炎症状时要及时报告医生,并配合医生进行处理。同时对患儿家长做好心理疏导,减轻家长的心理压力。

> **重点提示**
>
> 1. 急性粟粒性肺结核多起病急骤,有高热和严重的中毒症状。
> 2. 粟粒疹和眼底所见结核结节对急性粟粒性肺结核有诊断意义。

四、结核性脑膜炎患儿的护理

> **案例分析**
> 患儿,男,2岁。近3周来出现性格异常,发热,头痛,呕吐,精神不振。2d前头痛,呕吐进行性加重,惊厥发作并发现颈强直而入院治疗。3个月前患原发型肺结核,服用抗结核病药1个月,症状好转后家长自行停药。体检:体温38.5℃,脉搏110次/分,呼吸32次/分,血压110/90mmHg。嗜睡,颈强直,心肺无异常,脑膜刺激征(+)。

结核性脑膜炎(tuberculous meningitis)简称结脑,是结核杆菌侵犯脑膜所引起的炎症,为血行播散所致的全身性粟粒性结核病的一部分,是小儿结核病中最严重的类型。好发于冬、春季,常在结核原发感染后1年内发生,尤其在初染结核3~6个月最易发生,多见于3岁以下婴幼儿,病死率及后遗症发生率均较高。自普及卡介苗接种和有效抗结核病药物应用以来,本病的发病率较过去明显降低,预后也有很大改观。

(一)护理评估

1. **病因及发病机制** 结核性脑膜炎是全身性粟粒性结核病的一部分,通过血行播散而来。婴幼儿中枢神经系统发育未成熟,血脑屏障功能差,免疫功能低下等导致该病易发。结核性脑膜炎亦可由脑实质或脑膜的结核病灶破溃,结核菌进入蛛网膜下腔及脑脊液引起。

2. **临床表现** 典型结核性脑膜炎多起病缓慢,临床表现分为三期。

(1)早期(前驱期):为1~2周,主要症状为小儿性格改变,如表情呆滞、少言、懒动、烦躁、喜哭、易怒、睡眠不安等。可有低热、纳差、消瘦、呕吐、便秘(婴儿可为腹泻)等。年长儿可诉头痛,婴儿则为凝视、嗜睡或发育迟滞等。

(2)中期(脑膜刺激期):为1~2周,因颅内压增高致剧烈头痛、喷射性呕吐、嗜睡或烦躁不安、惊厥等,脑膜刺激征阳性。幼婴则表现为前囟膨隆、颅缝裂开。此期可出现脑神经障碍,最常见为面神经瘫痪,其次为动眼神经和展神经瘫痪。部分患儿可出现脑炎症状和体征。眼底检查可见视盘水肿、视神经炎或粟粒状结核结节。

(3)晚期(昏迷期):为1~3周,以上症状逐渐加重,由意识朦胧、半昏迷进入昏迷状态,频繁惊厥发作,患儿极度消瘦,呈舟状腹,出现水、电解质紊乱,最终因颅内压急剧增高导致脑疝,使呼吸中枢及心血管中枢麻痹而死亡。

不典型结核性脑膜炎表现为:婴幼儿起病急,进展快,有时仅表现为惊厥;早期出现脑实质损害,可表现为舞蹈症或精神障碍;若出现脑血管损害,则表现为肢体瘫痪等。

3. **心理-社会状况** 由于患儿多为婴幼儿,病情重,病程长,家长缺乏对疾病相关知识的了解,担心患儿的预后,因此产生恐惧、焦虑、自责等心理反应。

4. **辅助检查**

(1)脑脊液检查:对本病的诊断极为重要。脑脊液压力增高,外观透明或呈毛玻璃样,静置12~24h后,可有蜘蛛网状薄膜形成,取之涂片检查,结核菌检出率较高。白细胞数(50~500)×10^6/L,分类以淋巴细胞为主。蛋白定量增加,一般为1.0~3.0g/L。糖和氯化物含量同时降低是结核性脑膜炎的典型改变。脑脊液结核菌培养阳性即可确诊。

(2)结核菌素试验:阳性对诊断很有帮助,但高达50%的患儿结核菌素试验阴性。

(3) X 线检查:约 85%结核性脑膜炎患儿的胸部 X 线片有结核病改变,其中 90%为活动性病变,呈粟粒性肺结核者占 48%。胸部 X 线片证明有血行播散性结核病对确诊结核性脑膜炎意义重大。

5. 并发症及后遗症　最常见的并发症为脑积水、脑实质损害、脑出血及脑神经障碍。其中前三种大概是导致结核性脑膜炎死亡的主要原因。早期结核性脑膜炎后遗症较少,晚期结核性脑膜炎发生后遗症者约占 2/3。严重后遗症为脑积水、肢体瘫痪、智力低下、失明、失语、癫痫及尿崩症等。

> **重点提示**
> 1. 典型结核性脑膜炎临床表现分三期:前驱期、脑膜刺激期、昏迷期。
> 2. 脑膜刺激征是结核性脑膜炎最重要和常见的体征。
> 3. 结核性脑膜炎时脑脊液压力增高,外观呈毛玻璃样,静置 12~24h 后形成蜘蛛网状薄膜,糖和氯化物含量同时降低。

(二)治疗原则

重点是抗结核治疗和降低颅内压。

抗结核治疗宜联合应用易透过血脑屏障的抗结核杀菌药物,分阶段治疗。降低颅内压可选用脱水药、利尿药、糖皮质激素,视病情考虑侧脑室穿刺引流、腰椎穿刺减压及鞘内注药、分流手术等。

(三)护理诊断/问题

1. 潜在并发症　颅内压增高。
2. 营养失调,低于机体需要量　与摄入不足及消耗增多有关。
3. 有皮肤完整性受损的危险　与长期卧床、排泄物刺激有关。
4. 焦虑　与病情危重、预后较差有关。
5. 知识缺乏　家长缺乏对结核性脑膜炎相关知识的了解。

(四)护理措施

1. 密切观察病情变化,防治颅内压增高

(1)密切观察体温、脉搏、呼吸、神志、囟门及双侧瞳孔大小、对光反射情况,及早发现颅内压增高或脑疝,配合医生进行抢救。

(2)患儿应绝对卧床休息,保持室内安静,治疗护理操作尽量集中进行,减少刺激。

(3)惊厥发作时,松解衣扣,置齿间牙垫,防止舌咬伤;保持呼吸道通畅,取侧卧位,必要时吸氧或进行人工辅助呼吸。

(4)遵医嘱给予脱水药、利尿药、肾上腺皮质激素、抗结核药物等,注意观察药物的滴速和药物的副作用。配合做好腰椎穿刺术、侧脑室引流术,以减低颅内压,做好术后护理。腰穿后去枕平卧 4~6h,以防脑疝发生。

2. 饮食护理　为患儿提供足够热量、蛋白质及维生素的食物,进食宜少量多餐,耐心喂养。对昏迷、不能吞咽者可鼻饲或遵医嘱给予静脉营养支持。

3. 皮肤、黏膜的护理　昏迷及瘫痪患儿应每 2h 翻身、拍背 1 次。骨突处垫气垫或软垫,做局部按摩。昏迷时眼不能闭合患儿,可涂眼膏并用纱布覆盖,以保护角膜。呕吐后及时清除口角、颈部、耳部的残留物,每日清洁口腔2~3次,以预防口腔溃疡的发生。

4. **心理护理**　结核性脑膜炎病程长、病情重,疾病和治疗给患儿带来很多痛苦,也给家长带来沉重的压力。护理人员应加强与患儿家长的沟通,及时了解他们的心理状态,做好心理疏导工作。关怀体贴患儿,及时为患儿解除不适。家长对患儿的预后尤为担心,护理人员要耐心解释,必要时给予心理支持。

5. **健康指导**　告知家长要有长期治疗的思想准备,坚持全程治疗,合理用药。教会家长观察病情变化及药物不良反应。对留有后遗症的患儿要尽早进行康复治疗和训练。

> **重点提示**
> 1. 结核性脑膜炎治疗重点是抗结核治疗和降低颅内压。
> 2. 结核性脑膜炎治疗要选用易透过血脑屏障且杀菌的抗结核病药。
> 3. 腰穿后去枕平卧4~6h,以防脑疝发生。

讨论与思考

1. 简述传染病流行的基本条件和传染病患儿的一般护理。
2. 简述麻疹、水痘、猩红热患儿发热与皮疹的关系及皮疹的特点。
3. 简述腮腺炎、百日咳、脊髓灰质炎、中毒性细菌性痢疾和手足口病患儿的主要临床特点和护理措施。
4. 简述结核菌素试验的试验方法、结果判断和临床意义。
5. 简述原发型肺结核、急性粟粒性肺结核和结核性脑膜炎的主要临床特点和护理要点。

(王灿灿　黄力毅)

《儿科护理》数字化辅助教学资料

一、网络教学资料
1. 网址 www.ecsponline.com/topic.php？topic_id=29
2. 内容
(1)教学大纲及学时安排
(2)教学用PPT课件
二、手机版数字化辅助学习资料
1. 网址(二维码)

2. 内容
(1)知识点/考点标注
(2)练习题：每本教材一套，含问答题、填空题、选择题等多种形式
(3)模拟试卷
三、相关选择题答案
第1章　绪论
1. E　2. B　3. C　4. A　5. C　6. A　7. A　8. C　9. B　10. C　11. D　12. B

第2章　小儿生长发育
1. B　2. D　3. B　4. A　5. B　6. D　7. A　8. E　9. C　10. D　11. C　12. B

第3章　健康小儿的一般护理
1. D　2. C　3. A　4. D　5. A　6. C　7. C　8. E　9. B　10. AB　11. ACDE

第4章　住院患儿的护理
1. B　2. C　3. B　4. C　5. E　6. A　7. D　8. D　9. E　.10. C　11. D　12. E　13. E
14. C　15. D　16. A　17. C　18. C　19. E　20. E　21. D　22. C　23. C　24. BCDE

第5章　营养与营养紊乱患儿的护理
1. B　2. B　3. C　4. C　5. C　6. E　7. D　8. A　9. E　10. B　11. B　12. B

第6章　新生儿与新生儿疾病患儿的护理
1. C　2. E　3. E　4. A　5. C　6. C　7. B　8. B　9. D　10. C　11. C　12. D　13. D
14. C　15. B　16. D　17. D　18. E

第7章　消化系统疾病患儿的护理
1E　2. D　3. C　4. E　5. B　6. A　7. C　8. B　9. C　10. B　11. C　12. C　13D
14. A

第8章　呼吸系统疾病患儿的护理
1. E　2. C　3. C　4. D　5. D　6. E　7. E　8. E　9. D　10. B　11. C　12. C
13. B　14. E　15. A　16. D　17. B　18. D　19. E　20. D　21. B　22. E　23. D　24. D

25. E 26. B 27. E 28. D 29. A 30. D

第 9 章 循环系统疾病患儿的护理
1. C 2. C 3. D 4. D 5. D 6. C 7. A 8. B 9. B

第 10 章 泌尿系统疾病患儿的护理
1. C 2. B 3. A 4. B 5. B 6. C 7. E 8. E 9. A 10. C 11. D 12. A 13. B
14. A 15. B 16. D 17. C 18. E 19. A 20. D 21. D 22. B 23. E

第 11 章 造血系统疾病患儿的护理
1. B 2. B 3. D 4. C 5. B 6. D 7. B 8. B 9. B 10. D 11. B 12. A 13. E

第 12 章 神经系统疾病患儿的护理
1. B 2. C 3. D 4. C 5. E 6. C 7. B 8. B 9. B 10. C 11. B 12. C 13. D
14. C 15. A 16. C 17. E 18. A 19. D 20. A 21. E 22. A 23. A 24. E 25. D
26. A 27. C 28. E 29. B 30. C 31. A 32. D 33. C 34. C 35. A

第 13 章 结缔组织疾病患儿的护理
1. A 2. D 3. A 4. C 5. D 6. D 7. A 8. E 9. B 10. E 11. C

第 14 章 传染病患儿的护理
1. D 2. E 3. C 4. C 5. B 6. D 7. E 8. A 9. D 10. D 11. B 12. C 13. D
14. B 15. B 16. E 17. A 18. D

参 考 文 献

李廷玉．2013．营养和营养障碍疾病//王卫平．儿科学．8版．北京：人民卫生出版社：50-85．
沈晓明，王卫平．2008．儿科学．7版．北京：人民卫生出版社．
王萍．2007．儿科护理学．北京：人民军医出版社．
仰曙芬．2012．儿童营养//崔焱．儿科护理学．5版．北京：人民卫生出版社：76-93．
仰曙芬．2012．营养障碍疾病患儿的护理//崔焱．儿科护理学．5版．北京：人民卫生出版社：197-224．
叶春香．2008．循环系统疾病患儿的护理//柴国宏．儿科护理．2版．北京：人民出版社：109-117．
张玉兰．2013．儿科护理学．3版．北京：人民卫生出版社．
朱念琼．2000．循环系统疾病患儿的护理//王亚利．儿科护理学．北京：人民出版社：149-157．